O vous, que le plus grand & le meilleur des rois
Pour finir nos malheurs honora de son choix,
Des faveurs de Louis sage dépositaire,
Vous, notre illustre appui, notre ange tutélaire,
O généreux Ogier ! en quittant ces climats,
Quel flatteur souvenir ne nous laissez-vous pas !
Ah ! qu'avec juste titre, à votre bienfaisance
Le plus doux sentiment de la reconnoissance
Conserve pour jamais un temple en tous les cœurs.
De nos mains, en partant, daignez prendre ces fleurs.
Nous vous les présentons au nom de Flore même,
Et mettant en vous seul sa confiance extrême,
Flore aux cris des Bretons ose mêler ses cris
Et vous dit avec eux, en bénissant Louis :
" Achevez, sage Ogier, de calmer nos alarmes ;
,, Du bonheur sur ces bords assurez le retour :
,, Portez aux pieds du roi nos soupirs & nos larmes,
,, Et portez-y sur-tout nos respects, notre amour.

11 *Avril* 1768. Le bruit est général depuis quelques jours que M. de Voltaire a fait ses pâques : il passe pour constant qu'il est arrivé ici en même temps de Ferney deux lettres de ce grand homme, qui s'explique tout différemment là-dessus.

Dans la premiere, écrite à M. le duc de Choiseul, M. de Voltaire renouvelle & perpétue les désaveux si souvent faits de toutes les productions clandestines qu'on lui attribue ; elle contient une espece de profession de foi, & il y déclare que, pour preuve de la vérité de ses sentiments, il a profité de sa solitude, & des bonnes instructions du pere Adam, pour faire un retour vers Dieu & se présenter à la sainte table.

Dans l'autre, à Mad. la marquise du Deffant, il se plaint du public peu reconnoissant; il se désespere de voir que, malgré le sacrifice qu'il lui a fait de sa santé, de sa liberté, en consacrant sa vie à ses plaisirs & à son amusement, il soit assez injuste pour adopter légérement tous les bruits que ses ennemis font courir sur son compte; & qu'en dernier lieu, il apprend que, pour comble de ridicule, on débite & l'on croit à Paris qu'il s'est confessé & a fait ses pâques. Il finit par ajouter qu'il n'est ni assez hypocrite pour se prêter à des actions aussi contraires à sa façon de penser, ni assez imbécille pour donner de bonne foi dans de pareilles puérilités. Toutes ces inconséquences sont dans le caractere de M. de Voltaire, & n'étonnent point ceux qui le connoissent.

12 *Avril* 1768. Assemblée publique de l'académie royale des inscriptions & belles-lettres.

M. le Beau, secretaire, a ouvert la séance en déclarant que M. l'abbé de Gourcy avoit remporté le premier prix, dont le sujet étoit d'examiner quel étoit l'état des personnes sous la premiere & la seconde race de nos rois.

Quant au second, il a dit que l'académie peu satisfaite des mémoires envoyés sur ce sujet, avoit remis le prix, & proposé la même question pour la St. Martin de l'année 1769. Le sujet est, *quels furent les noms & les attributs divers de Saturne & de Rhée chez les différents peuples de la Grece & de l'Italie? Quelles furent l'origine & les raisons de ces attributs?*

MÉMOIRES
SECRETS
POUR SERVIR A L'HISTOIRE
DE LA
RÉPUBLIQUE DES LETTRES
EN FRANCE,
DEPUIS MDCCLXII JUSQU'A NOS JOURS;
OU
JOURNAL
D'UN OBSERVATEUR,

CONTENANT les Analyses des Pieces de Théatre qui ont paru durant cet intervalle ; les Relations des Assemblées Littéraires ; les notices des Livres nouveaux, clandestins, prohibés ; les Pieces fugitives, rares ou manuscrites, en prose ou en vers ; les Vaudevilles sur la Cour ; les Anecdotes & Bons Mots ; les Eloges des Savants, des Artistes, des Hommes de Lettres morts, &c. &c. &c.

TOME QUATRIEME.

. . . . *huc propius me,*
. . . . *vos ordine adite.*
Hor. L. II, Sat. 3, ℣. 81 & 82.

A LONDRES,
CHEZ JOHN ADAMSON.
M. DCC. LXXXIV.

MÉMOIRES
SECRETS
Pour servir a l'Histoire de la République des Lettres en France, depuis MDCCLXII jusqu'a nos jours.

ANNÉE M. DCC. LXVIII.

1 *Avril* 1768. IL paroît deux nouveaux chants de *la Guerre de Geneve*, c'est-à-dire le 4e. & le 5e. qui terminent ce poëme satirique. Ils sont imprimés, ainsi que les autres. Il paroît que cette publicité est une suite de l'infidélité de M. de la Harpe. On assure que M. de Voltaire irrité de ces larcins & des tracasseries qui en résultent, a signifié qu'il ne vouloit plus recevoir chez lui tous ces petits auteurs. Ce sont ses termes.

3 *Avril* 1768. Le parlement de Bretagne a rendu un arrêt le 29 mars, qui condamne un nommé *Boëtoy* à être renfermé le reste de ses jours dans

une maison de force, comme soupçonné d'avoir voulu faire imprimer une brochure *sur les troubles de la France*, & comme soupçonné d'avoir voulu donner le jour à deux libelles, dont l'un intitulé le *Royaume des femmes*, & l'autre les *Aventures du comte de* ***. Lesquels manuscrits ont été lacérés & brûlés. On ne sait encore quels sont tous ces ouvrages criminels, & quel mérite littéraire ils peuvent avoir.

5 *Avril* 1768. Les Italiens doivent donner bientôt *Memnon*, opéra comique, tiré d'un petit roman de M. de Voltaire très-ingénieux & très-philosophique. Deux auteurs se sont trouvés avoir traité le même sujet & étoient en concurrence, M. de Plainchêne, ancien gouverneur des pages, & M. Guichard. Ce dernier, déja connu à ce tripot, l'a emporté sur l'autre.

5 *Avril* 1768. Le sieur Ribaillier, syndic de la faculté de théologie, vient d'obtenir de la cour, à la nomination de pâque, l'abbaye de Chambon. Son corps regarde cette faveur comme la récompense de sa complaisance pour la cour, & de toutes ses menées dans son sein pour faire échouer le zele des défenseurs de la foi concernant l'affaire de *Bélisaire*. C'est aussi un dédommagement de tout le ridicule dont ont couvert successivement ce docteur, M. Marmontel, M. de Voltaire, & différents plaisants qui se sont égayés sur cette matiere.

8 *Avril* 1768. M. de Voltaire vient de s'égayer encore aux dépens de la religion dans un libelle intitulé : *Relation de l'expulsion des jésuites de l'empire de la Chine, par l'auteur du Compere Matthieu*. C'est à peu près la même tournure que celle du *Cathécumene*, qu'on prétend aujourd'hui

n'être pas de lui. Ici l'empereur de la Chine fait venir un jésuite, pour apprendre de lui la religion qu'il vient prêcher de si loin. L'auteur fait dire à cet imbécille tant d'absurdités, que le prince se met à lui rire au nez, & lui permet de prêcher où il voudra ses folies, persuadé qu'elles ne tourneront pas beaucoup de têtes. Mais sur la déclaration que lui fait l'apôtre, de l'intolérance de cette religion, il chasse le jésuite & tous les sectateurs. La matiere est traitée rapidement & avec une vivacité peu commune.

9 Avril 1768. On vient de donner une édition récente de la *Lettre d'un Gentilhomme Breton à un noble Espagnol*, où il y a de nouveaux faits & des détails curieux.

9 Avril. M. de Chabanon, de l'académie des lettres, & revenu depuis quelque temps d'auprès M. de Voltaire, a cru devoir saisir le moment de solitude où se trouve ce grand homme pour lui offrir de retourner à Ferney, & de lui tenir compagnie. Il a répondu par une lettre fort polie, où il éconduit M. de Chabanon avec l'honnêteté la plus adroite; ce qui prouve le dire qu'on lui attribue, qu'il ne vouloit plus de ces petits auteurs.

10 Avril 1768. Quoique les vers suivants ne soient pas merveilleux, on ne peut se refuser de les insérer ici comme historiques, & ne se trouvant imprimés nulle part. Ils ont été présentés à M. le président Ogier, par les jeunes jardiniers qui sont venus à son passage par Rennes, avec des corbeilles de fleurs, &c. & vêtus galamment.

M. le Beau a fait ensuite l'éloge de M. Menard. La vie aride de cet académicien obscur a peu fourni. Le panégyriste a cherché à s'égayer par quelques épigrammes qui ont fait rire l'assemblée.

On a lu un mémoire de monsieur Gauthier de Sibert sur la *Loi Sempronia*. Dans cet ouvrage, très-bien écrit, l'auteur rappelle des traits historiques, malheureusement trop connus & maniés par des hommes après lesquels il est peu de chose à dire. On ne peut que glaner sur les pas des abbés de Vertot & de St. Réal. Le but de l'auteur en général, est de faire voir quel abus ce fut chez les Romains d'avoir transféré par cette loi les jugements de l'ordre des patriciens à celui des chevaliers. Il développe cette maxime de *l'Esprit des Loix*, que tout est perdu lorsque les honneurs & les richesses s'accumulent sur les mêmes têtes. On y trouve une satire contre les financiers, amenée naturellement par le sujet, mais dans laquelle l'académicien paroît trop se complaire.

Le second mémoire, de M. de Guignes, roule *sur l'état du commerce dans le Levant, avant les croisades ; & sur l'influence réciproque que le commerce eut sur les croisades, & les croisades eurent sur le commerce.* Cette dissertation profondément traitée, comme tout ce que fait l'auteur, est d'un style simple, mais enrichie d'anecdotes & de réflexions malignes, qui ont jeté du piquant dans cette matiere seche & fastidieuse.

M. Rochefort a parlé le troisieme, sur la philosophie d'Homere. L'enthousiasme de ce traducteur va pour son héros au point de le regarder comme plus grand philosophe que Socrate & que Platon. Cette assertion n'a point eu les suffrages de son académie, composée d'hommes graves, & dont l'harmonie des beaux vers ne peut séduire la raison. L'auteur avoit une these trop difficile, ou plutôt trop impossible à soutenir, pour la prouver. Son mémoire, bien écrit, fait plus d'honneur à son cœur & à son esprit qu'à sa logique.

Le quatrieme mémoire tendoit à prouver à quel point l'art de nager s'étoit perfectionné chez les anciens, & combien il leur avoit été utile, surtout dans la guerre. M. l'abbé Ameilhon commençoit à y développer tout ce que l'érudition la plus recherchée pouvoit lui fournir, lorsque cinq heures & demie ont sonné, & M. le président de Malesherbes, directeur, lui a coupé impitoyablement la parole ; on a levé la séance.

13 *Avril* 1768. Séance publique de la rentrée de l'académie royale des sciences.

M. de Fouchy, secretaire, a déclaré que l'académie, peu satisfaite des mémoires envoyés sur le sujet du prix qu'elle avoit proposé, l'avoit remis.

N'ayant aucun éloge à lire, il a fait ensuite les annonces de quelques arts, dont l'académie a donné les inscriptions ; suite de cette immense & laborieuse collection qu'elle a entreprise.

M. d'Aubenton a lu un mémoire sur la rumination des bêtes à laine. Après la description du mécanisme de cette opération animale, il a fait voir la nécessité qu'elle se fasse avec toutes les précautions requises, sinon il s'ensuivra des maladies dangereuses. Il entre dans tous les détails nécessaires pour prouver son systême. Il décrit la meilleure maniere d'élever les troupeaux, & finit ces observations utiles par décider la supériorité de la méthode de parquer ces animaux, en quelque saison que ce soit, à celle de les tenir dans des étables.

M. d'Alembert a réveillé l'attention du public un peu assoupi de la premiere dissertation, par celle de M. de Parcieux, qu'il a lue. Il étoit question du froid de l'hiver dernier, de la débacle, de ses suites, & des moyens de prévenir dorénavant de pareilles calamités. Après des descriptions savantes de la glace, des ses effets, &c. après une comparaison du froid de 1709 à celui-ci, après une énumération pathétique, autant qu'elle peut l'être dans la bouche d'un physicien, des ravages de la débacle, l'auteur propose deux choses pour l'avenir : 1°. lorsque le thermometre annoncera la gelée, de faire une estacade, avant la chûte de la Marne dans la Seine, qui, en contenant les glaçons arrivant de plus haut, obligera la riviere de se prendre à ce point-là, & retardera par conséquent la congélation de son lit dans Paris : 2°. outre la gare commencée vers l'hôpital, il en veut faire une dans un des bassins des deux bras de la riviere, pour contenir tous les bateaux & autres bâtiments qu'on ne pourra faire remonter dans la gare. Il fait voir en fin l'efficacité de cette double opération pour prévenir tous les désordres dont on se plaint.

M. Cadet a fini la séance par un mémoire sur les eaux d'un puits de Vaugirard, mis en vogue depuis quelque temps, comme eaux salubres & médicinales. D'après l'analyse de ces eaux, faite par ordre de l'académie, conjoinferment avec MM. Macquer & Roland, il s'est trouvé que les eaux de ce puits sont exactement semblables à celles des autres puits de Paris. Cette découverte, au moins instructive, sert à mettre en garde contre les charlatans de toute espece qui nous inondent dans ce pays-ci.

14 *Avril* 1768. Le public regrette beaucoup un spectacle dont il se voit privé cette année : le sieur Torré a perdu son procès contre quelques voisins qui avoient traduit cet officier en justice, comme contrevenant au bon ordre & à la police générale. Son emplacement établi sur le Boulvard étoit plus à portée des curieux, & nul artiste en ce genre n'a encore fait voir des torrents de feu aussi abondants, une exécution aussi précise, aussi multipliée, aussi soutenue, aussi rapide.

15 *Avril* 1768. M. le cardinal de Luynes se trouvant ces jours-ci chez madame la duchesse de Chevreuse, M. de Conflans plaisanta son éminence sur ce qu'elle se faisoit porter la queue par un chevalier de St. Louis. Le prélat repliqua que c'étoit un usage ; qu'il en avoit toujours un pour gentilhomme caudataire ; « & le prédécesseur » de celui-ci, qui plus est (ajouta-t-il) portoit » le nom & les armes de Conflans. —— Il y a » long-temps en effet (repliqua l'autre avec » gaieté) il y a long-temps qu'il se trouve dans » ma famille de pauvres heres, dans le cas de » tirer le diable par la queue. » Son éminence déconcertée est devenue la risée générale, & a été si furieuse qu'elle a exigé de madame la gouvernante qu'elle ne reçût plus chez elle cet homme à bons mots.

15 *Avril* 1768. M. Gaignat, receveur des consignations des requêtes du palais, vient de

mourir ; il laisse un mobilier estimé plus d'un million. Cet amateur de raretés étoit fort connu par son goût pour les belles choses ; il avoit un cabinet de tableaux & de livres fort curieux.

16 Avril 1768. Il n'est plus de doute sur le fait des pâques de M. de Voltaire : on varie seulement sur les motifs, que les uns attribuent à la peur du diable, d'autres à la politique. L'acte dont il a accompagné cette cérémonie, peut servir de commentaire à sa conduite. Le jour même, & sortant de la sainte table, il a prêché ses vassaux, il leur a débité tous les principes de la morale la plus pure & la plus sage ; il a apostrophé un de ses paysans, connu pour un coquin ; il l'a exhorté à se réconcilier avec Dieu, a reconnoître combien il lui étoit redevable, & à lui son seigneur, de n'avoir pas été pendu : il a fini par lui dire que s'il n'avoit pas encore accusé ses fautes, de le faire à son pasteur, ou à lui. Ce dernier mot ayant gâté tout le reste, a fait dégénérer en farce ce spectacle vraiment édifiant pour les dévots. Les deux lettres dont on a parlé sont également vraies, & celle à madame du Deffant donne encore mieux la clef de cette étrange conduite.

17 Avril 1768. M. le marquis de Ximenès, fort connu dans la république des lettres, comme auteur & comme protecteur, est sur le point de se marier avec la fille d'un nommé Jourdan, dont on a quelques romans & autres ouvrages peu connus. Son peu de fortune & sa très-mince réputation donnent à cet hymen un air de désintéressement, qui fait beaucoup d'honneur à M. de Ximenès. La mere étoit une madame Duhalley, fort renommée autrefois par sa beauté, son esprit, sa galanterie & ses intrigues; elle avoit fini par épouser le pauvre diable, pere de la demoiselle en question.

19 *Avril* 1768. Un nommé Levêque, garde-magasin des Menus, a laissé une veuve fort riche, malgré les dépenses qu'il faisoit en jouissant des plaisirs de toute espece que lui offroit ce tripot; elle s'est éprise de M. Caron de Beaumarchais, auteur d'*Eugénie*, plus renommé encore pour ses intrigues que pour ses talents littéraires, & veuf aussi : tous deux convolent en secondes noces; & quoique la femme soit encore dans le deuil, elle a déposé ses crêpes funebres pour s'orner des atours de l'hymen le plus galant.

20 *Avril* 1768. On ne peut omettre encore le discours adressé par les capucins à M. Ogier, lors de son passage par Rennes.

Monseigneur,

« Le passé nous annonce des héros dans tous les temps & dans tous les genres; le présent nous les fait connoître :: leurs vertus attirent notre admiration, & leurs bons offices exigent notre reconnoissance.

» Votre présence en Bretagne met en évidence toutes ces vérités dans votre illustre personne, dont voici le portrait.

» *Ubicumque accesserit sapiens, ubique civis est, ubique sua patria intelligitur, nusquam peregrinum, nusquam hospitem se judicat.*

» Ce n'est pas moi qui parle, Monseigneur, c'est St. Jérôme qui l'a dit. La voix unanime de la province le confirme, & l'expérience justifie notre application. »

On voit par la tournure de ce discours, très-honorable pour M. Ogier, que les capucins sont par-tout.

21 *Avril* 1768. M. Poinsinet, ce poëte très-médiocre, plus renommé que les poëtes les plus célebres, reparoît aujourd'hui sur la scene, à l'occasion de l'excroquerie dont on a parlé dans le temps & dont l'accuse Mlle. Duprat, chanteuse des chœurs de l'opéra. Le mémoire contre cet auteur, que différents avocats se disputoient le plaisir de faire, paroît enfin ; Mlle. Duprat le débite elle-même, il est signé d'elle ; mais on le croit de Cocqueloy de Chausse-pierre. Il n'est pas aussi plaisant qu'il pouvoit l'être, & l'on a manqué l'*à-propos*. Marchand, cet avocat, est désolé de n'avoir pas eu à traiter cette matiere ; il dit qu'il auroit acheté à prix d'argent la clientelle de cette chanteuse.

21 *Avril*. Le Kain a reparu depuis pâque dans les rôles de *Néron*, de *Mahomet*, de *Gustave*, avec l'applaudissement universel. Comme il n'a pas encore repris toutes ses forces, il n'en joue que mieux, en ce qu'il n'a plus de ces saccades, qui gâtoient sa déclamation, & lui donnoient un air d'énergumene aux yeux de bien des gens. Il ne fait qu'une apparition momentanée, en attendant qu'il aille aux eaux.

22 *Avr.* 1768. M. l'abbé Yvon, qui a fait tant de bruit lors de la these de l'abbé de Prades, & poursuivi comme infidele, quoique le plus croyant de France, avoit entrepris une *Histoire Ecclésiastique*, qu'il avoit déja conduite à son 3me. volume ; comme il avoit pour censeur le même que M. Marmontel de *Bélisaire*, le lieutenant de police a cru sur le scandale occasioné par ce

dernier livre, qu'il n'étoit pas prudent de laisser à la discrétion d'un pareil examinateur un livre de l'importance de celui en question. Après différents revirements, l'affaire a été portée devant M. l'archevêque, qui, entouré d'hommes ignorants & à préjugés, s'est absolument opposé à la publicité de la suite de cette histoire, qui devoit avoir 12 volumes. En vain l'abbé a demandé ce qu'on trouvoit de répréhensible dans son ouvrage : il n'a pu en tirer raison ; il a été obligé de suspendre ou de laisser-là son manuscrit.

23 *Avril* 1768. *Panem & Circenses*, telle étoit la devise du peuple Romain, & telle est apparemment celle du peuple François. On l'infere d'une ordonnance de police, rendue le 14 avril, & publiée le 10 à son de trompe. Tandis que le parlement fait les remontrances sur la cherté des grains, & sur la nécessité de mettre tant de malheureux en état de manger du pain, on veille aussi aux plaisirs de la populace. Dans cette ordonnance, concernant les bateleurs, farceurs, danseurs de corde, & autres spectacles des foires & des boulevards, il est dit que ces divertissements étant faits pour le peuple, pour le délasser de ses travaux, & empêcher les suites funestes de l'oisiveté & de la débauche ; étant nécessaire de les mettre à un taux qui n'excede pas sa portée, &c. il est défendu à tous les directeurs de troupes de mettre les premieres places plus cheres que 3 livres, les secondes 24 sous, les troisiemes 12 sous, & les quatriemes 6 sous.

23 *Avril* 1768. Mlle. Le Clerc, cette courtisanne célebre par son luxe, & qui, revenue des

plaisirs frivoles, est éprise aujourd'hui de la belle gloire & de l'envie de se distinguer par ses talents, est de retour de Lyon, où elle étoit allé jouer la comédie. Elle continue à s'exercer pour paroître sur une scene plus illustre. Elle a fait les rôles d'amoureuse, auxquels ses charmes flétris commencent à n'être plus bien propres. Il paroît qu'elle a rapporté de ce pays-là plus d'argent que de réputation.

14 *Avril* 1768. Mlle. le Blanc du Crouzol, connue à l'opéra sous le nom de Mlle. Duprat, a excité contr'elle un orage considérable par le mémoire qu'elle a répandu contre M. Poinsinet. Il a eu recours à madame la comtesse de Langeac, ci-devant madame Sabbatin, sa protectrice; & M. de St. Florentin a exigé des directeurs de renvoyer cette actrice.

24 *Avril* 1768. Les brochures les plus sanglantes se succedent sans relâche en Bretagne, malgré les arrêts du parlement & les diverses brûlures dont on les illustre. On parle d'une nouvelle, intitulée *de l'affaire générale de la Bretagne*. Elle a 141 pages, de même format que la *Lettre d'un Gentilhomme de Bretagne*, &c. elle est encore extrêmement rare.

26 *Avril* 1768. Il paroît que le sieur Audinot, dont la troupe joue à Versailles, a beaucoup de succès. On parle sur-tout de sa fille âgée de huit ans, appellée Mlle. *Eulalie*, qui réunit les talents du chant, de la danse & de la déclamation. Elle avoit déja reçu les applaudissements les plus distingués le 4 août dernier, à la fête que M. le chevalier d'Arcq donna à madame la comtesse de Langeac, dans un opéra comique.

nouveau, intitulé *le Bouquet*. Il a été donné à Versailles avec un aussi grand succès.

27 *Avril* 1768. M. de Voltaire remplit Paris de lettres, où il parle de sa communion pascale. Dans une entr'autres à M. de Falbaire, l'auteur de *l'Honnête Criminel*, il avoue cette bonne action, mais il ajoute *toujours rancune tenante contre maître Aliboron, dit Freron*. Tout cela vérifie le pronostic du bon pere *Adam*. Ce jésuite, très-long-temps assez déplacé chez M. de Voltaire, étoit le plastron de toutes les plaisanteries, des sarcasmes, bons mots de ceux qui étoient à la table de ce poëte magnifique : quelqu'un lui dit un jour : « que faites-vous ici, pere ? ne voyez-vous pas que vous n'allez pas à tout ce monde-là » ? Le béat répondit : *je patiente, je guette le moment de la grace*. Au reste, M. de Voltaire commence à se rendre un peu au grand monde, & le duc de Villahermosa, Espagnol qui étoit à Paris pour apprendre le françois, a obtenu l'agrément de ce grand homme, & se rend auprès de lui.

27 *Avril* 1768. L'académie royale de musique doit donner incessamment sur le théatre la *Vénitienne*, comédie ballet en trois actes, avec un prologue de feu de la Motte. La musique étoit d'un nommé la Barre, mais elle est refaite par Dauvergne.

28 *Avril* 1768. Une dame Vestris, échappée des débris de la troupe des spectacles du duc Wirtemberg, est venue ici & a donné dans les yeux du duc de Duras, qui veut en conséquence l'attacher à la comédie Françoise. On l'a fait jouer sur le théatre des Menus pour coup d'essai, & toute la cour du gentilhomme

de la chambre la trouve divine. Elle prétend débuter dans les rôles de Mlle. Clairon. On verra si le public ratifiera ce jugement très-suspect.

Une autre débutante doit débuter incessamment dans le rôle de *Médée* ; c'est une demoiselle Fleury, appellée *la Belle*, ou *la Bête*, car elle est susceptible des deux surnoms. On la distingue aussi des deux autres Fleury, illustres dans les fastes de *Cythere* : *Fleury la Douairiere*, ou la marquise de Fleury ; celle sur laquelle Chevrier s'est si fort étendu dans son *Colporteur* ; & *Fleury la jolie*, ou *Fleury-Hocquart*, du nom de son entreteneur. Quoi qu'il en soit, la premiere veut que son nom passe d'une maniere plus durable à la *postérité* : elle a été instituée à l'art de la déclamation par le chevalier de la Morliere, auteur très-connu par ses aventures, ses excroqueries, & son admirable talent de bien jouer la comédie sur le théatre, & hors du théatre.

28 *Avril* 1768. Madame Denis n'ayant pas trouvé sa conduite envers son oncle fort approuvée dans ce pays-ci, s'est enfin rendue à ses instances, à ce qu'on assure, & a donné son consentement pour la vente de Ferney. On prétend que M. de Voltaire, par arrangement, lui a fait ici un sort pécuniaire, qui doit la mettre à même de tenir une maison ; en conséquence elle en a loué une.

29 *Avril* 1768. Le président Langlois de la Fortelle vient de mourir : c'étoit un homme d'esprit, quoique de la chambre des comptes ; il avoit fait en sortant du college, c'est-à-dire, il y a plus de vingt ans, un Vaudeville fort couru

dans le temps & fort caustique, dont le refrein étoit : *ah! le voilà, ah! le voici, celui qui n'en a nul souci.*

29 Avril 1768. Epigramme sur M. Poinsinet le mortifié, par M. Guichard.

De lui toujours satisfait,
Il se croit le héros du Pinde ;
Il vante tout ce qu'il a fait,
Tout jusqu'à sa froide Ernelinde (1).
Messieurs ! & mon Cercle (2) aux François ?
De son cercle il ne sort jamais,
Catins font ses douces liesses (3) :
Il est sans goût, sans mœurs, sans loix ;
Enfin il ressemble à ses pieces,
On ne peut le voir qu'une fois.

M. Poinsinet ayant écrit à cette occasion au pere de M. Guichard, pour lui dénoncer son fils comme un mauvais sujet, il en a reçu la réponse suivante.

Réponse de M. Guichard pere, à la lettre de M. Poinsinet fils (4).

J'ai bien l'honneur de vous connoître, Mon-

---

(1) Opéra, donné cet hiver.
(2) Comédie, jouée aux François.
(3) M. Poinsinet, dans une lettre à Mlle. le Clerc, imprimée dans le gazetin de Bruxelles, No. 10, se vante d'avoir eu 486 maîtresses.
(4) On n'a pu avoir la lettre renvoyée par monsieur Guichard à M. Poinsinet, mais les mots soulignés font de cette lettre.

fieur ; votre réputation en tout genre est établie, & je suis étonné que mon fils ose l'attaquer ; je lui en dirai deux mots très-vertement. Je n'ai point vu son épigramme ou ses épigrammes contre vous. Mais si, de votre aveu, il n'a *que de petits talents*, quel tort peut-il faire à ces grands talents que Paris & la cour admirent dans monsieur Poinsinet ? *Ernelinde* sera-t-elle moins *Ernelinde* ? ainsi du reste.... Vous êtes trop sensible : M. de Voltaire est, dit-on, de même ; le moindre trait qu'on lui décoche, le rend malade : c'est apparemment le foible des ames sublimes.

Votre délicatesse sur le chapitre des *mœurs* est, par exemple, on ne peut mieux placée. J'ai en main une lettre anonyme de votre fabrique à Herissant contre mon fils, laquelle, joint à d'autres faits de cette nature, prouve merveilleusement que *vos mœurs* sont irréprochables, & combien ce malheureux fils auroit dû les respecter. Les siennes ne sont pas si pures, si j'en crois ces *chansons obscenes* que vous marquez lui avoir entendu chanter à *votre table*. Je puis vous assurer cependant, Monsieur, de sa réserve à cet égard devant moi & parmi mes sociétés. Ce qui me feroit conclure, avec votre permission, qu'il faut absolument que votre cercle ne soit pas bien composé. Comme l'accusation est grave, & qu'en matiere de *mœurs* je suis, au moins, aussi rigide que vous, je vous prie de m'envoyer quelques-unes de ces chansons pour voir un peu si cela est de la force de *Gille Garun*, peintre (1), & de *Cassandre*, aubergiste (2).

---

(1) Opéra comique du sieur Poinsinet.
(2) Parade jouée en société.

Je suis avec tous les sentiments que vous méritez, Monsieur, &c.

P. S. Pardon, si dans la suscription de cette lettre je ne fais point usage de votre qualité d'*Académicien des Arcades de Rome* ; je craindrois de paroître faire une plaisanterie.

30 *Avril* 1768. La secte des économistes, fort alarmée du départ de l'abbé *Baudeau*, qui se dispose à passer en Pologne, où il est nommé, comme on a dit, à un bénéfice, après différents conciliabules, a déféré la plume à M. *Dupons*, un de ses membres. Il avoit déja travaillé au journal de la société connu sous le nom des *Ephémérides*, & il va reprendre cette tâche. Quant à l'abbé Baudeau, avant de partir il n'a pas voulu laisser la France sans ses dernieres instructions sur ce que ses enthousiastes appellent la *Science* : il a consigné ses principes dans l'*Avis au Peuple*, & dans la *Lettre d'un gentilhomme de Languedoc à un conseiller au parlement de Rouen*. On a déja parlé de cette derniere. Il se recrie dans l'un & l'autre sur les craintes qu'ont occasionées l'exportation. Il attaque entr'autres les *Remontrances du parlement de Rouen*, & provoque cette cour, avec une hardiesse & une véhémence qui caractérisent un homme très-abondant dans son sens. Cet ouvrage fait grand bruit.

30 *Avril.* Il est question de créer à l'académie des belles-lettres deux places d'honoraires de plus, & deux places de pensionnaires aussi. Les deux premieres paroissent destinées au cardinal de Bernis & à M. de Boulogne, intendant des finances. Les deux plus anciens des associés mon-

reront à celles des pensionnaires, qui seront désormais fixées à douze, ainsi que celles d'honoraires, & il se trouvera deux places d'associés à donner.

1 *Mai* 1768. Toutes les circonstances de la communion pascale de M. de Voltaire sont remarquables : voici l'ordre & la marche de cette cérémonie. Il faut savoir d'abord qu'il a fait bâtir l'église paroissiale de Ferney, avec cette inscription très-propre à fournir matiere aux dissertations des commentateurs futurs : *Dicavit Deo de Voltaire*. M. de Voltaire partit de chez lui, précédé de deux de ses gens portant des hallebardes, en forme de Suisses. Venoit après l'architecte avec le plan de l'église, espece d'offrande que le cathécumene faisoit précéder comme acte de sa réconciliation. Il marchoit ensuite, avec la figure d'un pénitent, avec la componction sur le visage & sans doute dans le cœur. Deux garde-chasses fermoient la marche, la bayonnette au bout du fusil. A l'entrée de l'église s'est trouvé le pere *Adam*, qui a fait le rôle de médiateur entre le ciel & le pécheur. On est instruit du reste & du sermon sur-tout..... Il ne faut pas oublier les tambours & les fanfares qui célébroient ce grand jour.

1 *Mai.* Les comédiens François se disposent à jouer dans la semaine prochaine *Beverley*, tragédie bourgeoise, que le Sr. Saurin a tirée d'une piece de *Moore*, intitulée *the Gamester*. Le traducteur a voulu enchérir sur le génie sombre & noir de son modele, il a ajouté la scene de l'enfant, prise dans une situation de *Cleveland*. Ce genre, à coup sûr, n'auroit pas réussi jadis ; mais

le François commence à regarder avec intrépidité les scenes atroces; & si son ame n'a pas plus d'énergie qu'autrefois, son œil en supporte au moins davantage dans l'action théatrale.

2 Mai 1768. Il est dans ce pays-ci des gens à bons mots qui rient de tout, & ne manquent jamais l'épigramme sur quelque sujet que ce soit. On a dit à l'occasion des nouveaux habillements des officiers aux gardes, si beaux par devant & si laids par derriere, que c'étoit pour les empêcher de tourner le dos. Réflexion amere & qui rappelle des faits peu honorables pour le régiment.

2 Mai. Mademoiselle Asselin, qui avoit dansé à l'opéra, où elle avoit eu peu de succès, il y a neuf ou dix ans, vient d'y reparoître. Elle arrive chargée des dépouilles de l'Angleterre, où elle a brillé long-temps. Elle est fort courue aujourd'hui; elle n'a pas la majesté de mademoiselle Heynel, mais elle est taillée en grand comme elle, & s'attire beaucoup de partisans. D'ailleurs elle a le genre plus étendu; & outre le terre à terre, elle donne dans la gargouillade & les entrechats. Elle a la jambe un peu grosse. En un mot, c'est une recrue très-agréable pour les spectateurs luxurieux qui abondent à ce théatre.

3 Mai 1768. M. le prince de Conti donne ordinairement tous les lundis un concert en son hôtel. Hier, au lieu de ce divertissement, il a fait exécuter à huis clos une petite fête pour *Mademoiselle.* Il n'y avoit que six personnes, à cause des conjonctures douloureuses où se trouve la famille royale. On a joué *Eglé* &

l'acte de *Philemon & Baucis*, où l'on a converti la baſſe-taille eu haute-contre pour faire chanter Geliote. On a repréſenté l'*Impromptu de Campagne*, comédie en un acte, de *Poiſſon*. M. le duc de Chartres y a fait le rôle de pere : ce qui a beaucoup amuſé ſa ſœur par les bouffonneries que le jeune prince a mêlées dans ſon rôle.

5 *Mai* 1768. M. le Camus, de l'académie des ſciences, l'un de ceux qui ont été dans le nord pour déterminer la meſure de la terre, en 1736, vient de mourir de la poitrine.

5 *Mai*. Le Sr. le Gros, coëffeur des dames, renommé par ſon érudition en ce genre, vient de publier le ſupplément de ſon ouvrage, intitulé *l'art de la Coëffure des dames Françoiſes*; & rien n'étoit ſans doute plus néceſſaire, car aucun art n'eſt plus ſujet à l'inſtabilité de la mode. Ce ſupplément offre ſept coëffures nouvelles, parmi leſquelles il y en a une deſtinée pour les dames qui montent quelquefois à cheval, habillées en amazones. Toutes ces nouveautés & l'eſtampe même, qui repréſente une chaſſe, où l'on voit une dame galoppant à la pourſuite d'un lievre, ſont de la compoſition du Sr. le Gros, qui, pour faire jouir les cours étrangeres de tant d'heureuſes inventions, ſe propoſe d'y aller établir inceſſamment des académies, avec la permiſſion des reines & princeſſes.

6 *Mai* 1769. La *Vénitienne*, jouée aujourd'hui ſur le théatre de l'académie royale de muſique, a été auſſi mal accueillie qu'il eſt poſſible. Les paroles pleines d'eſprit, puiſqu'elles ſont de la Motte, ne préſentent aucun morceau

…eau de sentiment, chose essentielle à ce spectacle. Elles sont d'ailleurs on ne peut moins lyriques; & l'on ne conçoit pas comment le sieur Dauvergne s'est avisé d'aller déterrer un pareil drame, qui n'avoit pas reparu depuis 1705. La musique a quelques détails agréables, mais n'annonce pas un homme de génie, dans son ensemble. Les ballets, dont on a surchargé ce spectacle, ne dédommagent en rien du reste: en un mot, de mémoire d'homme, aucun opéra n'a été plus universellement hué: un sifflement général a terminé cette malheureuse représentation.

6 Mai 1768. M. Poinsinet n'est pas resté sans replique au mémoire de Mlle. le Blanc de Crouzoul: le sien paroît; au grand étonnement de tout le monde, il est plein de bon sens, de sagesse & de modération, ce qui fait présumer qu'il n'est pas de cet auteur. Il présente sa cause dans le jour le plus favorable, & ramene de son côté le public équitable. Il est signé du sieur Blanc de Verneuil, avocat.

7 Mai 1768. Il court une histoire aussi plaisante que vraie sur M. BARTHE, poëte Provençal, auteur des *Fausses Infidélités*, & plus propre, à ce qu'il paroît, à manier la plume que l'épée. Ayant eu une querelle littéraire dans une maison avec M. le marquis de Villette, la dissertation a dégénéré en injures, au point que le dernier a défié l'autre au combat, & lui a dit qu'il iroit le chercher le lendemain matin à 7 heures. Celui-ci rentré chez lui & livré aux réflexions noires de la nuit & de la solitude, n'a pu tenir à ses craintes & à toutes les horreurs qu'il envisageoit pour le lendemain. Il est des-

Tome IV. B

cendu chez un nommé *Solier*, médecin, homme d'esprit & facétieux, demeurant dans la même maison, rue de Richelieu, & lui a exposé ses perplexités & demandé ses conseils........

« N'est-ce que cela ? Je vous tirerai de ce mau-
» vais pas. Faites seulement tout ce que je vous
» dirai. Demain matin, quand M. de Villette
» montera chez vous, donnez ordre à votre
» laquais de dire que vous êtes chez moi, &
» de me l'amener. Pendant ce temps, cachez-
» vous sous votre lit. » Barthe veut repliquer :
« Ne craignez rien, encore un coup, & laissez-
» vous conduire. » Le lendemain on introduit
M. de Villette chez M. Solier, sous prétexte
d'y venir chercher M. Barthe. ... « Il n'y est
» point ; mais que lui veut M. le Marquis...? »
Après les difficultés ordinaires de s'expliquer,
il conte les raisons de sa visite.... « Vous
» ne savez donc pas, M. le Marquis, que
» M. Barthe est fou ? C'est moi qui le traite,
» & vous allez en voir la preuve...... » Le
médecin avoit fait tenir prêts des crocheteurs.
On monte ; on ne trouve personne dans le lit ;
on cherche dans tout l'appartement. Enfin monsieur Solier, comme par hasard, regarde sous le
lit ; il y découvre son malade..... « Quel acte
» de démence plus décidé ! » On l'en tire plus
mort que vif. Les crocheteurs se mettent à ses
trousses & le fustigent d'importance, par ordre
de l'esculape. Barthe, étonné de cette mystification, ne sait s'il doit crier ou se taire. La
douleur l'emporte, il fait des hurlements affreux.
On apporte ensuite des sceaux d'eau, dont
on arrose les plaies du pauvre diable. Puis on
l'essuie, on le recouche : & son adversaire

émerveillé se frotte les yeux, a peine à croire tout ce qu'il voit, mais ne peut disconvenir que ce poëte ne soit vraiment fou : il s'en va, en plaignant le sort de ce malheureux. Du reste, M. Barthe a trouvé le remede violent, sur-tout de la part d'un ami, & ne prendra vraisemblablement plus M. Solier pour le guérir de ses accès de folie.

8 *Mai* 1768. Le *Joueur Anglois* a paru hier sous le nom de *Beverley*, tragédie bourgeoise imitée de l'Anglois. On n'avoit point fait mention sur l'affiche de M. le duc d'Orléans, quoiqu'on l'ait annoncé la veille : ce qui signifioit que ce prince dans sa douleur s'abstenoit du spectacle, ou du moins qu'il n'y étoit qu'*incognito*, à cause de la mort du prince de Lamballe.

Ce drame, profondément digéré, a eu un très-grand succés, & le mérite. Il en est peu qui réunissent des actes aussi pleins, avec un sujet aussi simple, une marche aussi rapide, & tant d'action. Le caractere du principal personnage est de la plus grande force, & de la vérité la plus reconnue. Celui de la femme, modele de vertu, de patience, de douceur, d'attachement à ses devoirs & à son mari, est encore mieux relevé par les écarts, les atrocités d'une passion effrénée, qui dégrade, offusque la plus belle ame, y étoient tous les sentiments de la nature, de l'honneur, & transforme l'homme en une furie.

Le traducteur, comme on l'a prononcé, a cru ajouter à l'intérêt, en mettant en spectacle l'enfant du *Joueur*, purement de son invention, pour rendre le vice qu'il veut corriger plus odieux, il conduit insensiblement son héros au point de vouloir, après s'être empoisonné, poignarder ce petit enfant qui dort, pour le débarrasser du fardeau de la vie, dont il ne doit éprouver que les horreurs, sans en goûter jamais les plaisirs. Cette scene, longuement filée, dans laquelle *Beverley* vient à deux reprises pour exécuter son projet effroyable, a tellement serré, déchiré le cœur des spectateurs, & sur-tout des femmes, qu'on y répugne généralement, & qu'on croit que M. Saurin sera obligé de la supprimer ou de l'adoucir. S'il retranche cette innovation, il se trouvera réduit au petit mérite de traducteur; & son style, quelquefois trop fleuri, souvent trop prosaïque, est sans contredit la plus foible partie du drame.

Le rôle du *Joueur* a été fort bien exécuté par le sieur Molé. Il y a mis toute la fureur, toutes les convulsions, tous les déchirements d'un forcené. Celui du traître, aussi de *Beverley*, est rendu par Préville. On ne sait pourquoi cet acteur, excellent dans son genre de bouffon & de pantomime, veut ainsi se prodiguer à toute sauce & faire des personnages auxquels il n'est nullement propre. Dans celui-ci, qui est rempli d'adresse & de forfanterie, sous les dehors imposants de la candeur, de la probité, de l'amitié la plus chaude & la plus désintéressée, il a transporté les grimaces, les singeries d'un valet fripon, & a encore exténué ce rôle, qui n'est pas aussi fortement frappé qu'exige la hardiesse de l'intrigue. Mlle. Doligny représente la femme du *Joueur*; elle porte tout l'intérêt que mérite ce rôle. Malheureusement son organe ne répond pas toujours à l'énergie de l'action & à la violence de la douleur où elle doit être plongée. Les autres rôles sont peu de chose & ne méritent aucune discussion.

9 *Mai* 1768. La Dlle. le Blanc de Crouzoul fait paroître une *réponse au mémoire du sieur Poinsinet*. Celle-ci est signée d'un avocat nommé *Ader*, & en conséquence est plus grave que la premiere sortie contre cet académicien des arcades de Rome. Elle ramene le lecteur du côté de la demanderesse. On prouve en premier lieu, que le sieur Poinsinet a une montre d'or à la Dlle. de Crouzoul, & qu'il doit la rendre.

En *second lieu*, que les lettres de rescision ne sont point fondées; qu'elles sont une dérision à la justice.

En troisieme lieu, que les plaintes du sieur Poinsinet, tant contre la Dlle. de Crouzoul, que contre l'officier qui a signé son mémoire, ne sont point fondées.

On sait que M. Poinsinet demande dans son mémoire que celui de la Dlle. de Crouzoul soit supprimé, comme injurieux, &c.

Il est très-vrai que la Dlle. de Crouzoul a été renvoyée de l'opéra pour cette affaire.

11 *Mai*. La piece de *Beverley* a eu encore plus de succès aujourd'hui que samedi. L'auteur a adouci la férocité du dernier acte, en ne faisant lever au *Joueur* qu'une fois le poignard sur son fils; il s'attendrit tout-à-coup, l'embrasse, &c. On a remarqué que presque toutes les mêmes femmes qui avoient assisté à la premiere représentation, étoient revenues à la seconde, malgré les frémissements convulsifs qu'elles avoient éprouvés.

On ne donnera ce spectacle que deux fois par

femaine, à cause de Molé, dont le rôle est très-fort, & dont la poitrine pourroit ne pas suffire à un service plus répété. Tout est loué jusqu'à la sixieme représentation.

13 *Mai* 1768. Sur la tragédie de Beverley, imitée de l'Anglois, de M. Saurin.

Graces à l'anglomanie, enfin sur notre scene
Saurin vient de tenter la plus affreuse horreur;
En Bacchante on veut donc travestir Melpomene.
Racine m'intéresse & pénetre mon cœur
 Sans le broyer, sans glacer sa chaleur.
Laissons à nos voisins leurs excès sanguinaires.
Malheur aux nations que le sang divertit!
Ces exemples outrés, ces farces mortuaires,
 Ne satisfont ni l'ame ni l'esprit.
Les François ne sont point des tigres, des féroces,
Qu'on ne peut émouvoir que par des traits atroces.
 Dérobez-nous l'aspect d'un furieux.
Ah! du sage Boileau suivons toujours l'oracle!
Il est beaucoup d'objets que l'art judicieux
Doit offrir à l'oreille & reculer des yeux.
 Loin en ce jour de crier au miracle,
 Analysons ce chef-d'œuvre vanté:
Un drame tantôt bas, & tantôt exalté,
Des bourgeois empoulés, une intrigue fadasse,
Un joueur larmoyant, une épouse bonasse.
Action paresseuse, intérêt effacé,
Des beautés sans succès, le but outrepassé,
Un fripon révoltant, machine assez fragile,
Un homme vertueux, personnage inutile,
Qui toujours doit tout faire & qui n'agit jamais,

Un vieillard, un enfant, une sœur indécise,
Pour catastrophe, hélas! une horrible sottise,
 Force discours, très-peu d'effets,
Suspension manquée, on sait par-tout d'avance
Ce qui va se passer. Aucune vraisemblance,
Dans cet acte inhumain, ni dans cette prison,
 Où Beverley d'une ame irrésolue,
Deux heures se promene en prenant son poison,
Sans remarquer son fils qui lui creve la vue,
 Ce qu'il ne voit qu'afin de l'égorger.
D'un monstre forcené le spectacle barbare
Ne sauroit attendrir, ne sauroit corriger;
Nul pere ayant un cœur ne peut l'envisager.
Oui, tissu mal construit & de tout point bizarre,
 Tu n'es fait que pour affliger.
Puisse notre théatre, ami de la nature,
Ne plus rien emprunter de cette source impure.

A M. SAURIN,

Sur le rôle de madame Beverley.

 Saurin, cette femme si belle,
 Ce cœur si pur, si vertueux,
 A tous ses devoirs si fidelle,
De ton esprit n'est point l'enfant heureux.
 Tu l'as bien peint : mais le modele
 Vit dans ton ame & sous tes yeux (1) !

---

(1) M. Saurin a une femme fort aimable.

14 *Mai* 1768. Un nommé *Mouton*, élève de l'académie d'architecture, entretenu à Rome, suivant un brevet de nomination du 23 septembre 1765 ; a été exclu de l'académie le 19 août 1767, par M. Natoire, directeur de la maison royale de l'académie à Rome, pour n'avoir pas satisfait à son devoir paschal, ou du moins pour n'avoir pas rapporté un billet de communion, quoi qu'il en rapportât un de confession.

Ce *Mouton* vient de faire imprimer un *mémoire à consulter*, dans lequel il demande si les François envoyés par le Roi à l'académie de Rome, sont obligés de souffrir les exactions introduites par le sieur Natoire, & s'il ne doit pas les faire connoître, afin qu'il y soit pourvu ?

S'il peut demander son rétablissement à l'académie ?

S'il est fondé à demander contre M. Natoire une réparation d'honneur & des dédommagements. &c.?

A la suite est une consultation de onze avocats, du 11 mars 1768, qui est d'avis qu'il a été commis par le sieur Natoire deux attentats, l'un contre les libertés du royaume, pour assujettir des François envoyés à Rome sous la protection du roi, à l'inquisition qui s'y exerce contre les sujets du pape, pour les contraindre à se confesser sous peine d'excommunication encourue par le seul fait, avec défenses de leur prêter aucun secours : l'autre, contre le droit divin, pour contraindre à recevoir les sacrements de l'Eucharistie.

En conséquence, le conseil estime que l'exclufion donnée au sieur Mouton est nulle & injuste, comme faite par attentat au droit divin, au droit des gens, aux libertés du royaume & à l'autorité du roi; que cet éleve a droit de demander d'être réintégré dans l'académie, & qu'il lui est dû par le sieur Natoire une réparation d'honneur & des dédommagements.

Si cette cause est portée en justice, jamais fait plus singulier n'aura occupé la magistrature. On ne croit pas qu'il y en ait d'exemple. Il étoit réservé à nos jours de produire des phénomenes dans tous les genres. Il paroît que cette expulsion est la suite d'une cabale jésuitique, tenue chez le sieur Natoire, qui admettoit dans son cercle tous les boutefeux de la société, & notamment l'abbé de Caveirac & l'abbé d'Arais, renommés par leurs libelles. Ce jeune homme avoit en horreur des propos séditieux qu'il leur avoit entendu tenir chez son directeur, & s'étoit retiré de la compagnie. Peut-être en avoit-il donné avis à M. l'ambassadeur. Son excellence contraignit depuis M. Natoire à ne plus recevoir dans la maison royale ces ennemis de la France. *Inde mali labes.*

15 *Mai* 1768. Les plaintes des différents spectacles contre le sieur Nicolet n'ont pas peu contribué à l'ordonnance de police du 20 avril dernier. Il lui est défendu en conséquence par cette même ordonnance de s'assimiler en rien aux autres spectacles, d'en rien emprunter & de rien jouer qui puisse entrer en concurrence avec les pieces des autres théatres. Effectivement depuis quelque temps ce spectacle avoit élevé le ton & attiroit beaucoup de monde par des pieces d'un assez bon comique : ce

qui a excité la jalousie des Italiens & des François. On vient d'imprimer *le Baiser donné, & le Baiser rendu*, opéra comique en deux actes, par le Sr. Taconet, auteur & acteur. Ce drame joué, pour la premiere fois, chez le Sr. Nicolet le 14 janvier 1768, a eu beaucoup de succès. Il y a de l'action, de l'intrigue & sur-tout de la gaieté. Il est tiré d'un conte de la Fontaine, qui n'a que onze vers. L'auteur a mis dans son drame onze acteurs : ce qui marque la facilité & l'intelligence que le sieur Taconet a de son théatre. Le Sr. Quetant en avoit donné un sur le même théatre l'an passé, qui n'avoit pas attiré moins de monde.

16 *Mai* 1768. M. Bossu, capitaine dans les troupes de la marine, a fait paroître, il y a quelque temps, de *nouveaux voyages aux Indes Occidentales*, &c. *en deux volumes*. Ils sont en forme de lettres, & n'ont du côté du style qu'un mérite fort médiocre ; l'historique même n'en est ni bien curieux ni bien important : il traite peu & fort indirectement encore de tout ce qui a matiere à la derniere guerre, quoique l'auteur paroisse avoir écrit dans ce temps-là. Cependant M. Poncet de la Grave, le censeur, a donné à ce livre une approbation très-ample & très-affectée. Les journaux l'ont prôné avec éloge : il a fait un certain bruit, & sans doute trop pour M. Bossu, qui vient d'être mis à la Bastille.

M. de Kerlarec, capitaine des vaisseaux du roi, ancien gouverneur de la Louisiane, à la suite de la cour depuis plusieurs années pour une affaire contre un grand nombre d'officiers de la colonie, a été alarmé de la publicité & de la profusion de ce livre ; il est nommé en plusieurs endroits, & presque toujours défavorablement : il y a même des phrases très-fortes contre lui. Ce commandant a eu recours à M. le duc de Praslin ; il a représenté que ce livre n'avoit été composé que pour y enchâsser des faits & des propos injurieux à sa réputation ; que c'étoit la suite de l'animosité des mécontents & le résultat de leurs complots. Quoi qu'il en soit, le ministre de la marine a mis en cause le lieutenant de police. Le livre est arrêté : le censeur a été vertement réprimandé, & M. Bossu conduit en prison, comme on a dit, pour son obstination à n'avoir pas voulu se rétracter & mettre des cartons à son livre, sous prétexte qu'il n'avoit rien avancé que de vrai. Heureusement M. le duc d'Orléans, qui protege cet officier, a voulu remonter à la source de cette vexation, & s'est plaint au ministre, & M. Bossu doit sortir incessamment, s'il n'est pas encore sorti de la Bastille.

17 *Mai* 1768. On assure que le mémoire de Mlle. le Blanc de Crouzoul a été présenté au roi pour l'amuser dans ses petits appartements ; qu'il s'en est beaucoup réjoui, & que M. Poinsinet, très-glorieux déja d'avoir occupé un moment S. M. se flatte qu'elle n'aura pris par cette lecture aucune impression défavorable de ses mœurs ni de ses talents, & qu'elle lui fera l'honneur encore plus grand de lire celui qui justifie si complétement son innocence.

18 *Mai* 1768. Le succès de *Beverley* se continue avec la même fureur ; & le terrible des situations qui, comme on l'a observé, passe de beaucoup l'original, est très-bien soutenu par nos petites-maîtresses les plus vaporeuses. On ne

doute pas que M. Saurin n'ait à son tour l'honneur d'être traduit en Anglois & joué à Londres avec toutes les horreurs dont il a enrichi ce drame, qui rend son auteur très-digne d'être naturalisé Anglois.

19 Mai 1768. On s'imagine tenir la clef de la conduite de M. de Voltaire, en supposant, ce qui est facile à croire, qu'il ait toujours un desir ardent de rentrer dans sa patrie, ou du moins de venir à Paris. On veut que sur ses sollicitations auprès d'un grand ministre, celui-ci lui ait fait entendre que la reine s'y opposoit, prévenue contre lui, en le regardant comme auteur de tous les libelles contre la religion, qui se répandent depuis quelque temps en France. Que la seule façon de démentir ces calomnies, & de mériter l'indulgence de cette majesté, étoit de faire un acte de catholicité qui détruisît les imputations de ses ennemis. Que d'après ces conseils, ce vieux pécheur se soit déterminé à rentrer dans le giron de l'église. Malheureusement à force de vouloir donner de l'éclat à sa conversion, il a joué une scene de dérision, dont on n'a pas manqué de se prévaloir auprès de la reine pour l'indisposer encore plus contre lui; & conséquemment toute cette hypocrisie est en pure perte, & ne lui servira ni pour le ciel ni pour la terre.

19 Mai. Un ami de M. le marquis de Chauvelin, lieutenant-général nommé pour commander les troupes en Corse, lui a adressé le madrigal suivant à l'occasion de la douleur où se trouve madame de Chauvelin, qui n'accompagne pas son mari, & prend peu de part à la gloire qu'il va acquérir:

Sous mes doigts ma lyre est muette,
Je la pince en vain nuit & jour,
Ta gloire me plaît moins qu'elle ne m'inquiete.
Peut-être j'entends peu les finesses de cour,
Mais mon ame flétrie à la douleur s'apprête,
Quand mes yeux éblouis contemplent sur ta tête
Des lauriers arrosés des larmes de l'Amour.

21 Mai 1768. Il paroît arrangé que le sieur la Combe, cet avocat libraire, aura décidément l'entreprise du *Mercure*, moyennant 30,000 livres par an qu'il donne net de cet ouvrage, pour subvenir aux différentes pensions. M. de la Place se retire avec 5,000 livres de rentes, que lui fait le successeur, & la Combe aura la liberté de nommer qui bon lui semblera pour rédiger cet ouvrage.

22 Mai 1768. Le sieur Palissot se dispose à nous régaler d'une nouvelle édition de sa *Dunciade*, avec un chant tout neuf. On connoît ce poëme, espece de libelle diffamatoire contre tous les gens de lettres.

22 Mai. Nous avons parlé d'un livre du pere Thomas-Marie Mamechi, intitulé : *de animabus Justorum in sinu Abrahæ ante Christi mortem expertibus beata visionis Dei*, &c. Un chanoine, nommé Jean Cadonici, s'avise de critiquer cette folle production. Ces ouvrages, qui ont paru en Italie indiquent combien il y a encore de barbarie & d'ineptie dans cette contrée.

23 Mai 1768. Extrait d'une lettre de Berlin, du 15 avril...... Aujourd'hui l'académie royale des sciences de cette ville a tenu son assemblée publique, dans laquelle on a fait lecture d'une *lettre de l'impératrice de Russie*, adressée à l'académie. Cette lettre, datée de Pétersbourg le 4 du mois dernier, est conçue en ces termes :

« *Messieurs de l'académie de Prusse*. J'ai tâché de remplir les devoirs de mon état, & n'ai pas cru avoir rien fait qui me rendît digne du titre que vous me donnez dans votre lettre du 21 janvier. Sous les auspices d'un roi, doué d'un esprit si sublime, si éclairé, & environné de tant de gloire, vous êtes accoutumés à juger des hommes & des choses, sans préjugés & sans illusion. Vous ne voyez en moi que la personne même, & néanmoins vous me qualifiez de votre associée. Flattée de ce témoignage de votre estime, je veux bien l'accepter. Cependant, Messieurs, ma science se borne à savoir que tous les hommes sont mes freres. J'emploierai toute ma vie à régler mes actions sur ce principe. Si jusqu'à présent j'ai réussi dans quelque entreprise, il faut n'en attribuer le succès qu'au sentiment de cette vérité. Au reste, je souhaite, Messieurs, que vos travaux puissent être utiles aux sciences, aux arts, & sur-tout à l'académie ; & je ferai charmé de trouver souvent les occasions de donner à ses membres des marques de mon estime. (*Signé*) CATHERINE.

» *P. S.* Je joins à cette lettre deux cartes géographiques très-exactes, l'une du cours du *Wolga*, depuis la ville de *Twer* jusqu'à la mer Caspienne ; & l'autre de cette mer. J'espere, Messieurs, qu'elles vous feront plaisir.

La premiere de ces cartes est un in-folio, format d'atlas, contenant une suite de quarante-sept cartes, à la vingt-sixieme desquelles est écrit de la main de S. M. Imp. *Depuis la ville de Twer jusqu'à cet endroit* (Gozod Cahelurckb) ; *cette carte a été vérifiée sous mes yeux, & en partie par moi-même.*

L'académie a témoigné sa reconnoissance & sa vénération à l'impératrice, par une lettre fort respectueuse, où elle lui demande la permission de lui envoyer la collection de ses mémoires.

24 *Mai* 1768. Le poëme *de la Guerre de Geneve* paroît enfin complet dans toutes ses parties & orné des honneurs typographiques. Malgré la fécondité de son auteur, il semble avoir coûté à M. de Voltaire plus de temps qu'il n'en consacre ordinairement à ces sortes de productions. Il est en cinq chants. Les deux derniers n'ont rien de ces couleurs atroces répandues à grands flots dans les premiers ; ils sont gais, & font honneur à l'imagination riante de ce poëte aimable. Il y a beaucoup de notes, qui servent à faire connoître tous les obscurs bourgeois de Geneve, qu'il a plu à M. de Voltaire d'illustrer, & qui sans lui n'auroient jamais été connus.

25 *Mai* 1768. Pour balancer les mauvaises impressions que le livre de M. Bossu, dont on a parlé, pourroit donner de M. de Kerlarec aux lecteurs peu instruits, on a fait insérer dans Freron, N°. 14, une lettre du 4 mai, sans signature, où l'on attribue les procédés de cet officier à l'animosité qu'il doit avoir d'avoir été renvoyé en France par ce gouverneur, comme mauvais sujet. Malheureusement cette lettre ano-

nyme, comme on a dit, ne peut balancer un ouvrage imprimé authentiquement, & à la tête duquel l'auteur n'a pas craint de mettre son nom. D'ailleurs, ce ne sont point simplement des réflexions, des injures, des imputations malignes, auxquelles se livre cet officier : ce sont des faits qu'il cite, & sur lesquels il demande à être puni comme calomniateur, s'ils sont faux. On ne doute pas que le gouvernement qui a vengé si hautement le général de la Louisiane, en faisant mettre son accusateur à la Bastille, ne se soit prêté à la lettre dont on vient de parler.

25 *Mai* 1768. Le trait historique de l'*Homme au masque de fer*, detenu & mort à la Bastille au commencement de ce siecle, est un problême qui, jusqu'à ce jour, n'a pas encore été résolu. Diverses opinions ont partagé les auteurs qui en ont parlé, & M. de Voltaire lui-même en rapportant les faits ne détermine point celui que cela pourroit regarder.

M. de Saint-Foix vient de publier une lettre au sujet de cet inconnu ; il porte le flambeau de la critique dans cette matiere ténébreuse, il discute les sentimens des écrivains, & conclut que l'*Homme au masque de fer* n'étoit autre chose que le duc de Montmouth (1), fils naturel de Charles II, roi d'Angleterre, au trône duquel il se disoit avoir droit par sa naissance légitime. Il ajoute que cet acte de clémence s'étoit fait de

_____

(1) Il prétend qu'un serviteur fidele s'étoit substitué en la place de ce seigneur, lorsqu'il fut condamné à mort, après sa vaine tentative pour s'emparer du trône d'Angleterre.

concert avec le roi Jacques ; que ce monarque en avoit donné fa parole à Charles fecond mourant, & qu'il n'avoit voulu l'enfreindre : que par politique il avoit été forcé à le faire paffer pour décapité, & avoit obtenu de Louis XIV qu'il fût enfermé. Il faut avouer que les raifonnements de M. de Saint-Foix ne font pas fans replique à beaucoup près. Il feroit à fouhaiter que la difcuffion de cette matiere, qui ne peut plus être qu'un objet de curiofité, engageât ceux qui ont ce fecret à le divulguer.

26 *Mai* 1768. Les comédiens François ont annoncé pour demain *la Gageure*, petite piece nouvelle en un acte & en profe du fieur Sedaine.

28. *Mai* 1768. Les fpectateurs curieux de l'opéra, fouffrent impatiemment l'abfence de Mlle. *Heynel*, cette danfeufe fi propre à exciter leur lubricité. On a raconté comment M. le comte de Lauraguais, enflammé pour elle, avoit verfé l'or avec une profufion au fein de cette beauté : mais par une fatalité malheureufe, qui empoifonne prefque toujours nos plaifirs, Mlle. *Heynel* s'eft trouvée chatouillée d'une maladie de peau, qui fe communique avec rapidité, & qui a fait dire plaifamment, qu'elle avoit fait de fon amant un *prince de Galles*.

30 *Mai* 1768. Copie de la réponfe de l'académie de Berlin, à la lettre de S. M. l'impératrice de Ruffie.

MADAME,

Parvenus au comble de nos vœux, nous ferons à jamais pénétrés de reconnoiffance de la faveur fignalée que V. M. I. vient de nous accorder, & des témoignages précieux de fon augufte bienveillance, dont elle a daigné l'accompagner. Nous tranfmettons à nos derniers neveux cette brillante époque, avec toutes les circonftances qui peuvent en conferver l'éclat & le fouvenir. Que ne pouvons-nous, Madame, préfenter nous-mêmes à V. M. I. nos profonds hommages, & aller au pied de fon trône la proclamer tout d'une voix notre affociée. Qu'il nous foit au moins permis d'y placer la collection des mémoires de notre académie, que nous allons former inceffamment & faire parvenir à fa glorieufe deftination.

Nous rendons de très-humbles graces à V. M. des cartes qu'elle a bien voulu joindre à fa gracieufe réponfe. En parcourant de l'œil les contrées qu'elles repréfentent, nous partageons en idée le bonheur dont leurs habitants ont joui, en voyant leur augufte fouveraine y marquer elle-même tous fes pas par les traits ineffaçables de fa fageffe & de fa bonté, vertus feules propres à faire des puiffances de la terre les vivantes images de la puiffance fuprême.

Nous fommes dans les fentiments de la plus haute vénération & d'une immortelle gratitude.

1 *Juin* 1768. Extrait d'une lettre de Stockholm, le 6 mars 1768... On rebâtit dans cette capitale l'églife de St. Olof. C'eft où avoit été enterré *Defcartes*, fous le regne de *Chriftine*. On fait que fon corps a depuis été tranféré en France. Mais une fimple pierre gravée fur le tombeau de ce grand homme en confervoit la mémoire parmi nous. L'infcription contenoit fon nom, fon âge, fa naiffance & fa mort. Le prince royal a déclaré qu'après la reconftruction de

St. Olof, il vouloit ériger à ſes frais au même lieu un monument digne de ce prince de la philoſophie moderne.

2 *Juin* 1768. Le ſieur *Grandval*, après avoir fait les beaux jours de la ſcene Françoiſe, s'en étoit retiré aſſez à temps pour emporter les regrets du public. Obligé de rentrer depuis par des raiſons de fortune, il a inſenſiblement perdu toute ſa célébrité, & s'eſt vu forcé de diſparoître tout-à-fait à pâque dernier, ainſi qu'on a dit. Pour mettre le comble à ſes humiliations, il vient de s'enrôler dans la troupe de Lyon, & terminera probablement ainſi ſa malheureuſe carriére. Tel on a vu Béliſaire demandant l'aumône, ou plutôt tel le roi de Syracuſe devint maître d'école.

4 *Juin* 1768. Le ſieur Poinſinet a gagné ſa cauſe en plein. Hier ſes lettres de reſciſion ont été entérinées. La Dlle. le Blanc de Crouzoul condamnée aux dépens, dommages & intérèts; le mémoire ſupprimé; défenſes au procureur d'en ſigner à l'avenir de ſemblable. L'audience étoit très-nombreuſe & le public avoit couru en foule à ce procès important.

5 *Juin* 1768. M. Mercier de la Riviere, l'auteur du livre *de l'ordre naturel & eſſentiel des Sociétés politiques*, eſt de retour à Paris depuis mercredi dernier. On ſait qu'il avoit été appellé en Ruſſie, pour préſider à la rédaction du nouveau code que l'impératrice fait faire. Il paroît que ce voyage, prôné avec tant d'emphaſe dans les papiers publics, n'a pas ſatisfait l'amour-propre de ce magiſtrat autant qu'il l'eſpéroit. Il eſt tombé malade en route, & n'eſt arrivé à St. Péterſbourg qu'au mois d'octobre.

Sa M. I. étoit à Moscou ; il a trouvé cette capitale occupée par huit cents députés arrivés de toutes parts, à l'effet de travailler au grand ouvrage en question. Il a réprouvé une loi préliminaire, par laquelle S. M. I. s'obligeoit de ne punir jamais de mort aucun des membres de cette espece de sénat de la nation ; & vraisemblablement cette opposition lui a fait des envieux. L'impératrice à son retour l'a accueilli comme un nouveau sujet dont elle se félicitoit, on lui avoit fait entendre que M. de la Riviere, dans une sorte de disgrace en France, ne seroit pas fâché de s'expatrier ; il a déclaré qu'il n'étoit rien de tout cela, & qu'il ne comptoit point rester en Russie : en un mot, soit cabale de cour, soit refroidissement de S. M. I., soit qu'il ait prévu son inutilité, il est reparti dès que la saison l'a permis. L'impératrice lui a fait un présent de dix mille roubles, & de mille à son secretaire. Peut-être la grande vénération que les étrangers avoient conçu pour lui sur son livre, s'est-elle un peu dissipée aux approches de sa personne.

6 *Juin* 1768. L'Opéra doit donner vendredi 10 de ce mois *Daphnis & Alcimadure*, pastorale Languedocienne, avec un prologue, dont les paroles ont été traduites en François par le poëte même. On sait qu'elles étoient originairement de Mondonville, auteur du patois & de la musique. On prétend que l'abbé de Voisenon doit lui prêter son secours. Quoi qu'il en soit, on doute que ce travestissement fasse un bon effet, & que toutes les graces apprêtées de l'académicien vaillent la naïveté de l'original. On a voulu mettre en défaut le spectateur, qui a vu jouer autrefois

ce drame par Geliotte, la Tour & Mlle. Feſſ, tous trois Languedociens, & l'on a craint le parallèle avec les acteurs d'aujourd'hui. Il paroît à cette occaſion une lettre en Gaſcon très-cauſtique & très-plaiſante.

8 *Juin* 1768. On mande du Havre que la frégate l'*Enjouée*, de 26 canons, commandée par M. de Troujoly, capitaine de vaiſſeau, va mettre inceſſamment à la voile. Sa campagne doit être du nord au ſud, c'eſt-à-dire des Iſles de Micquelon & de St. Pierre aux côtes de Maroc, de-là à Cadix & à Lisbonne, d'où elle doit ſe rendre à Breſt, lieu de ſa deſtination. M. le Roi, ſi connu par ſa diſpute avec M. Hariſſon, pour la montre marine, dont chacun d'eux prétend être l'inventeur, s'embarque ſur ce bâtiment, pour continuer les obſervations de ſon inſtrument, conjointement avec M. de Caſſini le fils, que la cour a nommé à cet effet avec M. de Troujoly. L'année derniere M. de Courtenvaux fit l'eſſai de cette montre, qui répondit à ce qu'on en attendoit. M. le Roi l'a perfectionnée depuis, & l'on aſſure qu'elle eſt aujourd'hui fort ſupérieure à celle de l'Anglois.

10 *Juin* 1768. La paſtorale de *Daphnis & Alcimadure* a eu plus de ſuccès qu'on ne s'en promettoit ; elle a été reçue avec des applaudiſſements extraordinaires, & l'on y a obſervé ce qui ne s'étoit point encore paſſé à l'opéra : les acteurs & la muſique ont ſuſpendu leur exécution, pour donner un libre cours aux battements de mains réitérés des ſpectateurs. Cet enthouſiaſme ſera-t-il durable ? eſt-il bien fondé ? C'eſt ce que l'expérience prouvera. En

attendant, nous allons discuter ce drame, pour mettre les étrangers en état d'en juger.

On sait que les *Jeux Floraux* furent institués à Toulouse par *Clémence Isaure*. C'est le sujet du prologue; il est aussi court qu'agréable. Il seroit à souhaiter que Mlle. Duplan, d'une taille très-volumineuse, eût plus de swelte & d'élégance, & répondît par son extérieur à la noblesse de son rôle. Sa voix, aussi d'une très-grande étendue & d'un beau volume, est trop empâtée, & n'a point cette légéreté qu'on y desireroit. La musique est agréable, & caractérise à merveille toute la joie d'une semblable fête.

On ne peut dissimuler que les paroles de la pastorale ne soient devenues plattes par la traduction. On y trouve du niais, substitué au naïf. Il regne dans tout l'ouvrage un ton monotone & langoureux: défaut du genre & que ne répare point un caractere forcé de militaire que l'on donne au frere d'*Alcimadure*, pour y jeter quelque variété. En un mot, le patois Languedocien faisoit passer une infinité de choses qu'on ne pardonne pas à des bergers parlant en beau langage. Le personnage d'*Alcimadure*, qu'exécute madame Larrivée, est destitué d'intérêt, par le défaut de jeu d'une actrice excellente pour chanter l'ariette, mais inepte à exprimer aucun sentiment. Le sieur le Gros n'entre pas mieux dans le genre de son rôle. Ce n'est point le *Daphnis* vrai, simple, tendre, qu'on admiroit dans Geliotte; c'est un berger gauche, moitié bourgeois & moitié rustique, & qui donne à tout ce qu'il dit l'air benêt de sa figure. Le sieur Larrivée est le seul qu'on goûteroit, si le personnage étoit naturel. La musique même a perdu beaucoup au travestissement des paroles; il a fallu supprimer quantité de ces tenues onctueuses que n'admettent point nos *e* muets, & qui faisoient passer dans l'ame des auditeurs une volupté douce & pénétrante. Tel est le sentiment de ceux qui ont vu jouer cette pastorale par Mlle. Fell, par la Tour & par Geliotte.

Les danses ont fait le grand succès de la piece. Il y a dans le premier acte un pas de cinq, exécuté par les Dlles. Guimard, Allard & Peslin, & par les sieurs Gardel & d'Auberval: ils y étalent tout ce que la lubricité ne s'étoit point encore permis dans une pantomime. Elle a été reçue avec des transports indicibles, & prouve que nos yeux dans ce siecle sévere ne sont pas aussi chastes que nos oreilles.

La danse des Amazones du second acte, est peu expressive, & ne paroit pas avoir affecté vivement le spectateur. On ne peut guere goûter l'austérité de *Pallas*, après avoir vu *Vénus* déployer ses graces les plus séduisantes.

Le troisieme acte est égayé par un tambourin qu'exécutent Mlles. Allard & d'Auberval, ou plutôt par une danse de *Gilles*, où ils se livrent à toutes les bouffonneries des baladins de la foire. Enfin, le chorégraphe paroît avoir également perdu l'esprit de la fête, & a substitué l'indécence à la simplicité, le lascif au gai, & la farce polissonne à la liberté villageoise.

11 *Juin* 1768, Extrait d'une lettre de Lyon, du 5 juin...... Nos comédiens ont joué vendredi sur leur théatre *Ericie* ou *la Vestale*. Cette tragédie, proscrite par votre sorbonne, a eu le plus grand succès à la représentation d'avant-

hier. Malheureusement M. le prévôt des marchands a été obligé d'arrêter le cours de cette nouveauté. La cabale des dévots a crié contre un drame où la vie monastique est dépeinte sous les couleurs les plus effrayantes & les plus vraies. C'est devenu, comme à Paris, une affaire de religion, & il a fallu sacrifier à ces clameurs dangereuses les plaisirs du public.

12 *Juin* 1768. *Lettres à un Conseiller au Parlement de* ***, *pour servir de supplément à l'ouvrage qui est dédié à ce même magistrat, & qui a pour titre* : sur la destruction des Jésuites en France, *par un auteur désintéressé*, 1768. On sait que cet auteur désintéressé est M. d'Alembert. Même fiel dans ces nouvelles lettres, mêmes petits détails peu nobles, & qui sentent plus l'auteur satirique que le véritable historien. Au reste, il tombe également d'estoc & de taille sur les jésuites & sur leurs adversaires. S'il attaque les premiers à force ouverte & comme de véritables ennemis contre lesquels il n'y a rien à ménager, il prend une autre forme pour plaisanter les seconds ; il se travestit en Arlequin & les couvre par ses lazzis du plus grand ridicule. Les détails sur les convulsionnaires sont sur-tout fort curieux ; il apprend qu'ils se divisent en *anticonvulsionnaires décidés* ; en *convulsionnistes* aussi *décidés*, ou *mitigés* ; sous-divisés les uns & les autres en *vaillantistes, augustinistes, margouillistes, secouristes, anti-secouristes, mélangistes, discernants*, &c.

13 *Juin* 1768. M. l'abbé de Bassinet, auteur du Panégyrique de Saint Louis, roi de France, prononcé dans la chapelle du Louvre devant l'académie Françoise le 25 août 1767, a su qu'on
lui

lui faisoit un crime de son ouvrage, 1°. parce qu'il n'y avoit pas mis un texte, suivant l'usage; 2°. parce qu'il y fait l'éloge de la pragmatique sanction de St. Louis; 3°. parce qu'il y condamne les croisades; 4°. parce que dans Louis IX il considere plus l'homme que le saint. Pour se justifier il passe par-dessus sa modestie & publie son discours, où il y a vraiment du neuf.

15 *Juin* 1768. Extrait d'une lettre de Stokholm, du 27 mai 1768. *Emmanuel Swedenborg*, ci-devant assesseur au college royal des Mines, fameux par ses visions & ses prétendus entretiens avec les morts, s'est embarqué pour aller faire imprimer en Hollande ses derniers ouvrages. Il est dans la 81 année de son âge, & a prédit avant de partir, que ce voyage, le dixieme qu'il a fait dans les pays étrangers, seroit le dernier qu'il entreprendroit, mais qu'il reviendroit mourir dans sa patrie. Il a publié sur la théologie & la minéralogie plusieurs ouvrages estimés. C'est encore un de ces génies bien propres à humilier l'orgueil humain. Cet auteur réunit aux connoissances les plus profondes, les foiblesses du plus petit esprit. Tel Paschal voyoit toujours un abyme ouvert à ses côtés.

16 *Juin* 1768. Vers à Eglé, le jour de sa fête, par M. Colardeau.

Vers les antres du nord l'hiver fuit en courroux,
Et déja le soleil lance un rayon plus doux;
Sur son humble buisson la rose renaissante
Développe l'éclat de sa pourpre brillante,
Et le Dieu du printemps aux portes du matin,
Vient sourire à la terre & parfumer son sein.

Tome IV. C

Eglé, dans ces beaux jours, que la nature est belle!
Vous lui prêtez encore une grace nouvelle,
Vous ajoutez un charme à de si doux instants :
Le jour de votre fête est un jour de printemps.
Eh! qu'importe en effet, lorsque rien ne nous lie,
Que la nature expire ou renaisse embellie!
Il faut qu'un intérêt plus vivement senti
Ouvre sur les beautés notre œil appesanti ;
Il faut que l'amitié, peut-être l'amour même,
Que sais-je! rien n'est beau qu'autant que le cœur aime;
Nos passions, nos goûts, sont l'ame de nos sens,
Et la nature échappe aux yeux indifférents.
Elle me plaît par vous & m'en plaît davantage.
Eglé! j'aime les fleurs dont je vous fais hommage :
Sans le tendre intérêt d'en parer votre sein,
Leur fraicheur, leur émail n'ont point tenté ma main;
Elles ont plus d'éclat quand l'Amour les moissonne.
Heureux qui les reçoit, plus heureux qui les donne,
Mais plaignez le mortel qui seul dans son ennui
Va cueillir une fleur & la garde pour lui!

17 *Juin* 1768. On travaille à force au théatre qu'on construit à Versailles pour les fêtes du mariage de M. le dauphin. C'est M. le chevalier de Chaumont qui a donné le projet de la salle qu'on exécute : on n'a pu en ôter l'inspection à monsieur Gabriel, le premier architecte du roi, mais il n'est-là que comme honoraire. M. de Chaumont est un amateur distingué, né avec un goût naturel pour la méchanique & pour le dessin. Il est allé l'été dernier en Italie, aux frais du roi, pour lever tous les plans des

différentes salles de spectacle de cette contrée, & c'est d'après ces connoissances réunies qu'il fait construire celle de Versailles. On dit qu'elle sera de la meilleure forme. Le théatre doit être assez vaste pour y mettre des régiments entiers de cavalerie. On verra les différents mouvements du ciel & des astres ; en un mot, tout y annonce la plus grande magnificence. Il ne manquera plus que des pieces, qui répondent à la beauté du local.

C'est M. le chevalier de Chaumont qui est chargé de faire faire les décorations du nouvel opéra ; & ce qui donne une excellente opinion de son travail, c'est que sa fortune & sa naissance le mettent dans le cas de ne travailler que pour la gloire.

L'impartialité oblige de dire que M. Gabriel a réclamé contre cette anecdote.

18 *Juin* 1768. Un phénomene qu'on voit aujourd'hui à l'hôpital de la charité occupe toute la médecine. Un malheureux attaqué de la pierre avec des douleurs incroyables, s'y est présenté : par la sonde on a trouvé cette pierre d'une grosseur si énorme, que les médecins & chirurgiens de l'hôpital ont jugé à propos d'appeler le frere Côme. Celui-ci a eu recours à une opération extraordinaire. La pierre pese 26 onces, & les plus fortes sont de 7 à 8 onces au plus. Mais ce qu'il y a de plus singulier, c'est que le malade n'a souffert qu'environ 15 jours avant qu'on le taillât : on ne croit pas qu'il en revienne. Les anatomistes les plus consommés révoquoient le fait en doute, jusqu'à ce qu'ils en aient eu le témoignage de leurs yeux.

19 *Juin* 1768: *Histoire de l'opéra bouffon, contenant le jugement de toutes les pieces qui ont paru depuis sa naissance jusqu'à ce jour, pour servir à l'histoire des théatres de Paris.* On trouve dans cet ouvrage des extraits de pieces très-bien faits. Cette histoire est un très-bon répertoire, parsemé d'anecdotes amusantes. Au reste, on sait que les bouffons ont fait époque en France, & qu'on leur doit l'enthousiasme des François pour la musique italienne.

20 *Juin* 1768. M. de Sauvigny, qui s'est déja essayé dans le genre naïf par son roman de *Pierre le Long*, vient de nous donner *l'Innocence du premier âge en France, la Rose* ou *la Fête de Salency*. Nous avons déja parlé de l'origine de cette institution, dont St. Médard est le fondateur. Quant à l'ouvrage, l'auteur y marie avec élégance les graces & la vertu.

22 *Juin* 1768. Un bénédictin vient de prendre en main la cause des moines, & la sagesse, la modération avec lesquelles il les défend, lui concilieroient beaucoup de lecteurs, s'il n'y avoit encore de meilleures raisons à lui opposer. Son livre est intitulé : *le Cœnobitophyle, ou Lettre d'un Religieux François à un Laïque, son ami, sur les préjugés publics contre l'état monastique.*

23 *Juin* 1768. M. Pigale, cet artiste célebre chargé de terminer les travaux de la statue équestre de Louis XV, commencée par Bouchardon, doit élever à M. de Montmartel un monument, témoignage de la douleur de sa famille. Il a imaginé de représenter un vase antique, contenant les cendres de ce citoyen estimable. Madame de Montmartel, sous la

figure de la piété, jette des fleurs sur cette urne précieuse. Un génie, de l'autre côté, dans l'attitude de la plus grande tristesse, exprime les regrets dont tous les honnêtes gens ont honoré un financier bienfaisant. Il sembleroit naturel que le personnage de la piété étant représenté par madame de Montmartel, on eût reconnu M. de Brunoy dans la seconde figure. Malheureusement ce dernier ne paroît pas assez agréable au public, pour avoir permis au compositeur de le mettre en scene. Quoi qu'il en soit, ce dessin sage & simple est proportionné au sujet, & marque dans M. Pigale un homme de goût, capable de différents genres. On sait qu'il est l'auteur du mausolée de M. de Saxe. Tel Virgile a chanté tour-à-tour les héros & les bergers.

24 *Juin* 1768. Un Anglois nommé JACQUES BOSWEL, ayant voyagé en Corse, depuis peu vient de donner son journal sous le titre de *An account of Corsica, &c.* Cet ouvrage très-intéressant dans les circonstances présentes, contient beaucoup de détails concernant Paoli & sa nation, qui en donnent une idée avantageuse.

25 *Juin.* 1768. Epître à M. le marquis de... par M. Fumar de Marseille.

A toi, l'enfant gâté de la coquetterie,
   Qui d'un air gai, libre & charmant
   Sais dans le même instant
Baiser la main de la tendre Sylvie,
Enflammer d'un coup d'œil la sensible Egérie
   Et presser le genou tremblant

De la douce Ismenie ;
Toi, qui soupires en riant,
Qui traites l'Amour en enfant,
A ton syſtême enfin me voilà plus docile ;
Des Céladons, des Amadis,
J'abjure l'exemple imbécille.
C'eſt toi, fripon, qui m'as appris.
Qu'il n'eſt qu'un ſeul plaiſir pour les cœurs trop épris,
Et que le vrai bonheur eſt pour les infideles.
Ah ! que l'Amour n'a-t-il quatre ailes !
Un ſeul objet peut-il nous rendre heureux ?
J'aime à voir une fleur que je trouve jolie.
Mais quel plaiſir de promener mes yeux
Sur l'émail varié d'une belle prairie.
J'aime, à la fraîcheur du matin,
A careſſer l'incarnat d'une roſe,
Qu'en ſecret je vois écloſe
Dans un vaſe iſolé de mon petit jardin ;
J'aime à ſentir le parfum qu'elle exhale.
Mais jamais ce plaiſir n'égale
La vivacité, les douceurs,
Le charme que j'éprouve aux champs de la Provence,
Quand le ſoleil ornant avec magnificence
Et la terre & les cieux des plus belles couleurs ;
La troupe des Zéphyrs que guide l'inconſtance
Ravit par ſes baiſers l'eſprit de mille fleurs.
Et me flatte à la fois des plus douces odeurs.
Ah ! qu'un autre languiſſe auprès de ſa Climene !
Que je ſerois heureux de voir une inhumaine
En proie à des tourments juſtement mérités.

Humble enfin à mes pieds & répandant des larmes,
Rougir de ses soupirs froidement écoutés,
Et moi d'un fier souris dédaignant ses alarmes
Venger d'un seul regard mille amants maltraités.

 L'amour folâtre est l'amour que j'adore,
J'aime du papillon les légeres ardeurs,
Volage adorateur des filles de l'aurore,
Joyeux, il en quitte une, & mouillé de ses pleurs,
Guidé par le Zéphyr, il vole vers ses sœurs,
 Pour les charmer & les quitter encore.
Je laisse la constance & ses fades douceurs.
 Oui, s'asservir est d'une ame commune.
Quand on ose y prétendre on soumet tous les cœurs ;
 Les papillons toujours vainqueurs
 Sont aimés de toutes les fleurs,
 En ne se fixant sur aucune.

17 *Juin* 1768. Extrait d'une lettre du Vexin-françois, le 18 juin 1768..... Il est très-vrai, Rousseau est ici depuis près d'un an, c'est-à-dire, depuis son retour d'Angleterre. Il est sous un nom étranger, & dans le ressort du parlement de Normandie. C'est le prince de Conti qui lui donne un asyle à Try. Quand il y vint, malgré la recommandation du prince, ses gens n'eurent pas beaucoup d'égards pour un homme simple, sans mine & qui mangeoit avec la gouvernante.

L'inconnu eut la délicatesse de ne point se plaindre, mais il écrivit à son protecteur de ne point trouver mauvais qu'il quittât ce lieu, & de lui permettre de se soustraire à ses bienfaits. Le prince de Conti se douta de ce qui en étoit ;

il arrive chez lui, il arrache son secret à Rousseau, il le fait manger avec lui, assemble sa maison, & menace de toute son indignation dans les termes les plus énergiques celui qui manquera à cet étranger.

Du reste, il paroît faux que ce grand homme fasse imprimer à présent ses mémoires, comme on a dit ; sa gouvernante assure même qu'il a tout brûlé. Il est revenu de la vanité d'auteur : à peine a-t-il une plume & de l'encre chez lui. Il botanise depuis le matin jusqu'au soir, & forme un herbier considérable ; il a très-peu de relations, ne lit rien, aucun papier public, & ne saura peut-être jamais que M. de Voltaire ait fait une épître où il le plaisante.

30 *Juin* 1768. M. l'abbé Baudeau, qui étoit appellé en Pologne & devoit partir au mois de mai pour y mettre en pratique le système des économistes, a changé de projet : il se rend aux instances de M. le duc de Choiseul, qui lui fait assurer par M. l'évêque d'Orléans un bénéfice de 20,000 livres de rentes, tel que celui qu'on lui offroit dans les pays étrangers. En attendant ce ministre veut lui procurer une pension, soit sur les postes, soit sur les économats : ce qui n'est pas encore décidé. Cet auteur ne reprend pas la plume du *Journal des Ephémérides*, & M. Dupont en reste en possession. Il s'occupe aujourd'hui à répandre dans le public différents écrits toujours relatifs aux principes de la société, & se fait à lui-même des réponses sous des noms anonymes, afin d'avoir occasion de repliquer. On sent bien qu'il se ménage dans cette controverse, & ne se propose jamais d'objections qu'il ne puisse résoudre. Il se

étoit cette petite charlatanerie permise pour le bien de la chose & pour l'utilité générale.

2 *Juillet* 1768. En conséquence d'une lettre du roi du 25 juin, où S. M. fait part à monsieur l'archevêque de la mort de la reine, son épouse & compagne, & sollicite les prieres de l'église pour le repos de l'ame de cette princesse, monsieur l'archevêque a fait un mandement, daté du 30 dudit mois, qui, après un préambule pathétique sur les pertes successives que la France a faites, & un éloge de la reine, ordonne qu'il sera fait pour elle un service à Notre-Dame, &c. La lettre du roi & le mandement ont été publiés hier. La simplicité de la premiere & une sorte de désordre qui y regnent, forment un genre d'éloquence très-propre à peindre le trouble du cœur affligé de cet auguste époux.

3 *Juillet* 1768. Aujourd'hui l'académie royale des sciences a procédé à l'élection du successeur de M. le Camus pour la place de pensionnaire. On a été partagé entre M. de Parcieux & M. de Vaucanson, & le dernier l'a emporté. On espere qu'il demandera la vétérance, & cédera tout de suite son rang à M. de Parcieux. On croit que M. Beron succédera à M. de Vaucanson en sa qualité d'associé, & que l'abbé Bossu, professeur de mathématiques à la Fere, appellé ici pour remplacer M. le Camus comme examinateur des ingénieurs & de l'artillerie, sera nommé à la premiere place vacante d'adjoint.

5 *Juillet* 1768. Le concours du prix de poésie à l'académie Françoise roule ordinairement entre 20 & 30 pieces. Cette année il en a été remis

84 au secretaire. On prétend qu'un homme de qualité, âgé de 82 ans, le baron de Châteauneuf, n'a point dédaigné d'entrer en lice contre la brillante jeunesse qui court la même carriere. Les vœux seront à coup sûr pour le moderne Sophocle, & il seroit à souhaiter pour l'honneur du siecle qu'il eût le prix.

6 *Juillet* 1768. *Journal d'un voyage à la Louisiane, fait en* 1720 *par* M***. *Capitaine des vaisseaux du roi*. On paroît s'être proposé pour modele de ce journal, celui du *Voyage de Siam*, par l'abbé de Choisy, c'est-à-dire, qu'on a cherché à y répandre du badinage & de la gaieté, & on n'y a mis, au contraire, que du trivial & du plat.

8 *Juillet* 1768. Le sieur Taconet, auteur & acteur du théatre de Nicolet, vient de s'exercer sur un sujet plus noble ; il a, de l'agrément de la police, fait imprimer des *stances sur la mort de la reine*, en forme d'Elégie. Il faut avouer que si cet ouvrage fait honneur au cœur de cet histrion, il dégrade singuliérement l'héroïne. On est surpris qu'après l'exemple de l'oraison funebre du pere Fidele de Pau, si fameuse par son ridicule & par l'éclat scandaleux qu'elle fit à la mort de Mgr. le dauphin, on n'ait pas examiné de plus près la piece burlesque du sieur Taconet, il est des éloges qui doivent être interdits à de certaines bouches.

9 *Juillet* 1768. *Extrait du chapitre de l'ordre de Saint Michel, tenu aux cordeliers le* 9 *mai* 1768 ; *auquel a présidé M. le duc de Duras, commandeur & commissaire des ordres du roi & du St. Esprit.*

Tel est le titre d'un discours de M. Morand,

chirurgien des invalides & chevalier dudit ordre, qui paroît imprimé & fait grand bruit, par le style ridicule dans lequel il est écrit, & par l'éloquence toute nouvelle de l'orateur.

L'exorde commence par ces mots: *l'apparition de* Mgr. *St. Michel, Archange & chevalier*, &c. Il est vrai qu'on met en notes: *Aux termes des statuts donnés par Louis XI en* 1469.

L'auteur soutient ce début en parlant des trois nouveaux récipiendaires ; M. *Guerin*, chirurgien-major des mousquetaires gris, M. *Coppens d'Horsin*, lieutenant-général de l'amirauté de Dunkerque, & M. *Goudart*, négociant & manufacturier à Aubenas en Vivarais.

Mais jusques-là il semble préluder seulement: c'est dans l'éloge de défunt M. *Boyer*, médecin, & ci-devant secrétaire de l'ordre, que son imagination s'échauffe, s'allume & s'embrase. Le panégyriste s'élève avec son héros, & laisse les lecteurs étonnés de les voir disparoître l'un & l'autre à ses yeux.

Il faut sur-tout lire dans cet ouvrage la description de la peste de Marseille, lorsque monsieur Boyer fut envoyé dans cette ville : l'auteur, après avoir déployé toute l'énergie des pinceaux de Michel Ange, expose la maniere dont le nouvel esculape s'y prit pour détruire cette cruelle ennemie; & par une allégorie soutenue, prise dans toutes les comparaisons que peut fournir l'art de la guerre, M Morand fait voir qu'il entend la tactique aussi bien que la médecine.

On ne doute pas que M. Morand, qui ne faisoit dans cette séance que les fonctions de secretaire, ne soit élu à la place de M. Boyer, pour laquelle il montre de si rares talents.

10 *Juillet* 1768. Le sieur Sedaine, ce maçon devenu poëte & auteur estimé de plusieurs pieces de théatre jouées aux trois spectacles, mais plus habile encore à tracer le plan d'un édifice que celui d'un drame, vient d'être nommé secretaire de l'académie d'architecture, à la place de M. le Camus, dont on a annoncé la mort.

10 *Juillet.* M. le Franc, évêque du Puy, frere du fameux Pompignan, tant bafoué par M. de Voltaire, est nommé pour faire l'oraison funebre de la reine à St. Denis, le jour où se fera la grande cérémonie de l'enterrement.

12 *Juillet* 1768. Un négociant de Nantes ayant écrit à M. de Voltaire qu'il avoit baptisé un de ses vaisseaux du nom de ce grand poëte, il y a répondu par une épître fort longue adressée au vaisseau : elle est pleine de fraîcheur, de poésie & de philosophie ; mais elle est déparée par cet esprit satirique & burlesque, qui se mêle aujourd'hui aux plus beaux ouvrages du philosophe de Ferney.

13 *Juillet* 1768. Le parlement, avant de statuer définitivement sur l'inoculation, a ordonné depuis cinq ans que la faculté de médecine donneroit son avis à l'effet de savoir s'il falloit admettre ou rejeter cette pratique. Les débats interminables des docteurs ont empêché jusqu'à présent la solution d'un problème aussi important. Pour procéder avec ordre & méthode, la faculté avoit d'abord nommé des commissaires chargés de rassembler tous les témoignages, toutes les pieces nécessaires à l'instruction de ce

grand procès, & de présenter en conséquence un résultat qui pût mettre à même d'asseoir des opinions plus éclairées. Le schisme s'est introduit dans ce comité, chacun y a mis de l'humeur, les passions sont entrées en jeu, on en est venu aux injures & aux personnalités; la discorde a gagné, & la faculté, malgré toute sa gravité, a offert au public des scenes puériles & indécentes. Cependant après beaucoup d'altercations & d'incidents, on en étoit venu au point de porter un jugement dans une assemblée solemnelle & très-nombreuse. L'usage de cette compagnie, lorsqu'il s'agit d'une affaire majeure, est de ne donner force de loi à la conclusion ainsi formée, qu'après qu'elle a été confirmée dans deux autres assemblées convoquées expressément à cet effet. Il y en a donc eu une seconde, où l'inoculation ayant eu la même faveur, on s'attendoit à voir cette méthode approuvée dans une troisieme, & qu'à la pluralité des suffrages le décret de la faculté passeroit irrévocablement.

C'est ce que craignoient les anti-inoculateurs. De ce nombre est un nommé *de l'Epine*, homme factieux & ardent, d'un amour-propre intolérable, & qui ne connoît rien d'impossible lorsqu'il s'agit de faire valoir son opinion. Il a si bien remué & intrigué qu'il a engagé M. Bercher, le doyen, homme facile & mou, de convoquer une assemblée le 9 juillet dernier, non pour terminer cette affaire déja si avancée, mais pour *délibérer* sur le temps & la maniere d'en *délibérer* ultérieurement. Il a été conclu à la pluralité des voix, que dans l'assemblée définitive dont on n'a point assigné le terme, on employeroit la voie du scrutin pour recueillir les opinions, que l'on recevroit les réflexions même des absents, à qui il seroit écrit à cet effet, en leur donnant le temps de répondre.

Par cet incident les anti-inoculateurs deviennent en quelque sorte maîtres de la question, puisqu'ils se ménagent ainsi le temps de capter des suffrages, dont ils sont d'autant plus sûrs qu'en fait d'innovation, les vieillards, les gens peu instruits & le grand nombre de ceux qui trouvent plus commode de laisser les autres penser pour eux, déferent volontiers à l'avis de la routine & du préjugé. D'ailleurs, sous prétexte de donner aux docteurs consultés, dont quelques-uns sont en Amérique, le temps de répondre, on renvoie la solution à un terme indéfini. Aussi cette conclusion n'a-t-elle pas passé unanimement, & le docteur Andry y a formé opposition.

15 *Juillet* 1768. M. de Voltaire, depuis sa communion, étoit resté dans un silence édifiant, mais il paroît que le diable n'y a rien perdu; il tombe aujourd'hui sur le corps d'un nouvel adversaire, c'est M. Bergier, curé en Franche-Comté, auteur de plusieurs ouvrages en faveur du christianisme, qu'on connoissoit peu, & qui devront leur célébrité au grand homme qui les tire de la poussiere & les honore de sa critique. Ce pamphlet est intitulée : *Conseils raisonnables à M. Bergier, par une société de bacheliers en théologie.* Sans approuver le fond de cet ouvrage impie, on peut dire qu'on y reconnoît facilement son auteur, peu logicien, mais toujours agréable dans les matieres les moins susceptibles de gaieté. Ces *conseils* con-

tiennent 25 paragraphes, & forment environ 30 pages d'impression.

16 *Juillet* 1768. Le célebre M. *Winkelman*, cet homme rare par son goût & ses vastes connoissances, étoit revenu de Vienne à Trieste, pour se rendre à Rome, où depuis quelques années il faisoit son séjour ordinaire ; il a été assassiné dans l'auberge par un étranger qui, après plusieurs conversations, s'étoit insinué dans l'esprit de ce savant. Un jour, sur les 10 heures du matin, ce scélérat est entré dans la chambre de M. Winkelman, & lui a demandé à voir trois belles médailles d'or dont l'impératrice reine lui avoit fait présent. Dans le moment où il ouvroit son coffre, il lui a donné sept coups de poignard. Son domestique étant accouru au bruit, l'assassin, d'un coup de poing, l'a renversé sur le carreau & s'est sauvé, sans avoir rien emporté. Ce savant estimable a survécu de quelques heures à ses blessures : il a eu le temps d'instituer son exécuteur testamentaire le cardinal Albani, & d'écrire à ce prélat pour le prier de remercier l'impératrice reine de toutes les graces dont cette auguste souveraine avoit daigné le combler, ainsi que le prince de Kaunitz & plusieurs autres seigneurs de la cour de Vienne.

Le monstre qui occasione aujourd'hui nos regrets, est le nommé *Archangeli*, de Pistoye : il a été arrêté dans sa fuite, & ramené à Trieste le 15 juin.

17 *Juillet* 1768. M. *Bouret*, cet homme ingénieux, toujours occupé de plaire à son maître & dépense tant de trésors pour satisfaire cette

noble passion, s'occupe à embellir encore le fameux pavillon du roi, où il compte recevoir sa majesté cet automne, dans le temps des fameuses chasses dans la forêt de Senard. Il vient de faire exécuter en marbre la figure de Louis XV, avec tous les attributs de la royauté. C'est le Sr. Tassard, sculpteur reçu depuis peu à l'académie, mais d'un mérite distingué, qu'il a chargé de ce travail. Elle doit être placée dans l'appartement du roi, au lieu du lit qui y étoit, & dont S. M. n'a jamais fait usage. La statue sera en dedans de la balustrade, avec des gradins au bas du piedestal. M. Bourer, de cet appartement galant en fait un appartement magnifique, par les dorures & les richesses qu'il doit y répandre: sortes d'ornements analogues à l'usage qu'il en veut faire aujourd'hui. On sait que ce financier très-opulent, mais très-dérangé dans ses affaires, avoit été réduit à la pension par M. de la Borde, qui s'étoit chargé de l'administration de ses biens, & ne lui avoit laissé que 15,000 liv. de rentes. Maintenant qu'il se trouve libre, la dépense dont nous venons de parler, est le premier emploi qu'il fait de ses immenses revenus. Un coup-d'œil favorable de son maître le dédommagera de tout & fera son bonheur.

18 *Juillet* 1768. Extrait d'une lettre de Bastie, du 30 juin.... « La ville capitale de ce pays-ci
» vient de donner une fête magnifique en faveur
» de la nouvelle domination sous laquelle elle
» vient de passer. On y a chanté un *Te Deum*
» de la musique la plus détestable qu'il soit pos-
» sible d'entendre. Il y a eu force illuminations,
» force pétarades, des inscriptions, des devises,

» dont en voici quelques-unes; on lisoit au-dessus
» de la porte l'inscription suivante : »

LUDOVICO XV.

Francorum, Navarræ et Corsorum
regi Christianissimo,
auctis imperii finibus,
tranquillitate publica asserta,
augusto, pacifico, fælici,
magistratus, populusque bastiensis,
faustis auspiciis,
plaudebat.

Cette inscription étoit entourée de diverses autres le long d'un vieille muraille, garnie de fleurs de lis. On voyoit un soleil mal peint, au-dessus : *Imbres & nubila vincit*. Au dessous étoit une chaîne de rochers, représentant l'isle de Corse surmontée de trois fleurs de lis, qu'on avoit prises pour des feves de marais coupées en deux, & dessus étoit écrit *& cyrnocrosiste flores*. Leurs peintres ne valent pas mieux que leurs musiciens. Plus loin se remarquoit une renommée, qui tenoit deux trompettes, au bas de l'une étoit écrit : *non tuba sufficit una*, & de l'autre pour pendant : *vox altera sufficit Fama*. Enfin on lisoit ce distique plein de solécismes :

Plaudite o cives ! Regnat Ludovicus & isto
Principe jam tanto est digna labore salus.

19 Juillet 1768. Les spectacles ont repris hier lundi 18, quoique les grandes pleureuses ne

dussent finir que le 19. Les Italiens ont débuté par un opéra comique, intitulé *le Jardinier de Sydon*: la musique de Philidor; quant au drame, ce sujet avoit autrefois été traité par Fontenelle. L'auteur d'aujourd'hui ne se nomme pas, ce qui n'annonce pas un succès très sûr. Au reste, depuis quelque temps les premieres représentations ne décident de rien, & la réputation d'un ouvrage ne se fixe qu'à la seconde, troisieme, quatrieme, &c.

22 Juillet 1768. Le bruit court que M. Rousseau est sorti de sa retraite de Try & est passé à Lyon, sans qu'on donne d'autres raisons de cette émigration que l'inconstance du personnage: on ne sait s'il restera dans cette ville, où il se trouve dans le ressort du parlement de Paris: on présume qu'il y a conservé son nom étranger.

23 Juillet 1768. La comédie Italienne vient de perdre Mlle. *Camille*, morte le 20 de ce mois des suites d'une vie trop voluptueuse, comme il arrive assez souvent à ces demoiselles, qui aiment à la faire courte & bonne. Au reste, c'étoit une grande & très-grande actrice; elle possédoit la partie du sentiment dans un degré supérieur; & depuis Mlle. *Sylvia*, aucune n'avoit montré tant de talents pour la scene. Elle emporte avec elle les regrets des partisans de ce théatre, qu'elle laisse absolument vuide relativement à son genre. On n'y voit plus en femmes que des cantatrices, & l'on sera obligé de renoncer absolument aux pieces italiennes qu'elle soutenoit par son jeu: elle étoit l'ame d'arlequin même, qu'elle inspiroit & dont elle échauffoit la verve.

25 Juillet 1768. On ne sauroit trop étendre

la réputation du nouvel établissement fait depuis quelque temps à Alfort, sous le titre d'*Ecole Vétérinaire*. Les papiers publics en ont déja parlé plusieurs fois. On sait aujourd'hui que c'est une école d'anatomie, pour connoître la structure du cheval, les maladies auxquelles il peut être sujet, la nature des accidents que comportent son espece & son genre de service. C'est M. Bertin, ministre, à qui l'on est redevable de cette académie, & qui y veille avec le plus grand soin. M. Bourgelat, écuyer de Lyon très-renommé par ses connoissances, est à la tête des études. On y reçoit nombre d'éleves pensionnaires des diverses provinces de France, & même des royaumes étrangers, moyennant 300 livres par an. Les particuliers qui ont des chevaux malades ou estropiés, peuvent les y envoyer à raison de 30 sous par jour, jusqu'à leur entiere guérison. Les progrès des expériences qu'on fait dans cette école depuis son origine, s'étendent, se multiplient & se perfectionnent sans relâche. Il est commun aujourd'hui d'y remettre à un de ces animaux une jambe cassée, sorte d'accident auquel on ne savoit pas remédier autrefois. Tout récemment on vient d'y trépaner un cheval, qui s'étoit cassé la tête, & l'opération a très-bien réussi; c'est la premiere fois qu'on l'a tenté.

26 *Juillet* 1768. Le président de Noinville est mort il y a quelques jours : il étoit académicien libre de l'académie royale des inscriptions & belles-lettres.

26 *Juillet*. Monsieur Piron, qui dans un âge encore plus avancé que M. de Voltaire, con-

ferve, ainsi que lui, tout le feu de sa jeuneffe, & toujours son rival quand il s'agit de faire affaut d'esprit & de sarcasme, s'est permis une faillie à l'occasion de la longue épître du dernier au vaisseau baptifé fous son nom : il l'adresse au négociant propriétaire du bâtiment, & s'écrie :

Si j'avois un vaisseau qui se nommât *Voltaire*,
Sous cet auspice heureux j'en ferois un *Corsaire*.

28 *Juillet* 1768. Jusqu'ici nos plus grands sculpteurs s'étoient contentés d'élever leurs figures équestres fur des masses de marbre en piédestaux, dont le plan étoit soutenu par des caryatides, ou entouré d'autres figures détachées. M. Falconet, appellé à Pétersbourg pour y faire la statue de Pierre le Grand, représente aussi cet empereur à cheval, ou plutôt sur un coursier fougueux, franchissant un rocher qui ne peut l'arrêter. Ce trait de génie donne plus d'ame & de vie à tout l'ouvrage, & conserve mieux la vraisemblance, partie si essentielle dans les beaux arts.

28 *Juillet*. Nos auteurs secondent nos armes contre le pape : on est inondé d'écrits pour prouver la légitimité de notre invasion ; mais aucun aussi éloquent que l'arrêt du parlement de Provence, pièce victorieuse, à laquelle le saint père n'oppose encore qu'un jubilé.

29 *Juillet* 1768. Il s'élève de toutes parts une tempête littéraire contre M. l'abbé de la Bletterie, & les différents auteurs qu'il a attaqués lui rendent avec usure les traits de satire qu'il leur a lancés. Au reste, son ouvrage prête infiniment

à la censure, & pour le fond & pour le style. Il auroit dû être plus modeste, & se souvenir que lorsqu'on a une maison de verre, il ne faut pas jeter des pierres dans celle d'autrui.

30 *Juillet* 1768. Mlle. *Camille* est morte dans sa jolie maison de Montmartre, où M. Cromot, premier commis des finances, lui a donné jusqu'au dernier moment les marques de l'attachement le plus tendre. Elle a expiré entre les bras de cet amant magnifique. En vertu du privilege qu'ont les comédiens Italiens de n'être point excommuniés, cette actrice a reçu ses sacrements, & elle a été enterrée en l'église du lieu. C'est le Sr. de Hesse qui, comme doyen des comédiens ses camarades, a conduit le deuil. Par les soins de M. Cromot, il s'est trouvé un cortege magnifique au convoi: on y comptoit plus de cinquante carrosses bourgeois. Mlle. Camille étoit fort aimée, & joignoit aux plus grands talents toutes les qualités de l'ame les plus précieuses. Elle a fait un testament en faveur de sa famille, qui fait également honneur à son jugement & à son cœur.

31 *Juillet* 1768. On travaille au pont qui doit suppléer à celui de Neuilly, qui dépérit depuis long-temps, & dont la débacle des glaces de l'hiver dernier avoit accéléré la ruine. Le nouveau pont doit être au but du cours, en face de la place de Louis XV. On doit couper une partie de la montagne, connue sous le nom de l'étoile, comme aussi élever de beaucoup la grille de Chaillot. M. Perronet, ingénieur célebre des ponts & chaussées, est chargé de la construction de ce monument.

1 *Août* 1768. Il est très-vrai que J. J. Rousseau est parti de Try & s'est rendu à Lyon, toujours herborisant, botanisant. Cette passion l'occupe aujourd'hui tout entier. Il est resté peu de temps dans cette derniere ville pour y voir une dame de ses amies; il y a fait recrue de quelques enthousiastes du même genre, & le moderne Tournefort s'est mis en marche avec eux pour faire ensemble des découvertes de plantes & de simples. Ils sont actuellement dans les montagnes du Dauphiné. On juge qu'ils pénétreront jusqu'aux Alpes. Il est incroyable à quel degré le philosophe Genevois pousse l'ardeur de cette étude. On ne doute pas qu'il ne se distingue un jour dans ce genre, comme il a déja fait dans tous ceux qu'il a embrassés. De nouvelles connoissances doivent le satisfaire d'autant plus, qu'elles le mettent à même d'exercer l'amour de l'humanité dont il est si noblement dévoré; & peut-être sera-t-il plus heureux à guérir nos maux physiques, qu'il ne l'a été dans la cure de nos maux moraux.

1 *Août*. Les amateurs commencent à se préparer pour la vente de la bibliotheque de feu monsieur Gaignot, ce curieux si recherché qui se piquoit de n'avoir que des livres uniques. L'impératrice de toutes les Russies a fait offrir du cabinet de livres entier, d'abord la prise telle qu'elle a été faite, le quart en sus, ce qu'on voudroit y ajouter pour la fantaisie des acheteurs & des concurrents, enfin 200,000 livres de pot de vin. La clause du testament de monsieur Gaignot portant expressément que ces livres soient vendus à l'encan, s'est opposé à des conditions aussi avantageuses. On cite entr'autres

raretés de ce cabinet, un exemplaire des contes de la Fontaine, écrit à la main & sur du vélin, dont le travail a coûté 1,800 liv. Ensuite chaque conte est enrichi de deux ou trois estampes, plus ou moins, gravées par des jeunes gens habiles que M. Gaignot a pris chez lui, & dont lui seul a eu les planches, qu'il a fait rompre. On estime cet ouvrage complet 25 à 30,000 livres.

2 *Août* 1768. Il nous est venu d'Angleterre des mouchoirs à la Wilkes; ils sont d'une très-belle toile. Au lieu de fleurs ils sont imprimés, & contiennent la lettre de ce prisonnier aux habitants du comté de Midlesex. Il est représenté au milieu, une plume à la main. Le monument, quelque frivole qu'il soit, fait honneur à ce héros patriotique, & est propre à entretenir dans toutes les ames le noble enthousiasme qui le caractérise. Cette invention vaut bien toutes celles dont nous entretient notre *Courier à la Mode*, ou *Journal du Goût*. C'est un nouvel ouvrage périodique fort intéressant pour Paris & pour les provinces, qui contient le détail de toutes les nouveautés de mode. C'est, si l'on veut, une espece de supplément aux mémoires de l'académie des belles-lettres, qui consacre à la postérité le tableau mourant de nos caprices, de nos fantaisies & du costume national. Il y a trois mois que se répand cette utile production.

3 *Août* 1768. M. Poncet de la Riviere, ancien évêque de Troyes & le grand faiseur aujourd'hui d'oraisons funebres, est chargé de celle de la reine, pour le service qui doit être exécuté à Notre-Dame, le 6 septembre prochain.

5 Août 1768. Le sieur Poinsinet, ce jeune poëte brûlant d'une soif de gloire inextinguible, qui a déja tant fait parler de lui, va de nouveau occuper la scene; il est question de remettre à l'opéra son *Ernelinde*. Comme ce drame roule sur la réunion des trois couronnes du Nord, les directeurs de l'académie royale ont cru faire leur cour au roi de Danemarck, en faisant jouer cet opéra devant ce prince, qu'on attend à Paris dans quelques mois : s'ils ne flattent ses oreilles, ils esperent charmer son cœur. D'ailleurs, on assure que le sieur de Marmontel s'est chargé de retoucher les paroles : on ne sait s'il est propre à ce genre, & il n'a pas fait preuve jusqu'ici d'une oreille bien lyrique. Quant à la musique, on sait qu'elle a des partisans très-chauds; elle est dans un genre qui peut plaire aux étrangers.

5 Août 1768. On vient de remettre sous les yeux du public la querelle de deux philosophes, dont ils auroient dû pour leur gloire ne pas rendre le public témoin & juge. C'est un assez plat auteur, qui dans une brochure fort insipide récapitule ce procès célebre. Il est question du différend de M. Hume avec J. J. Rousseau. L'anonyme prétend que le Genevois n'est que malade, & non pas méchant; que l'Anglois, au contraire, est malade & méchant tout à la fois. On ne croit pas que M. Rousseau adopte un pareil défenseur, plus propre à infirmer sa cause qu'à la soutenir. Par occasion ce *Scribler* fait une excursion sur M. de Voltaire, &, au lieu d'adresser à ce grand homme les reproches qu'il peut mériter justement, il ressasse

reſſaſſe de vieilles calomnies répétées cent fois & cent fois réfutées. La rage d'écrire ſeule peut avoir fait prendre la plume à ce méchant écrivain, & ſon inſipide production ne fait pas plus d'honneur à ſon cœur qu'à ſon eſprit.

§ 1768. Le *diſcours de Paoli à ſes compatriotes* eſt répandu ici, & fait la plus grande ſenſation. Les ames les plus viles ſont toujours réchauffées aux diſcours d'un vrai patriote. Malgré les bruits répandus des intelligences de ce général avec la France, on ne peut croire que ſa vertu républicaine ſe ſoit laiſſé corrompre par les promeſſes d'un monarque. Le caractere de Paoli paroît trop indépendant pour ne pas préférer la liberté aux plus magnifiques récompenſes. D'ailleurs tous les traits qu'on rapporte de ce grand homme, s'accordent avec l'idée qu'on en a, & la confirment.

§ Août 1768. Le ſieur Torré, cet homme de génie pour l'artifice, & qui avoit pouſſé ici cet art au degré de perfection le plus admirable, avoit été obligé d'interrompre ſon ſpectacle par l'humeur de quelques voiſins qui l'avoient traduit en juſtice. Il ſe trouvoit par ce moyen dans l'impoſſibilité de ſatisfaire à ſes créanciers & gens qui lui avoient fourni des avances. Pour le dédommager de ſes pertes & le mettre à même de payer ſes dettes, on lui a permis de donner des bals publics dans ſon même emplacement ſur les boulevards. En conſéquence il vient d'afficher des *Fêtes foraines*, qui doivent commencer demain. Ce ſpectacle ſera dans le goût de celui de Wauxhall & autres de Londres. Il eſt magnifiquement orné & avec beaucoup de goût. Il y aura diverſes boutiques, que

Tome IV. D

toutes les jolies marchandes briguent d'occuper, des cafés représentant les quatre parties du monde: en un mot, le sieur Torté espere que tout concourra à lui procurer des spectateurs. La nouveauté est un grand attrait dans ce pays-ci, & le François, qui aime à changer de place, se portera sans doute à celle-là, où des décorations élégantes, une brillante illumination, une excellente symphonie & les femmes les plus galantes doivent se réunir pour charmer tous les sens des spectateurs.

6 Août 1768. L'assemblée convoquée hier par le doyen de la faculté de médecine, pour confirmer ce qui avoit été décidé dans les deux précédentes, malgré la réclamation des opposants, a été plus nombreuse & plus bruyante que les autres. Le sieur de l'Epine & ses partisans, qui avoient à cœur de faire passer la délibération d'opiner par scrutin, avoient rassemblé tous les vieillards, les infirmes, les podagres, les docteurs les plus obscurs, en un mot, la lie de leurs confreres, & étoient venus formidables en force. On prétend qu'il y avoit plus de cent opinants. Quel tumulte & quel chaos! Comme l'on étoit dans le fort de la mêlée, est intervenu un paquet à M. le doyen, qu'on a su être un arrêt de défense rendu par le parlement sur l'opposition des membres réclamants. Le docteur Bernard s'est levé & a interpellé le doyen de suspendre la délibération, & de faire lecture du contenu du paquet. Après beaucoup de difficultés, M. Bercher a lu cet arrêt, qui, sans contenir des défenses de délibérer ultérieurement, reçoit appellants les opposants, & leur permet de faire assigner qui il appartiendra. Matiere à de nouveaux débats : les anti-inoculateurs ont prétendu que cet arrêt ne les empêchoit point de passer outre. Mais le tumulte s'est accru à tel point qu'on n'a rien terminé, & la délibération a été continuée au premier jour.

7 *Août* 1768. Il paroît un *mémoire à consulter & consultation pour* Me. Jacques BARBEU, *du Bourg & consorts, tous docteurs régents de la faculté de médecine de Paris*. Il est en date du 3 août, & roule sur la délibération arrêtée dans les dernieres assemblées de la compagnie. On prétend qu'elle contient trois points d'innovation, entre lesquels on réclame, 1°. la voie du scrutin, substituée à une délibération : 2°. la requisition de l'avis des absents, dont deux ou trois en Amérique : 3°. l'admission des voix de ceux qui, quoique résidants à Paris, dédaigneront de venir à une assemblée si intéressante, à laquelle ils seront engagés par serment.

Quant au premier point, la voie du scrutin n'est admise que dans les réceptions, jamais pour délibérer en matiere doctrinale; & la loi, l'usage & la raison concourent également au soutien de cette assertion. L'article 8 des statuts est précis sur cet objet; toutes les assemblées déja tenues sur l'inoculation en cette forme, déposent contre les innovateurs. Enfin c'est du choc des opinions des délibérants que naissent souvent des traits de lumiere propres à faire découvrir la vérité.

L'avis d'écrire aux absents & d'avoir leur sentiment, est aussi absurde que ridicule; toute délibération est complete, est la délibération de la faculté entiere, étant prononcée par le doyen, à la pluralité des suffrages. On a déjà écrit aux confreres d'Amérique, dont quelques-uns n'ont point répondu depuis quatre ans. On sent facilement que proposer de nouveau de solliciter leur avis, n'est qu'un moyen illusoire de reculer une décision que redoutent les anti-inoculateurs.

Enfin, dispenser les docteurs résidants à Paris de venir aux assemblées, & d'admettre leur avis cacheté, c'est introduire l'abus le plus pernicieux, avilir la faculté, rendre ses assemblées méprisables, & former dans son sein même une solitude capable d'éteindre toute émulation.

On conclut par appuyer cette réclamation des exemples & des autorités propres à lui donner de la prépondérance ; on insiste sur la nécessité d'avoir recours à l'interposition de l'autorité du parlement, qui par l'homologation des statuts de la faculté s'est réservé l'interprétation de leur manutention dans tous les cas difficiles & où il y auroit schisme entre les docteurs.

Ce mémoire conséquent, clair & bien écrit, est suivi de la consultation de M. Tenneson, avocat, en date du 4 août. Il est d'avis que les réclamants aient recours au parlement, & présentent requête pour être reçus opposants, &c.

Toutes ces tracasseries de la faculté sont d'autant plus risibles, que les gens qui ont foi à l'inoculation, n'attendent point sa décision pour pratiquer cette méthode, & que son autorité ne rendra pas plus confiants ceux qui la regardent comme inutile, ou comme dangereuse.

On rappelle à cette occasion l'histoire des petits pains à la levure de biere, que la faculté, consultée par le parlement, proscrivit, il y a environ quatre-vingts ans, comme pernicieux ; & les magistrats, après avoir rendu un arrêt conforme, furent à la buvette déjeûner avec des petits pains à levure de biere.

8 *Août* 1768. M. l'abbé d'Olivet, membre de l'académie Françoise, est tombé en apoplexie, qui a dégénéré en paralysie sur la moitié du corps. Il a quatre-vingt-sept ans : la tête est encore saine.

9 *Août* 1768. *Le Ciel ouvert à tous les hommes*, &c. est un de ces écrits furtifs, dont s'augmente chaque jour la bibliotheque des esprits forts. Ils ne sauront gré à l'auteur de celui-ci que de sa bonne volonté : c'est un vrai galimatias; il prétend faire voir qu'il y a une opposition essentielle entre Jesus-Christ & Adam, de sorte que Jesus-Christ est l'anti-type d'Adam. Cela n'est il pas bien clair ? Ce livre pourra passer pour l'apocalypse des incrédules.

9 *Août. Alcimadure* se continue à l'opéra avec un succès qui ne se dément point. Le rôle de *Clémence Isaure* est faite depuis quelque temps par une madame *Reich*, d'une taille élégante, & dont la voix nette & perlée seroit infiniment préférable à celle de Mlle. Duplant, si sa timidité ne la faisoit quelquefois chanter faux. D'ailleurs elle manque encore du maintien & de l'assurance nécessaires au théatre; ce qui l'empêche de mettre dans son jeu la gaieté & les graces dont il est susceptible.

Mlle. Rosalie remplace aussi madame Larrivée dans le rôle d'*Alcimadure*. Cette actrice, qui n'a qu'un filet de sa voix, joue infiniment mieux que la premiere : elle est pleine de sen-

-timent & d'intelligence ; elle feroit faite pour avoir le plus grand fuccès, fi fon organe répondoit à fes autres talents.

Les ballets font renforcés par Mlles. Affelin & Heynel, qui y ont établi la nobleffe & la dignité, toujours néceffaires à ce théatre. Mlle. Heynel eft fans contredit la plus majeftueufe danfeufe qui ait paru de mémoire d'homme.

10 *Août* 1768. Les économiftes, pour pouvoir raifonner plus parfaitement fur la grande queftion de la liberté du commerce des grains, ont établi des calculs d'après les extraits des regiftres des fermes, qui ont été tenus de l'entrée & de la fortie des bleds & des farines. D'où il réfulte, que ce n'eft point à l'exportation qu'il faut attribuer la difette des bleds en France, puifqu'il en eft refté beaucoup plus qu'il n'en falloit pour nourrir tous les habitants.

Suivant eux, depuis le mois d'octobre 1764, temps auquel a commencé la liberté de l'exportation, jufqu'en octobre 1765, il a été exporté 802,408 fetiers, & importé 174,794 fetiers. Depuis octobre 1765, jufqu'en octobre 1766, la fortie des bleds fe monte à 770,105 fetiers; l'entrée à 330,017 fetiers; & enfin depuis le même terme 1766, jufqu'au même terme 1767, 859,857 fetiers ont été enlevés de nos ports, & 290,576 fetiers ont été apportés.

Il fuit de ce relevé, que l'exportation peut être eftimée dans chacune de ces trois années à environ 800,000 fetiers par an, & qu'en faifant la fouftraction de l'importation, cela n'ira pas à 600,000. Or, d'après les calculateurs en agriculture, la récolte d'une année commune dans le royaume eft au moins de 40,000,000 setiers. Ceux qui étoient le plus opposés au système de l'exportation, évaluoient notre superflu tout au moins à un dixième, & d'après la balance de l'importation, & de l'exportation, il n'est pas sorti du royaume, par an la soixantième partie de la récolte.

Nos philosophes agricoles insistent sur ces supputations, & en concluent que les craintes de voir disparoître la denrée sont vaines & illusoires; que c'est à des causes tout-à-fait étrangeres, à des engorgements occasionés par le défaut même de circulation, par les entraves mises à l'exportation, qu'il faut attribuer les malheurs du peuple & les clameurs des ignorants. Ils font observer dans les détails des calculs qu'on ne présente ici qu'en gros, que l'importation croît en proportion que l'exportation diminue, & que l'une étant toujours relative à l'autre, il est impossible qu'il y ait jamais de disette lorsqu'il n'y aura plus de gêne en aucun temps, ni sous aucun prétexte.

11. *Août* 1768. L'oraison funebre de la reine, prononcée à Saint-Denis, a duré cinq quarts d'heure. M. de Pompignan a mis en opposition la religion de S. M. avec l'esprit de l'incrédulité si commun aujourd'hui. Il a paru se complaire à faire des portraits satiriques des philosophes du siecle, & à se venger théologiquement de tous les brocards que plusieurs lui ont prodigué. On se doute bien que M. de Voltaire n'est pas celui qu'il ait eu le moins en vue, & il l'a désigné avec les couleurs odieuses que lui a fournies son zele amer.

11. *Août* 1768. Un particulier se promenant aux Tuileries, il y a quelque temps, un inconnu

l'aborde, le salue & lui dit qu'il a des choses importantes à lui communiquer dans un tête-à-tête. Le premier s'écarte de sa compagnie & reste seul avec l'étranger. Celui-ci lui déclare qu'il se connoît à l'avenir; qu'il lui voit sur sa physionomie les choses les plus heureuses à lui apprendre, & qu'il ne doute pas qu'il ne lui sache gré de son attention. L'autre, foible & crédule sans doute, se livre à la charlatanerie de cet imposteur, qui après les simagrées ordinaires, après avoir visité ses mains, observé tous les traits du visage du patient, lui étale & lui pronostique une longue suite de prospérités. La dupe enchantée remercie fort le devin, lui donne un écu de six livres, & s'en va fort content. Le Bohémien, piqué d'avoir fait tant de frais pour une si légere récompense, rappelle cet homme, lui ajoute qu'il y a quelque chose qu'il ne lui a pas dit, parce que ce n'est pas un événement aussi heureux que les autres; que, toute réflexion faite, il est pourtant essentiel qu'il en soit prévenu pour y remédier, s'il est possible. Il lui confirme alors toute la bonne fortune dont il l'a flatté; mais il lui annonce qu'il aura à trois époques différentes, très-prochaines, trois accès de convulsions, dont le dernier sera si terrible qu'on ne peut savoir s'il en réchappera : que s'il est assez heureux pour en revenir, il entrera dans un cours de félicités qui durera le reste de ses jours. Le prétendu sorcier quitte à ces mots le pauvre diable, & part comme un trait. Ce malheureux, frappé, retourne à ses amis, auxquels il raconte son aventure : ils veulent en vain le rassurer. Il revient chez lui dans une consternation dont il ne peut se remettre ; & après avoir eu successivement les deux accès de convulsions pronostiqués, il entre dans le troisieme, si terrible que tous les médecins n'y peuvent rien. On a recours à M. Petit, philosophe encore plus que médecin, & qui joint à de grandes connoissances de l'anatomie les talents d'un mime consommé. D'après l'exposition de l'état du malade, il se dispose à jouer une farce, dont il attend plus de succès que de ses remedes. Il se revêt de tout l'appareil du Bohémien : accoutrement singulier, longue barbe, extérieur mal-propre, baguette à la main, rien n'est omis, & s'étant bien mis au fait de toutes les circonstances de l'aventure, il se rend chez le convulsionnaire, auquel il en impose d'abord par sa hardiesse & l'étalage de son érudition. Il écoute le récit du malade : il convient de l'habileté du devin qui lui a prédit sa maladie; mais ce n'est encore qu'un éleve dans l'art de la négromancie, & il n'a pu voir tout ce qu'un plus grand maître peut découvrir. Il fait alors montrer au malade sa main : il lui répete tous les heureux pronostics du premier sorcier; il en ajoute d'autres : enfin il en vient aux signes diagnostiques des convulsions ; & après bien des recherches, il trouve qu'elles ne seront point mortelles. Il dit cela avec tant d'emphase & de confiance, qu'il frappe l'imagination du malade. Il lui prescrit quelques remedes simples, auxquels il joint des formules précises & bizarres, qui annoncent toute la profondeur de son art. Bref, après avoir fait quelques visites à cet hypocondre, il ranime son espoir au point de faire cesser les accidents funestes qui étoient survenus. Il lui administre quelque dose de gaieté de temps à autre, & le g[u]érit radicalement, au point que l'homme est c[o]mme à son ordinaire.

Les docteurs moroses ont voulu critiquer la conduite de M. Petit; ils ont prétendu qu'il avoit avili sa profession par un rôle indécent & malhonnête: comme si leur premiere scene n'étoit pas de guérir, & si le plus habile médecin n'étoit pas celui qui emploie le moins de remedes! Cette cure fait infiniment d'honneur au moderne négromancien auprès des philosophes & des amis de l'humanité.

13 *Août* 1768. *Epitre aux Romains, par le comte de Passoran. Traduction de l'Italien.* Tel est le titre d'une brochure de quarante-deux pages, où l'on établit un parallele de l'ancienne Rome avec la nouvelle, qui n'est sûrement pas à l'avantage de la derniere: on fait figurer l'église de St. Pierre vis-à-vis le capitole, & le pape vis-à-vis les dictateurs. Sur le titre seul, & mieux encore au style, on juge aisément que cette parodie est de M. de Voltaire. Quelque rassasié que le public soit de pareilles facéties, on court toujours avec avidité après ses productions. On compte y trouver du nouveau, & le lecteur n'est réveillé que par le sel de l'impiété dont cet auteur assaisonne aujourd'hui tous ses ouvrages. Cette *Epitre aux Romains* ne sera point mise au rang de celles de St. Paul, mais bien à côté de *l'Epitre à Uranie*, digne sœur à laquelle elle mérite d'être accouplée.

14. *Août* 1768. Quelqu'un se plaignant du grand chaud qu'il faisoit à Saint-Denis, devant l'abbé de Voisenon, celui-ci repliqua: « C'est d'autant plus étonnant que vous aviez la

» *fraîcheur du Puy.* » Cette mauvaise pointe a pris dans ce pays à quolibets, & fait beaucoup parler de l'oraison funebre de M. le Franc de Pompignan, l'évêque du Puy, qui en effet étoit, de l'aveu de tous les auditeurs, d'un froid à glacer.

14 *Août* 1768. La république des lettres vient de perdre le sieur Deforges, mort, il y a quelques jours, subitement à table. C'étoit un auteur moins célebre par ses opuscules que par ses malheurs. En 1749 il étoit à l'opéra, lorsque le Prétendant fut arrêté. Il fut indigné de cet acte de violence; il crut que l'honneur de la nation étoit compromis, & exhala ses plaintes dans une piece de vers fort courue alors, qui commence ainsi:

Peuple, jadis si fier, aujourd'hui si servile,
Des princes malheureux vous n'êtes plus l'asyle.

Il ne put prendre sur son amour-propre de garder l'incognito: il se confia à un ami prétendu, qui le trahit: il fut arrêté & conduit au Mont St. Michel, où il resta trois ans dans la *cage*, qui n'est point une fable, comme bien des gens le prétendent. C'est un caveau creusé dans le roc, de huit pieds en carré, où le prisonnier ne reçoit le jour que par les crevasses des marches de l'église. M. de Broglie, abbé de St. Michel, eut pitié de ce malheureux. Il obtint enfin qu'il eût l'abbaye pour prison. Ce ne fut qu'avec des précautions extrêmes qu'on put le faire passer à la lumiere de cette longue & profonde obscurité. Le caractere de M. Deforges, son esprit & ses qualités personnelles, lui gagnerent les bonnes graces de cet abbé, au point d'obtenir son élargissement au bout de cinq ans. Il le donna à son frere, M. le maréchal, en qualité de secretaire; & madame la marquise de Pompadour étant morte, il fut fait commissaire de guerre, de la nomination de ce général, suivant le droit de tous les maréchaux de France. M. Desforges avoit supporté courageusement sa longue & cruelle captivité. Son esprit n'étoit point affoibli de tant de disgraces, & M. le maréchal en faisoit grand cas.

16 *Août* 1768. La Greve n'a point désempli depuis quelque temps, & les suppliées de toute espece se sont succédés sans relâche. Ce spectacle affligeant pour l'humanité a réveillé la question si importante, de savoir si un homme a le droit d'en faire périr un autre? On discute de nouveau le code criminel; on en démontre l'absurdité, l'atrocité. On s'étonne que nos magistrats n'aient pas encore porté aux pieds du trône leurs représentations sur cette matiere. Nos philosophes voudroient qu'on tournât au profit du bien public les bras dont on prive l'état par tant d'exécutions. Ils prétendent avoir résolu toutes les objections que l'on pourroit faire, & nous donner pour exemple de la possibilité de concilier cette indulgence avec la sûreté générale, celui de la feue impératrice de Russie, qui pendant son regne s'étoit imposé la loi de ne point signer un arrêt de mort; ils trouvent honteux qu'il nous vienne du nord de pareilles leçons de morale & de législation.

17 *Août* 1768. Mlle. Dangeville, cette héroïne émérite du théatre François, l'amour & les délices de tous les gens de goût, a une très-belle maison de plaisance à Vaugirard. C'est-là qu'-

vant-hier, jour de sa fête, on lui en a donné une aussi agréable que magnifique. Elle a fait l'entretien du jour. Il y a d'abord eu un dîner de dix-neuf personnes, composé en beaux esprits, de MM. de Saint-Foix, le Mierre, Dorat, Rochon & Duclairon, tout récemment arrivé de son consulat de Hollande : en gens de la comédie, des Dlles. la Motte, Fannier, & de Mad. Drouin. Le reste étoit des anciens amis ou amants de la maîtresse de la maison. Il ne faut pourtant pas oublier M. de St. Aubin, peintre, qui n'a pas le moins contribué au divertissement.

A la fin du dîner, après avoir beaucoup tosté en l'honneur de la reine de Vaugirard, M. de St. Foix a commencé des couplets sur sa fête : tous ses émules l'ont suivi, jusqu'à ce qu'une symphonie partie du jardin ait annoncé quelque chose de nouveau. On s'est transporté vers les lieux d'où elle s'annonçoit : on est entré dans un bosquet délicieux, où s'est trouvée la statue de Mlle. Dangeville, sous la figure de Thalie, avec tous les attributs de son art. On lisoit un hymne au bas du piedestal, de la composition de M. de Saint-Foix. On a procédé à l'inauguration de cette statue, & tous les beaux esprits sont venus en cadence, des guirlandes de fleurs à la main, lui rendre leurs hommages. On a encore chanté des couplets ; on a joué différentes petites parades courtes, spirituelles & délicates. Ensuite, le jour tombant, tous les bosquets se sont trouvés illuminés : on a introduit le peuple ; il s'est formé des danses partout : on avoit établi des rafraîchissements pour cette populace, qui bénissoit sans cesse l'illustre *Marie*. Enfin un feu d'artifice très-brillant a terminé le spectacle. Un grand souper a suivi, & le Champagne & l'esprit ont recommencé à couler avec la même abondance.

17 *Août* 1768. Des quatre-vingt-quatre pieces qui ont concouru pour le prix de l'académie Françoise, neuf ont été choisies, & ont suspendu long-temps le suffrage des juges. M. de la Harpe étoit du nombre. Son épître, qui roule *sur les avantages de la philosophie*, avoit beaucoup de partisans, & vraisemblablement il l'auroit emporté; il a malheureusement eu l'imprudence de se vanter d'avance qu'il avoit le prix. Le bruit en est revenu à l'académie; qui, instruite de cette présomption, contraire aux réglements & aux loix du concours, a formé une délibération, par laquelle M. de la Harpe a été déclaré être dans le cas d'être exclu du concours. Seconde délibération en même temps, qui décide que pour éviter dorénavant de semblables indiscrétions, on n'ouvrira les billets des noms des concurrents, que le jour même de la St. Louis, ou dans la séance qui doit le précéder.

20 *Août* 1768. Les Italiens ont donné aujourd'hui la premiere représentation du *Huron*, comédie en deux actes & en vers mêlés d'ariettes. Ce sujet, tiré de *l'Ingénu* de M. de Voltaire, ne comporte point les traits de gaieté répandus dans le roman, mais inadmissibles sur la scene quant aux mœurs. Ce n'est qu'une foible copie de *l'Arlequin sauvage* de M. Delisle. Ainsi, cette piece ne peut être que très-médiocre. Elle se réduit à une intrigue de mariage, plate & triviale, relevée par des accessoires bizarres, & des incidents brusques & invraisemblables. La musique contient de fort jolis détails, & ap-

nonce beaucoup de talents dans l'auteur, qu'on nomme M. Gretry. Le nom du poëte est un myſtere : un inconnu a préſenté le drame aux comédiens, en déclarant qu'il n'en étoit pas l'auteur, & qu'il ne pouvoit le faire connoître. Des gens qui ſe prétendent bien inſtruits, pouſſent la témérité juſques à l'attribuer à M. de Voltaire lui-même ; c'eſt un hochet de ſa vieilleſſe.

20 *Août* 1768. On cite un morceau d'éloquence de l'oraiſon funebre de la reine, par M. l'évêque du Puy, qui mérite en effet d'être conſacré, & préſente une tournure auſſi rare qu'ingénieuſe. L'orateur dit, en parlant du caractere de la reine, qu'il ne diſſimulera point qu'elle avoit ſes défauts ; par exemple, qu'elle ſe mettoit quelquefois en colere ; mais, ajoute-t-il, elle revenoit avec tant de douceur, tant de bonté, tant d'aménité, que ceux qui avoient l'honneur d'approcher de S. M. étoient preſque fâchés qu'elle n'entrât pas plus ſouvent dans ces petites vivacités. . . . . On ne tarit point ſur les quolibets de toute eſpece avec leſquels on eſcarmouche contre M. de Pompignan, en attendant que M. de Voltaire broche ſur le tout, & lui donne le coup de maſſue. On dit qu'il faut mettre au tréſor de Saint-Denis cette oraiſon funebre, très-propre à ſervir de pendant à l'épée de Charlemagne, étant longue & plate comme elle.

21 *Août* 1768. Le bruit ſe répend, malgré le ſilence de l'académie Françoiſe, que la piece couronnée eſt celle de M. l'abbé de Langeac, qui a pour titre : *Epître d'un parvenu à ſon pere, laboureur.* Le jeune lauréat eſt âgé de 18 à 19

ans; c'est un des enfants de madame la marquise de Langeac, ci-devant madame Sabatin, cette protectrice célebre des arts & des sciences. L'académie sera sans doute enchantée de lui rendre, en la personne de son fils, une partie de l'éclat qu'elle reçoit de la mere, par les faveurs dont elle comble plusieurs de ses membres.

22 *Août* 1768. M. l'abbé Coyer, cet ex-jésuite, persifleur politique, continue à nous instruire par ses productions qui, sous les apparences de la frivolité, contiennent les leçons les plus lumineuses & les plus patriotiques. Son *Histoire Cochinchinoise* se répand depuis peu, & peut être regardée comme le pendant de l'*Homme aux quarante écus* de M. de Voltaire. Dans le dernier, un pauvre diable, échappé de sa campagne, vient à la ville & fait fortune. Le héros de M. l'abbé Coyer, au contraire, vivoit heureux dans son état d'agriculteur. Obligé de quitter sa terre par l'accroissement des impôts, il cherche à placer ses enfants dans différents arts ou métiers : & ne pouvant réussir d'aucune façon, ils finissent tous tristement, &c. Il faut convenir qu'outre le mérite de l'invention que le philosophe ex-jésuite doit céder au philosophe de Ferney, il y a dans le roman de celui-ci des graces, une gaieté, une aménité & une variété dont manque absolument *Chinchi*. L'abbé Coyer n'a qu'un seul cadre, & tourne toujours autour de la même idée. Malgré cela, le livre est fort couru, à cause des choses hardies qu'il contient, & d'une censure amere du gouvernement. Il est étonnant que l'auteur ait eu une permission tacite; mais il n'y a pas de doute que le livre ne soit bientôt arrêté,

& ne reçoive de la prohibition toute la vogue qui lui manqueroit du côté de son mérite intrinsèque.

23 *Août* 1768. Depuis le schisme introduit parmi les membres de la faculté de médecine, dans les dernieres assemblées sur l'inoculation, dont on a rendu compte, cette affaire est restée-là, & il est question aujourd'hui d'un procès pendant au parlement. Monsieur Bercher est au désespoir de voir son Décanat marqué par une pareille époque, & peut-être par une animadversion du parlement, qui vengera les statuts violés dont il est le protecteur & le garant. Les inoculateurs ont mis à leur tête le docteur Bernard, Normand encore plus expert en chicane qu'en médecine, & que redoutent les adversaires. En conséquence, il y a des pourparlers d'accommodement, & il doit y avoir le jour de la St. Louis une assemblée, où l'on tâchera de se concilier.

Pour engager les absents, les indifférents, les glorieux, les petits-maîtres à être exacts aux assemblées, M. Bernard propose d'établir des jetons qu'on distribuera aux présents, & qui se répartiront, en plus ou moins grande quantité, suivant le nombre des délinquants. Il prétend par-là, *salvis statutis*, opérer le retour des membres qui n'assistoient point aux convocations, & la faculté s'épargnera le chagrin de voir intervenir un arrêt du parlement, dont le prononcé doit être nécessairement désagréable pour un des deux partis, & toujours peu honorable pour la faculté, qui semble ne pouvoir ainsi se gouverner elle-même.

25 Août 1768. *Séance publique de l'académie Françoise.* La foule empressée d'assister à la séance publique de l'académie Françoise, le jour de St. Louis, augmentant d'année en année, & la garde ordinaire de six Suisses ne suffisant pas, on l'a renforcée cette fois-ci d'un détachement d'invalides, commandé par un officier. Malgré cette barrière formidable le tumulte augmentoit, la salle ne pouvoit plus contenir les spectateurs, lorsque M. Duclos, secretaire, maître des cérémonies de l'académie, a fait fermer les portes ; & messieurs étant en place, M. de Châteaubrun, directeur, a déclaré que la piece qui avoit remporté le prix cette année, avoit pour titre : *Lettre d'un fils parvenu, à son pere, laboureur.* Il ajoute que trois autres avoient eu *l'accessit*, sans que l'académie prétendît assigner aucune préférence entr'elles. Que la premiere étoit *une épître aux pauvres :* la seconde, un *discours sur la nécessité de se rendre utile :* & que la troisieme avoit pour titre : *le Philosophe.* Il a témoigné les regrets de la compagnie de ne pouvoir couronner tant d'excellents ouvrages.

Il a fait mention encore d'une piece intitulée, *les Ruines ;* d'une autre *sur les Disputes,* mais contenant des réflexions & des détails sur lesquels la sagesse de l'académie ne lui a pas permis d'appuyer beaucoup, & que les statuts l'ont obligée de réprouver malgré tout son ouvrage. Il a dit qu'elle étoit de M. de Rhulieres, officier de cavalerie.

Après quoi M. Marmontel a lu, ou plutôt déclamé l'ouvrage couronné. Il a mis tant de pathétique, tant de chaleur dans son débit, que les gens peu au fait ont cru que cette épître étoit de lui. M. le directeur a repris la parole, & a nommé l'auteur [M. l'abbé de Langeac]; il l'a invité de paroître, & ce jeûne éleve d'Apollon est venu prendre la médaille. Tout le monde a applaudi à sa modestie & aux graces ingénues de la mere, répandues sur la physionomie du fils.

Quant à la piece, on y a remarqué beaucoup de sentiments, mais point de logique, c'est-à-dire, nul rapport entre les actions & les affections du personnage : peu d'harmonie dans la versification & de pittoresque dans les détails. On a d'autant plus de tort d'en soupçonner pour auteur M. de Marmontel, que cette épître est une véritable amplification de rhétorique, & ressemble très-fort à l'ouvrage d'un écolier.

M. Duclos, d'un ton cavalier, a invité les spectateurs à prêter une oreille favorable au morceau qu'il alloit lire. Il a rappellé à l'assemblée que Pelisson avoit commencé une histoire de l'académie Françoise, continuée par M. l'abbé d'Olivet jusqu'en 1700 ; & chargé par sa place de succéder à ce dernier, il a offert de faire lecture d'un échantillon de son ouvrage [l'éloge de Fontenelle]. Il a soumis cet écrit au jugement de l'assemblée, en déclarant qu'il continueroit s'il étoit encouragé par ses suffrages, sinon qu'il en resteroit là ; ce qui lui seroit encore plus aisé. Toutes ces phrases débitées d'un air libre, sans être impudent, ont concilié les auditeurs à M. Duclos, & il a commencé.

On ne peut dissimuler que cet ouvrage ne soit moins l'éloge du héros, qu'une débauche d'esprit de l'auteur, qui, surchargé de ses saillies, semble avoir été obligé de chercher un sujet pour s'épancher. Nul plan suivi : des divisions confondues : point de liaisons dans les détails ; très-peu de faits, & une immensité de *réflexions* ou plutôt *d'Epigrammes*, quelquefois inintelligibles, mais auxquelles on a toujours applaudi à compte, dans l'espoir de les mieux entendre à la lecture. En un mot, comme l'a dit un plaisant, cet Eloge n'est qu'un feu d'artifice tiré en l'honneur de Fontenelle.

M. Le duc de Nivernois a lu ensuite six fables de sa composition : savoir, *l'Homme, les deux Enfants & les deux Ruisseaux. Le Sultan, le Visir & les deux Hiboux. L'Echo. Le Palais de la mort. Le Roi, le Santon, le Fleuve & la poignée de Terre. Enfin, les Oiseaux, les Quadrupedes & la Chauvesouris.*

Rien de plus agréable que ces fables, dans lesquelles l'auteur a réuni la naïveté de la Fontaine, le sel d'Horace & les graces du courtisan le plus aimable. Des moralités justes & piquantes, une narration pure, facile & poétique, des applications neuves, une richesse de détails prodigieuse: tout a paru charmant dans ces petits apologues, & le public ne pouvoit se rassasier des instructions de ce philosophe ingénieux.

M. Duclos a fini la séance, par la lecture du programme du prix d'éloquence pour 1769. Le sujet est *l'Eloge de J. B. Pocquelin de Moliere*. Il a appuyé sur la déclaration de l'académie : « que ceux qui prétendent au prix sont avertis, que s'ils se font connoître avant le jugement, ou s'ils sont connus, soit par l'indiscrétion de leurs amis, soit par des lectures faites dans des maisons particulieres, leurs pieces ne seront point admises au concours.

Il a ajouté verbalement, que l'indécence du concours cette année avoit été si grande, que l'académie avoit été obligée de se prescrire cette sévérité pour l'avenir.

Cet article paroît concerner spécialement M. de la Harpe, en faveur duquel l'académie a bien voulu se relâcher cette fois, malgré l'exclusion qu'on lui avoit donnée dans une assemblée. On a compris sa piece dans les *accessits*. C'est celle *du Philosophe*. Le *Discours sur la Necessité d'être utile*, est de M. Prieur. L'*Epître aux Pauvres*, de monsieur Desfontaines. On ne sait pourquoi cette fois-ci on n'a point nommé les auteurs de ces *accessits*, & qu'on n'en a rien lu.

Il est arrivé à cette assemblée un petit incident qui, tout puéril qu'il soit, mérite d'être rapporté. Les portes de l'académie étant fermées, & les Suisses de l'extérieur retirés, il est survenu beaucoup de monde, & l'on a pénétré facilement jusques dans l'académie des belles-lettres, salle qui précede celle de l'académie Françoise. Vains efforts pour aller plus loin. MM. le Mierre & Dorat, courroucés de rester à la porte du sanctuaire des muses, ont proposé de tenir l'académie. Tout le peuple littéraire a applaudi ; on s'est rangé autour de la table, & quelqu'un qui avoit la piece couronnée imprimée, ayant proposé d'en faire la lecture, on a parodié la grande assemblée. C'étoient des éclats de rire, des brouhahas, dont le bruit retentissoit jusques dans l'autre salle ; ce qui a beaucoup incommodé les lecteurs, & sur-tout M Marmontel, dont les accents passionnés se perdoient quelquefois dans le tumulte.

L'académie se propose de prendre des précautions pour éviter dorénavant une farce aussi indécente, & empêcher que rien ne puisse troubler la solemnité de cette auguste séance.

27 *Août* 1768. Extrait d'une lettre d'Aix, du 21 août 1768...... On a fait ici le service de la reine, & notre archevêque, fatigué d'années & de travaux apostoliques, a monté en chaire, & prononcé dans une phrase, *ex abundantia cordis*, un éloge de cette majesté, qui vaudra toutes les oraisons funebres qu'on en pourra faire. Voici son discours:

« C'est du bord de mon tombeau que j'appelle vos regards sur celui de l'auguste reine que nous venons de perdre. Nous prions pour elle; nos neveux l'invoqueront un jour. Heureux, lorsque je cesse de pouvoir vous instruire par mes leçons, de vous laisser l'exemple de ses vertus! »

28 *Août* 1768. Le sieur Torré, dont on a parlé, a augmenté son spectacle du *Divertissement du grand Mât de la Cocagne*, dont il a donné la premiere représentation le jour de St. Louis. C'est une grande perche, fort droite, au haut de laquelle pendent des jambons, des saucissons & autres grosses pieces. Tous les goinfres sont admis au concours, & s'essaie qui veut à grimper & à emporter quelque piece de résistance. Ce bâton est fort lisse; il faut beaucoup d'adresse pour se soutenir & arriver jusqu'au terme. On célebre le triomphe du héros gourmand avec toutes les acclamations, tout le brou-

haha que comporte une semblable fête. La nouveauté de ce spectacle attire beaucoup de curieux ; & la seconde représentation est annoncée pour aujourd'hui.

28 Août 1768. L'oraison funebre de la reine, par M. l'évêque du Puy, est imprimée, & ne gagne pas plus à la lecture qu'à la représentation. Voici la phrase même de l'auteur sur les vivacités de S. M. « Sa vivacité naturelle, [car, » pourquoi le dissimuler ?] puisqu'il est du dessein » de Dieu que les justes aient des combats à » soutenir contre eux-mêmes, & des victoires à » remporter sur leur tempérament] ; sa viva- » cité naturelle s'exhaloit quelquefois par des » orages qui se dissipoient dans un instant. Son » front n'en paroissoit ensuite que plus serein. » Elle reparoit ces impatiences par des témoi- » gnages d'une bonté si engageante, qu'ils eus- » sent pu faire souhaiter qu'elle sortît plus sou- » vent de sa douceur & de sa tranquillité ordi- » naires. »

On ne sait si l'orateur gagne au changement d'expressions ; mais on voit que la mémoire des auditeurs avoit conservé toute l'intégrité du sens.

29 Août 1768. Le mémoire que l'université a eu la permission de donner au roi, paroît. Il a pour titre : *Très-humbles & très-respectueuses représentations de l'université de Paris au roi, au sujet des lettes-patentes du 20 août 1767.* Il est question d'un réglement y annexé, que ce corps prétend compromettre ses intérêts. Il le regarde comme tendant à priver l'université de ses droits les plus importants, comme attaquant des fondements de sa constitution, comme éner-

vant l'autorité & les prérogatives des supérieurs majeurs des petits colleges, comme donnant atteinte à des fondements utiles & respectables, comme dérangeant la sage économie du plan qui avoit dirigé le nouvel état du college de Louis le Grand.

Pour mieux discuter ce tableau, qui n'est que le résultat des divers articles combinés du réglement en question, l'Université réduit son mémoire à trois chefs principaux, qui embrassent toute la matiere de ses représentations. Le premier concerne la police intérieure du college de Louis le Grand, & la discipline des études. Le second comprend les fondations & leur exécution. Le troisieme se réfere à la régie & à l'administration des biens du college de Louis le Grand & des petits colleges réunis.

Cet ouvrage paroît discuter les différents objets de réclamation avec autant de netteté que d'étendue. Il est écrit correctement, mais ne présente aucun de ces grands traits d'éloquence qu'on devroit trouver dans une production d'un corps académique, ainsi que MM. de l'université se qualifient en plusieurs endroits du mémoire. Il est signé, *Hamelin*, recteur.

30 *Août* 1768. Les anti-inoculateurs ayant, malgré le procès entamé au parlement, procédé à une troisieme assemblée, où ils ont fait passer la délibération d'opiner par scrutin sur cet objet, les dissidents ont renouvellé leurs protestations & leur opposition. Cependant à l'occasion de quelques pourparlers d'accommodement entamés aux paranymphes le jour de St. Louis, il y a eu aujourd'hui assemblée, à l'effet de se rapprocher.

rapprocher. Mais, par un malheur assez ordinaire en pareil cas, cette conciliation apparente a dégénéré en un nouveau schisme.

Le docteur Bernard, chargé, comme on l'a dit, de la matiere contentieuse, a ouvert l'avis de nommer un avocat de chaque côté, à qui l'on donneroit respectivement pouvoir de transiger, & de prendre un tiers pour arbitre, s'ils n'étoient pas d'accord : la proposition mise en délibération, on a été aux voix : il y en a eu 23 pour ce docteur opinant contre 19. Quand il a fallu prononcer, le doyen a prétendu qu'il ne pouvoit le faire sans le conseil d'avocats. En vain l'a-t-on pressé de remplir les fonctions de sa charge, il a persisté dans son refus, en a donné acte aux réclamants, & a levé la séance.

31 *Août* 1768. Outre les représentations de l'université, dont on a parlé, contre les fameuses lettres-patentes du 21 août 1767, & le réglement y annexé, il paroît une *Requête au roi*, du chapitre de l'église de Paris, comme supérieur majeur des colleges de Ferlet & des dix-huit, dans laquelle il se plaint que les intentions des fondateurs de ces colleges sont frustrées, les intérêts des boursiers sacrifiés, & les droits du chapitre anéantis.

Il s'en répand une autre du chancelier de l'église & de l'université de Paris, qui se plaint également que tous ses droits sont oubliés ou anéantis dans le réglement en question.

Les droits du chancelier étoient, 1°. de nommer aux bourses vacantes, au défaut des patrons & collateurs naturels; 2°. d'être le juge des contestations qui s'élevoient sur les bourses; 3°. d'avoir une inspection & une révision directe fur les comptes du college d'Autun; 4°. de partager avec le prieur des Chartreux la fupériorité du college de Boiffy; 5°. enfin de donner un titre irrévocable aux fujets qu'il nommoit, fans que fon exécution dépendît d'aucun examen, jugement ou condition, qui pût empêcher ou fufpendre l'effet.

Tous les autres fupérieurs majeurs des petits colleges ont préfenté refpectivement de femblables requêtes ; ce qui fait un nombre de réclamations fi confidérable, qu'on regarde comme difficile de laiffer fubfifter les chofes dans l'état où elles font. On efpere qu'une injuftice auffi manifefte, furprife à la religion du roi, fera réformée tôt ou tard, par de nouvelles lettres agréables à toutes les parties.

1 *Septembre* 1768. Il parut à Londres en 1704 un ouvrage du célebre Toland, fous le titre de *Lettres to Serena*. Quelques favants ont cru que cette *Serena* étoit la reine de Pruffe. Quoi qu'il en foit, ce livre fit beaucoup de bruit dans le temps de fa publication, & a depuis été très-recherché par les curieux, étant devenu fort rare.

On vient de le traduire en François, fous le titre de *Lettres Philofophiques*. Elles font au nombre de cinq.

La premiere traite de l'origine & de la force des préjugés.

Dans la feconde, l'auteur fait l'hiftoire du dogme de l'immortalité de l'ame chez le païens.

Dans la troifieme, il examine l'origine de l'idolâtrie & les fondements de la religion païenne.

Dans la quatrieme, qui eft adreffée à un ami

Hollandois, M. Toland réfute le systême de Spinosa, & démontre qu'il peche dans ses principes.

Enfin, dans la cinquieme, l'auteur prouve que le mouvement est essentiel à la matiere : sentiment que le docteur Samuel Clarke a tâché en vain de réfuter dans son *Traité de l'existence de Dieu*.

Ce livre, très-savant & très-dangereux, est heureusement hors de la portée du commun des lecteurs. Les deux dernieres lettres sur-tout sont remplies d'une métaphysique seche & abstraite, qui ne peut être entendue qu'avec la plus grande contention d'esprit, & qui exige un raisonnement très-exercé sur cette matiere.

2 *Septembre* 1768. Il n'est sorte de spectacle qu'on n'invente dans ce pays-ci, pour amuser les oisifs & gagner leur argent : après demain 4 septembre, les mariniers des différents ports de Paris donneront à la Rapée une joûte à la lance, dont on a fait la répétition aujourd'hui. Le lieu du combat est une enceinte désignée sur la riviere. A l'une des extrémités on verra sortir Neptune du creux d'un rocher. Il sera dans un char attelé de chevaux-marins. De l'autre côté on verra Vulcain forgeant, au naturel, avec ses cyclopes. Les barques des combattants seront peintes en couleurs analogues à chaque parti, & les vainqueurs seront couronnés par une déesse qui sortira du fond de l'eau.

3 *Septembre* 1768. Madame Bontems, auteur de quelques ouvrages, & entr'autres d'une traduction en prose du poëme des *Saisons de Thompson*, est morte, il y a quelques jours, des suites d'une maladie de femme, longue & dou-

loureuſe. Cette virtuoſe n'eſt point une grande perte pour la littérature. Cependant, en faveur de ſon ſexe, on lui doit ſavoir gré de ſes efforts, & elle mérite qu'on jette quelques fleurs ſur ſon tombeau.

4 Septembre 1768. La comparaiſon des différentes pieces imprimées qui ont concouru pour le prix de l'académie, n'eſt point, au gré des connoiſſeurs, à l'avantage de celle de M. l'abbé de Langeac. Cela occaſione une grande fermentation dans le peuple littéraire, & bien des gens taxent l'académie de partialité. On ſait combien la mere a de crédit auprès de M. le comte de St. Florentin, & l'intérêt vif que ce miniſtre prend aux enfants de madame de Langeac. Un cauſtique s'imaginant que ces raiſons n'avoient pas peu contribué à déterminer les ſuffrages des juges, a fait l'épigramme ſuivante:

De par le roi, ces vers ſoient trouvés beaux!
Signé Louis. Et plus bas, Phélyppeaux.

4 Septembre 1768. On cite pluſieurs traits du roi du Danemarck qui annoncent la jeuneſſe aimable. Ils ne répondent point à la gravité dont quelques gens, qui ne connoiſſent point l'humanité, voudroient qu'un monarque fût toujours accompagné. Il y a quelques jours que dans un ſouper où étoit l'ambaſſadeur de cette majeſté, on en parloit. Madame la marquiſe de Nicolaï dit fort étourdiment à ce miniſtre: on aſſure que votre roi eſt une tête...... *Oui, madame, une tête couronnée*, repliqua-t-il. Tout le monde applaudit à la maniere honnête & polie avec laquelle cet étranger releva, dans

la bouche d'une femme, l'indiscrétion & l'indécence du propos.

5 Septembre 1768. M. de Parcieux, de l'académie royale des sciences, vient de mourir d'une maladie de langueur, dans laquelle il a constamment soutenu la douceur de son caractere & la fermeté de son ame. Ce citoyen estimable & éclairé ne s'arrêtoit pas à des spéculations vagues, seulement propres à exercer le génie d'un savant ; il mettoit ses études en pratique, & ne formoit que des projets utiles & d'une exécution dont l'avantage étoit sensible pour tout le monde.

6 Septembre 1768. Le service pour le repos de l'ame de la reine s'est fait aujourd'hui à Notre-Dame en la maniere accoutumée.

M. Poncet n'a pas été tout-à-fait aussi long que M. l'évêque du Puy, mais son oraison funebre n'a pas paru de beaucoup supérieure à la précédente. On a prétendu que les jésuites étoient autrefois d'un grand secours à ce prélat dans ses compositions, & qu'on s'est apperçu qu'ils lui manquoient aujourd'hui. Quoi qu'il en soit, elle ne répond point à ses autres ouvrages du même genre, & ce n'est assurément pas la matiere qui manquoit à l'orateur.

8 Septembre 1768. La guerre est absolument ouverte entre les deux partis qui divisent la faculté, & l'affaire va se suivre au parlement. Les opposants aux dernieres délibérations ont dû obtenir ces jours-ci un véritable *arrêt de défense*, qui empêche les anti-inoculateurs de passer outre, & de profiter des vacances du parlement pour aller en avant & consommer leur projet irrégulier.

Le docteur Bernard, avant de procéder, avoit demandé au doyen une nouvelle assemblée de conciliation ; & par une partialité sans exemple, & tout-à-fait répréhensible, celui-ci l'a refusée, quoiqu'il n'eût pas ce droit.

9 *Septembre* 1768. Le sieur Torré, dont le spectacle continue à attirer tout Paris, s'évertue en tout sens pour mériter la faveur du public & soutenir la vogue où il est. Outre le divertissement du grand mât de la Cocagne, qui commence à être usé, il avoit annoncé pour hier une *nouveauté*, qui avoit attiré une foule encore plus considérable. Malheureusement les curieux n'ont pas été aussi satisfaits qu'ils l'espéroient. Cet incident comique consistoit en une espece de *scapinade*, c'est-à-dire que des hommes enveloppés de sacs ont exécuté une danse pantomime qui n'a pas eu de succès. Il a fait ce jour-là sept mille & quelques cents livres : tant il est vrai qu'avec de l'industrie dans ce pays-ci on gagne facilement de l'argent.

10 *Septembre* 1768. On ne donnera plus *Ernelinde* à l'opéra pendant le séjour du roi de Danemarck à Paris. On croyoit flatter ce monarque par un pareil drame ; mais son ambassadeur a fait sentir que le prédécesseur de son maître ne jouoit pas un assez beau rôle dans cette tragédie, pour qu'un pareil spectacle pût lui être agréable. M. Marmontel comptoit bien raccommoder tout cela, mais le sieur Poinsinet a trouvé mauvais que l'académicien voulût le corriger sans son aveu. Il a fait intervenir M. le comte de St. Florentin. Et pour remédier à ces tracasseries, il a été décidé qu'on laisseroit *Ernelinde* dans l'obscurité où elle est rentrée.

11 *Septembre* 1768. Les presses infernales de l'étranger ne cessent de gémir. Une production abominable vient d'en sortir encore. Elle a pour titre : *Lettres à Eugénie*, ou *Préservatif contre les préjugés*, avec cette épigraphe : *Arctis religionum animos nodis exsolvere pergo*. Il est aisé de juger par cette espece de tocsin, quels principes ce livre doit contenir. Il est en douze lettres, faisant deux parties. Dans la premiere on retrouve ce qu'on a dit cent fois sur les sources de la crédulité, sur la nécessité d'examiner la religion, sur les idées absurdes, affreuses même qu'elle donne de la divinité. On examine les écritures, l'économie du christianisme & les preuves sur lesquelles il se fonde, ses dogmes fondamentaux, celui de l'immortalité de l'ame, & celui de l'autre vie ; enfin les mysteres, les sacrements, les cérémonies religieuses, les pratiques ou exercices de piété, les prieres, les austérités, &c. L'auteur ne fait que remanier tous les raisonnements employés par les incrédules. Mais ils sont ici développés, étendus, délayés en quelque sorte dans une infinité d'idées accessoires, qui, en leur faisant perdre sans doute de leur force, les mettent cependant plus à portée de l'héroïne à laquelle est dédié ce traité, & de son sexe entier. Voilà ce qui caractérise particuliérement la méthode de cet ouvrage, & la rend plus dangereuse.

Dans la seconde partie, qui offre des vues plus nouvelles, l'auteur, après avoir renversé les vertus évangéliques & ce qu'on appelle la perfection chrétienne, prétend prouver que le gouvernement n'a aucun besoin de la religion pour se soutenir ; qu'elle lui est même nuisible ; qu'elle

n'eſt pas plus avantageuſe à ceux qui la profeſ-
ſent : que la morale humaine ou naturelle eſt
la ſeule véritable, la ſeule qui nous convienne,
la ſeule par laquelle puiſſe exiſter la ſociété. Il
veut établir & confirmer l'aſſertion de Bayle :
*Qu'une république de vrais Chrétiens ne ſauroit
ſubſiſter.* Il termine par deſirer la plus grande
tolérance pour les opinions des hommes. Il paroît
avoir une propenſion ſecrete à *l'Athéiſme*, ſans
cependant ſe déclarer tout-à-fait, mais en cherchant à prouver que ce ſyſtême n'eſt point auſſi
abſurde, & peut facilement être le réſultat de
notre ignorance.

L'éditeur, dans un avertiſſement, inſinue que
ce manuſcrit, fort rare, mais connu depuis
long-temps, doit avoir été compoſé par quelqu'un
de l'école de Sceaux ; qu'*Eugénie* n'eſt vraiſemblablement pas une femme ſuppoſée, mais
quelque dame de le même école ou de celle du
Temple. Quoi qu'il en ſoit, le ſtyle annonce
en effet un homme du grand monde. Il y regne
en général un ton d'ironie qui n'eſt pas celui du
genre, mais qui caractériſe aſſez le courtiſan.
L'érudition y eſt cachée par toutes les tournures d'une converſation ordinaire ; & l'auteur,
après s'être bien rempli l'eſprit des traités les
plus ſavants ſur cette matiere, après les avoir
bien digérés, ſemble ſe les être rendus propres,
& en avoir formé un corps de doctrine à l'uſage
des moins lettrés, & pour l'intelligence duquel
il ne faut que du bon ſens & une logique naturelle. Il ſeroit bien à ſouhaiter que la religion
trouvât de ſon côté quelque courtiſan ſavant &
aimable, qui écrivît dans le même goût en ſa
faveur, & fît un contraſte qui ſervît de contre-

poison à celui-ci pour les femmes, les foibles & les ignorants.

15 Septembre 1768. On prétend que M. de Voltaire ne marche jamais sans la bible, sous prétexte que lorsqu'on a un procès, il faut toujours avoir sous les yeux le factum de ses adversaires. Quoi qu'il en soit, il est certain qu'il possede parfaitement ce livre ; il s'en est pénétré, il en est plein ; il le retourne sans cesse, il le dépece pour enrichir ses ouvrages, mais à sa maniere, & non sans doute comme le prédicateur, le théologien, ou le défenseur de la religion. On sait que l'écriture sainte veut être lue dans la simplicité du cœur & de l'esprit ; qu'aux génies superbes elle offre souvent des ridiculités, des absurdités, des barbaries, des impiétés même ; & c'est ce que M. de Voltaire ne manque pas d'y trouver. On voit sur-tout son genre de travail dans sa *Profession de foi des Théistes, par le comte d'A... du R. D.* traduit de l'allemand, opuscule, où non content de ressasser ce qu'il a répété cent fois, il cite ses propres écrits & en remet des pages entieres sous les yeux du lecteur.

15 Septembre 1768. M. de Lisle, fameux, astronome, vient de mourir âgé de 81 ans. Il étoit pensionnaire vétéran de l'académie des sciences, professeur au college royal. Son ardeur pour l'astronomie lui avoit fait entreprendre différents voyages. Il avoit été jusqu'en Sibérie. Il avoit professé à Pétersbourg, & avoit en conséquence prêté serment de fidélité à l'impératrice. De retour à Paris, on lui en fit un grief : il essuya des dégoûts à l'académie, où l'on ne le regardoit plus que comme pensionnaire étranger. Il demanda sa retraite. Cette espece de disgrace, la jalousie de ses rivaux, les tracasseries qu'ils lui susciterent, empoisonnerent sa vieillesse, d'ailleurs mal aisée: il est mort dans une sorte d'indigence.

15 *Septembre* 1768. M. le duc de Nevers, âgé de 92 ans, vient de s'éteindre. C'étoit un seigneur de beaucoup d'esprit, mais dont les mœurs ont passé quelquefois à la cour pour trop philosophiques. On prétend qu'il avoit épousé la demoiselle Quinault, excellente comédienne, & sœur du fameux Dufresne. Le présent qu'il a fait à la France de M. le duc de Nivernois, est le plus beau trait de sa vie.

15 *Septembre* 1768. M. l'abbé de la Chapelle briguoit depuis long-temps l'honneur de faire en présence du roi l'essai de son *Scaphandre*, ou pourpoint de liege, dont les papiers publics ont parlé plusieurs fois. M. le comte de Saint-Florentin lui a enfin obtenu cet agrément; & dimanche dernier, S. M. étant sur la terrasse de Choisy, avec une cour très-nombreuse, monsieur de la Chapelle s'est jeté à l'eau, mais ne s'étant pas porté assez haut, il a dérivé, & le roi n'a pu le voir que de loin. Il a exécuté ses différentes opérations, comme de boire, de manger, de tirer un coup de pistolet. Il a pris toutes les attitudes dont elle est susceptible. Il a fini par écrire, & il a profité de la circonstance pour faire une lettre au roi, qui lui a été remise. S. M. a ouvert le paquet, & a trouvé ces deux vers de Racine le fils:

Descendu de son trône, en la foule jeté,
Ce roi conserve encor un trait de majesté.

Ce compliment n'a point eu le succès que s'en promettoit cet abbé. Les courtisans ont trouvé le distique énigmatique, indécent : il a été obligé de se commenter, & toute sa gloire s'est bornée à assister au souper de quarante couverts. Il n'a reçu ni pension, ni gratification, ni compliment.

18 *Septembre* 1768. Il paroît un second *Mémoire à consulter pour M. Jacques Barbeu Dubourg & consorts*, tous docteurs régents de la faculté de médecine, en date du 4 septembre 1768.

Il rappelle tous les nouveaux griefs des opposants contre M. le doyen & ses adhérents, qui sont : 1°. d'avoir procédé à délibérer dans l'assemblée du 5 août, si la faculté porteroit son jugement sur l'inoculation, par scrutin ou de vive voix, malgré l'arrêt du parlement obtenu ledit jour par M. Bernard & consors, & signifié le matin même audit doyen & à la faculté assemblée, qui faisant droit sur la requête des opposants, les recevoit appellants des conclusions formées dans les assemblées des 9 & 30 juillet, & permettoit d'assigner.

2°. D'avoir refusé à M. Dubourg la lecture des conclusions formées dans les deux assemblées précédentes, malgré sa requisition, appuyée des *Ritus* de la faculté.

3°. D'avoir refusé à M. Geoffroy & à M. Bordeu de lire dans cette même assemblée l'arrêt qui venoit d'être signifié.

4°. La confusion de cette assemblée ayant empêché d'opiner, d'en avoir convoqué une nouvelle le 9 août par suite de celle du 5, qui avoit abouti à une troisieme conclusion

E 6

formée malgré les oppositions nombreuses & réitérées dont on refusa de donner acte aux réclamants.

5°. Dans une assemblée convoquée *per juramentum*, au 30 août, sur la requisition de M. Bernard, à la tête de quinze autres docteurs, le suffrages recueillis, comptés & prépondérants pour l'avis dudit M. Bernard, d'avoir déclaré qu'on ne formeroit point de conclusion; refus dont M. le doyen n'a donné acte que sur la menace d'en former sans lui une, qui seroit rédigée & signée par le plus ancien des docteurs présents.

Suit une consultation, où le conseil est d'avis que toutes ces irrégularités sont très-repréhensibles; que l'appel, & l'arrêt qui le reçoit, sont de droit suspensifs, & ont dû arrêter toute délibération, mais sur-tout empêcher toute conclusion conforme à celles dont l'appel, une fois interjeté, déféroit le jugement à la cour.

Que l'abus dont le doyen a donné l'exemple dans l'assemblée du 30 août, est encore d'une plus dangereuse conséquence, & que la faculté, qui a la jurisdiction correctionnelle sur tous ses membres, & même sur son chef, pourroit trouver dans sa propre main les ressources capables de réprimer & de prévenir un pareil abus; que néanmoins, vu la liaison de ce nouveau fait avec ceux déja déférés au parlement, il est plus modéré & plus prudent de dénoncer à la cour ce nouvel acte d'usurpation sur la liberté de la compagnie, & de la supplier d'y pourvoir avec la réserve expresse des droits de la faculté.

Le conseil entre ensuite dans le détail de la

maniere juridique d'opérer, ce qui entraîne un procès en forme, qui renvoie le fond de l'affaire à un temps illimité.

Cette consultation est du 4 septembre 1768, & est signée, *Target*.

21 *Septembre* 1768. Au défaut des spectacles de la cour qui ne peuvent avoir lieu pour le roi de Danemarck, on en prépare aux menus, qui seront exécutés sur ce théatre particulier, aux dépens du roi & avec beaucoup de magnificence. On compte que tous les talents s'y réuniront pour amuser ce prince étranger; que *Geliotte*, que Mlle. *Le Maure*, que Mlle. *Dangeville*, que l'illustre *Clairon* même briguent l'honneur de paroître à ses yeux & de mériter ses applaudissements.

22 *Septembre* 1768. Il s'est élevé depuis quelques années en France une secte de philosophes audacieux qui semble avoir eu le système réfléchi de porter une clarté fatale dans les esprits, d'ébranler toute créance, de renverser la religion, & de la sapper jusques dans ses fondements. Les uns, troupes légeres du parti, armés du sarcasme & de l'ironie, ont d'abord, sous des allégories sensibles, des fictions ingénieuses, couvert d'un ridicule indélébile ses ministres, ses dogmes, sa lythurgie & sa morale même. D'autres, spéculateurs profonds, cuirassés d'érudition, hérissés de métaphysique, se sont présentés le front découvert, l'ont attaquée à force ouverte, ont déployé contre elle les raisonnements les plus formidables ; & ne trouvant point d'athletes dignes d'eux, sont malheureusement restés maîtres du champ de bataille. Aujourd'hui que ces in-

crédules regardent leur ouvrage comme bien avancé; qu'ils attendent du bénéfice du temps, que la lumiere gagnant de proche en proche, dissipe totalement la nuit des préjugés de l'ignorance & de la superstition, ils attaquent leurs adversaires dans leurs derniers retranchements : ils prétendent prouver que la politique n'a aucun besoin de la religion pour le soutien & le gouvernement des états. C'est contre cette assertion si ancienne, si répandue, & que les défenseurs du christianisme, poussés à bout, opposent pour dernier argument, qu'ils réunissent aujourd'hui leurs forces, & qu'ils semblent préparer un corps d'ouvrages dont plusieurs pénetrent déja dans ce pays-ci. Tel est le livre intitulé : *La Contagion sacrée, ou Histoire naturelle de la Superstition.* On le prétend traduit de l'Anglois d'un M. Jean Trenchard, qui le publia en 1709, sans nom d'auteur. Le résultat de ce traité est, que la crainte fut l'origine des religions, qu'on remarque dans toutes un génie superstitieux, mélancolique, sinistre, apocalyptique, qui, de leurs sectateurs, ne peut faire que des citoyens mous, tristes, lâches, sans énergie; qu'elles ne sont bonnes qu'à favoriser le despotisme, & à le détruire ensuite, s'il veut secouer le joug de la servitude des prêtres; que leur morale est tout-à-fait étrangere, opposée même à celle de la nature, la seule sur laquelle puisse se fonder & se maintenir une société. En un mot, qu'elles sont toutes par essence fausses & intolérantes, & qu'un monarque qui veut travailler à son bonheur & à celui de ses peuples, ne doit affermir son trône que par la liberté & la vérité.

Il regne en général dans ce livre un esprit

républicain, une antipathie contre le sacerdoce, une force de raisonnement, une véhémence de style, qui le caractérisent parfaitement Anglois.

27 *Septembre* 1768. On vient de décocher encore un trait à monsieur l'abbé de Langeac, ou plutôt à l'académie. Il y a apparence que c'est le dernier effort des mécontents. Voici l'épigramme :

L'académie, & ab hoc & ab hac,
A tes vers plats, sans raison & sans rime,
Donnant le prix, te trouve bien, Langeac,
Plus fortuné qu'un enfant légitime.

28 *Septembre* 1768. On vient d'imprimer une lettre du parlement de Normandie au roi. Elle est en date du 19 du mois dernier. Son objet est de revenir à la charge sur l'affaire de Bretagne, que ces magistrats ne perdent point de vue. Ils sollicitent la justice de sa majesté de faire cesser les maux qui tourmentent la Bretagne; de rappeller de leur exil les six magistrats reconnus innocents par les réponses mêmes du roi, & de rendre aux vœux de toute cette province le parlement, tel qu'il étoit avant l'édit du mois de novembre 1765. On ne peut lire cet écrit sans attendrissement sur les peintures affligeantes qu'il contient, & sans se sentir l'âme élevée par l'éloquence mâle dont il est animé. Il enchérit, s'il est possible, sur tout ce qui a paru dans ce grand procès. Cette brochure n'est répandue que depuis peu.

30 *Septembre* 1768. Les directeurs de l'académie royale de musique ont proposé aux cu-

rieux de chercher une devise pour la salle de l'opéra, qui n'est pas encore finie. Cette devise doit être en françois & en deux vers. On n'en a encore vu que de mauvaises. M. le Clerc de Montmeroy propose les deux suivantes.

Les Arts dans ce Palais prodiguent leurs merveilles,
Pour enchanter les cœurs, les yeux & les oreilles.
 Ou,
Dans ce Palais brillant des Beaux Arts & des Fées,
Héros, Dieux & Démons, tous les êtres divers,
Dociles aux accords des modernes Orphées,
Sont le tableau mouvant de ce vaste Univers.

Quoi que celle-ci soit contre les conditions établies, que ce soit même plutôt une description qu'une inscription, les amis de l'auteur l'ont trouvée si belle, qu'ils lui ont conseillé de la rendre publique.

1 *Octobre* 1768. Antoine-Jean Rustan, pasteur Suisse à Londres, s'est avisé de publier un ouvrage qui a pour titre: *L'Etat présent du Christianisme*. Il n'a pu résister à la rage de mordre M. de Voltaire. Tout théologien croit lui devoir au moins un coup de dent en passant. Celui-ci d'ailleurs étoit personnellement en reste avec lui. Le philosophe de Ferney n'a pas tardé à prendre sa revanche. Il vient de publier une petite brochure de près de 30 pages, sous le nom de *Remontrances du Corps des Pasteurs du Gévaudan à Antoine-Jean Rustan*. Il ne paroît point en champ clos comme le premier, armé de toute l'armure scholastique, & cherchant à écraser son adversaire sous le poids de

son érudition; mais il voltige autour de lui, il le harcelle légérement, il le couvre de ses sarcasmes, & le laisse en cet état exposé à la risée publique.

2 Octobre 1768. On a exécuté ces jours-ci un arrêt du parlement, qui condamne Jean-Baptiste Jossevand, garçon épicier; Jean Lecuyer, brocanteur; & Marie Suisse, femme dudit Lecuyer, au carcan pendant trois jours consécutifs; condamne en outre ledit Jossevand à la marque & aux galeres pendant neuf ans, ledit Lecuyer aussi à la marque & aux galeres pendant cinq ans, & ladite Marie Suisse à être renfermée pendant cinq ans dans la maison de force de l'Hôpital-Général, pour avoir vendu des livres contraires aux bonnes mœurs & à la religion. Ces livres sont : *le Christianisme dévoilé, L'homme aux quarante écus, Ericie* ou *la Vestale,* lesquels ont été lacérés & brûlés par l'exécuteur de la haute justice, lors de l'exécution des coupables.

On s'est recrié contre la sévérité d'un pareil arrêt, qu'on attribue à M. de St. Fargeau, président de la chambre des vacations, homme dur & inflexible, & dont le jansénisme rigoureux n'admet aucune tolérance.

3 Octobre 1768. Le 30 du mois dernier, les prévôt & échevins de la ville de Paris, ont fait célébrer dans l'église de St Jean en Greve un service pour le repos de l'ame de la reine. Cette cérémonie a été exécutée avec une pompe presqu'égale à celle du service fait à Notre-Dame. Le curé de cette paroisse a prononcé l'oraison, supérieure à celles de monsieur

l'évêque du Puy, & de M. l'ancien évêque de Troyes.

4 Octobre 1768. S. M. qui n'avoit point honoré M. Bouret de sa visite pendant tout le temps que le dérangement des affaires de ce financier l'avoit mis dans le cas de suspendre les travaux du fameux pavillon du roi, n'a pu se refuser cette année aux desirs de ce serviteur, si jaloux des regards de son auguste protecteur. Le roi est allé un instant le mercredi 28 septembre visiter ce fameux bâtiment. Il l'a trouvé augmenté de plusieurs choses curieuses; mais sur-tout de sa statue, dont on a parlé il y a quelque temps, & qui est exécutée, en marbre, par le sieur Tassard. Ce qui a le plus flatté S. M. ce sont deux vers inscrits au bas, composés par le sieur Bouret même, dans l'enthousiasme heureux de son amour & de sa reconnoissance. Ils caractérisent à merveille les vertus du maître, & le zele tendre du sujet. Ils sont dignes de passer à la postérité la plus reculée, & valent sans doute toutes les légendes qu'auroit pu enfanter l'académie des belles-lettres. Les voici :

Juste, simple, modeste, au dessus des grandeurs,
Au dessus de l'éloge, il ne veut que nos cœurs.

5 Octobre 1768. Un plaisant s'est égayé au sujet de l'inscription que les directeurs ont demandée pour la nouvelle salle d'opéra. Il en a fait une qui ne sera sûrement pas adoptée; mais elle est piquante & mérite d'être transmise au public.

Ici, les Dieux du temps jadis
Renouvellent leurs lythurgies.

Vénus y forme ses Laïs,
　Mercure y dresse des Sosies.

8 *Octobre* 1768. Bien des gens ont été étonnés de la dureté avec laquelle on a sévi contre les colporteurs flétris derniérement par arrêt du parlement, sur-tout vu l'énoncé des livres prohibés qu'on les accusoit d'avoir vendus. Les gens au fait prétendent que leur grand-grief est d'avoir distribué un libelle qu'on a craint de nommer dans un arrêt, quoiqu'il ait été annoncé, il y a plus d'un an, dans des gazettes étrangeres. C'est un pamphlet intitulée : *Les Sabbatines & les Florentines*. Le titre seul prouve combien ils étoient coupables, & justifie l'austérité des magistrats aux yeux des gens au fait de l'énormité des crimes politiques.

9 *Octobre* 1768. *Les droits des hommes & les usurpations des autres*, traduction prétendue de l'italien, datée de Padoue, le 14 juin 1764. L'auteur rapproche dans un court espace le tableau des usurpations de la cour de Rome. Il fait voir que ce qu'on appelle le patrimoine du saint pere ; que les droits du pape sur Naples & sur la Sicile; que le duché de Ferrare; que Castro & Ronciglione; qu'en un mot, tout ce que possede le saint siege ne sont que les fruits de la fraude & de la violence. On accumule dans ce mémoire formidable les moyens de toute espece qu'ont mis en usage tant de pontifes, d'humble mémoire, pour étendre leur domination; & l'on y trouve des forfaits nouveaux, dont l'atrocité semble leur être réservée. Le lecteur indigné seroit tenté de rejeter & de fouler aux pieds un pareil libelle, s'il n'étoit malheureusement qu'un

extrait succinct de tout ce qu'on trouve épars dans l'histoire. On sent qu'un pareil ouvrage étoit digne de la plume de M. de Voltaire. Aussi l'y reconnoît-on facilement. On ne peut qu'admirer l'art avec lequel ce grand historien sait égayer cette terrible matiere, & rapprocher quantité d'anecdotes également rares & curieuses.

10 *Octobre* 1768. M. l'abbé d'Olivet de l'académie Françoise, tombé en apoplexie-paralysie, il y a deux mois, & qui, malgré son âge de 87 ans, a lutté depuis ce temps contre la mort, vient de succomber enfin après cette belle défense. Ce personnage, vraiment académique, est une perte d'autant plus grande, qu'il travailloit dans un genre peu à la mode aujourd'hui, & qu'on semble mépriser. Ses traductions de Cicéron, regardées comme un chef-d'œuvre dans leur espece, lui procureront une gloire, sinon brillante, du moins solide & durable, chez la postérité qui en recueillera les avantages. Quant à la partie grammaticale de ce savant, quoiqu'il n'approchât pas de la métaphysique lumineuse des Girards & des Dumarsais, il avoit sur cette matiere un génie de discussion pur, exact & correct. En général, il avoit plus de bon sens & de précision que de finesse & de légéreté. Il ne manquoit pourtant pas d'un certain esprit; mais surtout il avoit une mémoire prodigieuse, qui le servoit à propos, & le faisoit briller avec celui des autres au défaut du sien.

11 *Octobre* 1768. M. Bernard, secretaire du gouvernement de Choisy, & appellé, par excellence, le *Gentil Bernard*, nom que lui a donné

M. de Voltaire & qui lui est resté, a obtenu du gouvernement un terrein qu'il a approprié avec beaucoup de goût & d'élégance. Il a fait des devises en vers pour toutes les pieces de cette agréable maison. En voici deux qui paroissent les meilleures & les plus propres à caractériser les mœurs & le goût du maître. Au dessus d'une glaciere il a fait arranger une espece de Parnasse, & a écrit au bas le quatrain suivant :

> Sous cette voûte souterraine
> Les cœurs froids, les auteurs glacés,
> Sont avec la neige entassés,
> Et ma glaciere est toujours pleine.

Au dessus d'un Boudoir délicieux il a mis :

> Habitons ce petit espace,
> Assez grand pour tous nos souhaits,
> Le bonheur tient si peu de place;
> Et ce dieu n'en change jamais.

Tout le reste répond a cette aimable philosophie, & fait de ce séjour un lieu riant & voluptueux.

12 Octobre 1768. M. l'abbé d'Olivet a été enterré dimanche 8, & le mercredi 11 son testament avoit été ouvert, lu & exécuté. Il laisse à son neveu, président à mortier au parlement de Franche-Comté, & son légataire universel, 80 actions des fermes, pour cinquante mille écus de terres, plus de trente mille francs d'arrérages, 250 louis en argent comptant, 350 marcs de vaisselle d'argent, une très-belle biblio-

thèque & des meubles de peu de valeur, &c. Cette succession paroît fort honnête pour celle d'un homme de lettres.

13 Octobre 1768. Extrait d'une lettre de Ferney, du 30 décembre..... Rassurez-vous, Monsieur, sur les inquiétudes que vous avez à l'égard de M. de Voltaire. Ce grand homme, accoutumé à dire qu'il se meurt depuis plus de cinquante ans, se porte à merveille. Il se plaint d'être sourd & aveugle. Le fait est qu'il lit encore sans lunettes, & qu'il a l'ouie très-fine. Il est sec & ingambe : il est peu courbé. Le jour que j'ai eu l'honneur de le voir, il avoit de gros souliers, des bas blancs roulés, une perruque naissante, des manchettes d'entoilage qui lui enveloppoient toute la main, une robe de chambre de Perse. Il nous fit beaucoup d'excuses de n'être point habillé : mais il n'est jamais autrement. Il parut à l'entremets. On avoit réservé un grand fauteuil à bras, où cet illustre vieillard se mit, mangea rondement des légumes, des pieces du four, des fruits, &c. Il pétilla d'esprit. On pourroit lui reprocher d'être trop emphatique, & de n'avoir point dans la conversation ce ton cavalier qui caractérise si bien le style de ses écrits. Après le dîner il nous mena dans sa bibliotheque, très-vaste, très-nombreuse & très-belle. Il nous lut des passages de livres rares sur la religion, c'est-à-dire, contre la religion, car c'est aujourd'hui sa manie : il revient sans cesse sur cette matiere. Il joua aux échecs avec le pere Adam, qui, sans être le premier homme du monde, est assez jésuite pour se laisser perdre : M. de Voltaire ne lui pardonneroit pas de le gagner. On fit ensuite de petits jeux d'esprit; puis on se

mit à dire des histoires de voleurs. Chaque dame ayant conté la sienne, en engagea M. de Voltaire à avoir son tour. Il commença ainsi : *Mesdames, il étoit un jour un fermier-général....* Ma foi, j'ai oublié le reste. Nous le laissâmes après cette épigramme, la meilleure sûrement qu'il ait faite de la journée.....

14 *Octobre* 1768. Extrait d'une lettre de Fontainebleau, du 10 octobre 1768.... Le bruit avoit couru ici que M. de Voltaire étoit décédé. Il avoit pris tellement faveur que la cour paroissoit croire cette nouvelle. On l'a inféré du propos de monsieur le comte d'Artois. Ce prince à son dîner, parlant de cet événement, a dit : *Il est mort un grand homme & un grand coquin.* Les ennemis de M. de Voltaire ont saisi avidement cette phrase, & l'ont répandue avec profusion. Effectivement il est aisé d'en conclure quelle est sa réputation auprès de ceux qui ont l'honneur d'être chargés de l'éducation des enfants de France. Quoi qu'il en soit, la nouvelle est absolument fausse & destituée de fondement. La providence laisse encore à ce philosophe incrédule le temps de se repentir, & de mériter un éloge funéraire plus flatteur.

15 *Octobre* 1768. Depuis quelque temps il court ici une chanson, intitulée : *La Bourbonnoise*, qui a été répandue avec une rapidité peu commune. Quoique les paroles en soient fort plates, que l'air en soit on ne peut plus niais, elle est parvenue jusqu'aux extrêmités de la France. Elle se chante jusques dans les villages, & l'on ne peut se transporter nulle part sans l'entendre. Les gens qui rafinent sur-tout, ont prétendu

que c'étoit un vaudeville satirique sur une certaine fille de rien, parvenue de l'état le plus crapuleux à jouer un rôle & à faire une sorte de figure à la cour. Il est certain qu'on ne peut s'empêcher de remarquer dans l'affectation à la divulguer si généralement, une intention décidée de jeter un ridicule odieux sur celle qu'elle regarde. Les gens à anecdote n'ont pas manqué de la recueillir, & d'en grossir leur porte-feuille, avec tous les commentaires à son intelligence, & capables de la rendre précieuse pour la postérité.

17 *Octobre* 1768. Il y a déja long-temps que l'on regarde M. l'abbé de Condillac, ci-devant précepteur de l'infant, duc de Parme aujourd'hui, comme désigné pour remplacer M. l'abbé d'Olivet à l'académie Françoise. Cependant monsieur de Mably, son frere, est aussi sur les rangs. Il y a apparence que le premier l'emportera, quoique le dernier ait travaillé dans un genre plus relatif à cette place, & soit en général plus homme de lettres. Au reste, il n'aura pas long-temps à attendre, s'il échoue cette fois. On compte dans ce corps plus de quinze membres septuagénaires, octogénaires & nonagénaires. En sorte que sous peu il doit se faire une grande révolution dans cette compagnie.

18 *Octobre* 1768. M. l'abbé Morlaix est connu dans la république des lettres par plusieurs ouvrages, & très-particuliérement par la rédaction du dictionnaire du commerce de Savary, qu'il veut présenter sous un jour nouveau. Il y travaille depuis long-temps, & sera, à ce qu'on espere, bientôt en état de le produire. On voit avec plaisir la fortune accueillir ce savant, &
le

le mettre au rang de ces favoris qui prouvent qu'elle n'est pas toujours aveugle. Il vient d'être désigné pour remplacer un nommé *le Grand* dans les fonctions de secretaire-général du commerce.

19 Octobre 1768. Le jeudi 13 octobre les comédiens Italiens ordinaires du roi ont joué la premiere représentation de *la Meûniere de Chantilly*, comédie nouvelle en un acte, mêlée d'ariettes. Cette production, de deux gens de cour, avoit sans doute été donnée pour essai. On a voulu juger si elle mériteroit d'être présentée au roi de Danemarck. On ne sait si elle conviendra à cette majesté, mais le public a semblé ne la pas trouver digne de lui. L'auteur de la musique se nomme, & est connu de tout le monde. C'est M. de la Borde, premier valet-de-chambre du roi, amateur aussi distingué qu'auteur médiocre. Quant aux paroles, on les attribue au sieur le Monnier, secretaire de M. le comte de Maillebois, sous le nom duquel ont déja paru au théatre, *le Cadi Dupé* & *le Maître en Droit*, mais que les gens au fait des anecdotes savent être de son maître. On seroit tenté de laisser ce drame-ci au prête-nom, comme indigne des deux autres. L'esprit & le goût des lettres est héréditaire dans la famille de Maillebois. On a déja parlé de M. le Baron de Châteauneuf, oncle de celui-ci, qui, dans un âge très-avancé, cueille encore des fleurs sur le Parnasse. Son neveu marche sur ses traces; & ne pouvant dans la paix ceindre les lauriers de Mars, se couronne de ceux d'Apollon.

20 Octobre 1768. M. l'abbé de Langeac, cet Alexandre littéraire, dont la vaste ambition voudroit dès l'âge le plus tendre envahir toutes les couronnes académiques, vient de faire imprimer un *Eloge de Corneille*, qui a concouru pour le prix de l'académie de Rouen. Ce discours en prose n'annonce pas encore dans ce jeune candidat un orateur plus grand que le poëte. Il est décousu, sans cohérence dans le plan, sans suite & sans progression dans les idées. Le style en est dur, boursoufflé, plein d'images gigantesques & puériles. Il paroît que l'académie de Rouen a eu plus de pudeur que l'académie Françoise, & n'a pas osé couronner cette médiocre production. Il est fâcheux que les journalistes adulent à l'envi M. de Langeac, & étouffent le peu de talents qu'il pourroit avoir.

21 Octobre 1768. *Homélie du Pasteur Brown, prêchée à Londres le jour de la Pentecôte 1768.* Tel est le titre d'un nouveau sermon de M. de Voltaire, qui, comme tous les sermonneurs du monde, répete ce qui a été dit mille fois, non par les Bourdaloues, les Massillons, &c. mais par les Bayles, les Frerets, les Boulangers, &c. & autres docteurs de l'incrédulité. Celui-ci est spécialement dirigé contre la morale de Jesus-Christ, dont l'auteur infirme les principes. Ce sermon, qui dans sa briéveté résume de très-gros in-folio, n'en sera que plus couru & plus dangereux conséquemment. On ne peut que déplorer le malheureux talent de M. de Voltaire, d'extraire si agréablement les plus ennuyeuses productions, & de rendre délicieux les poisons les plus abominables.

La suite est un fragment prétendu de lettre de mylord Bolingbroke, dans laquelle il fait sentir l'insuffisance de la superstition pour gouverner les états. Ceci n'est qu'une digression rapide sur cette matiere, déja traitée au long dans les lettres d'Eugénie, & dans l'histoire de la superstition encore mieux, c'est-à-dire, plus diaboliquement.

22 *Octobre* 1768. Le roi de Danemarck n'a point voulu se montrer en public qu'il n'ait vu le roi de France, son frere. En conséquence il a été aujourd'hui à la comédie Françoise en petite loge, dans celle de Mde. de Villeroy. Malgré cet incognito, comme on étoit prévenu, le public s'est porté en foule à ce spectacle, & tout y étoit plein de très-bonne heure. Le Sr. le Kain, revenu depuis quelque temps, a joué dans *Warwick*, tragédie de M. de la Harpe, & a déployé devant le jeune monarque toute la noblesse théâtrale dont il est susceptible.

On se flattoit qu'après le spectacle, le roi de Danemarck iroit aux Fêtes Foraines, chez Torré, qui a eu permission de donner aujourd'hui son spectacle extraordinairement. Les mêmes raisons de bienséances ont sans doute retenu ce jeune prince. Heureusement les curieux n'ont pas moins abondé; & cet entrepreneur n'en a pas moins fait une recette complete.

23 *Octobre* 1768. Tandis que les magistrats & les ministres s'occupent à ramener l'abondance, & à trouver les moyens de procurer au peuple une subsistance à meilleur marché, les économistes continuent à spéculer sur cette importante matiere, & à faire des suppositions vagues, qui malheureusement ne nous guérissent de rien. Il paroît une brochure, intitulée: *Réponse d'un magistrat du parlement de Rouen, à la lettre d'un gentilhomme des états de Languedoc, sur le com-*

merce des bleds. L'auteur, avant de permettre l'exportation avec toute la liberté possible, voudroit que toutes les provinces adoptassent la méthode de la mouture économique : suivant lui, on gagneroit par-là le septieme du grain conservé en farine, ce qui donneroit une surabondance de grains bien supérieure à celle qu'on exporteroit.

On attribue cette nouvelle lettre à M. l'abbé Baudeau, qui, comme on l'a observé, sans doute pour mieux éclaircir la matiere, s'écrit & répond tour-à-tour. La secte regrette infiniment un citoyen estimable, qui las d'attendre les graces de la cour de France, prend enfin le parti d'aller en Pologne jouir du gros bénéfice dont on a parlé. Il espere revenir dans un an pour l'hiver, & recommencer ses instructions sur la *Science*. C'est un terme par lequel MM. les économistes expriment l'excellence de leurs recherches dogmatiques.

24 *Octobre* 1768. Quelques confreres de M. l'abbé d'Olivet, touché de sa perte, n'ont pû s'empêcher dans l'excès de leur douleur de répandre une anecdote jusqu'ici conservée dans le sein de l'académie, & qui nous apprend quelle est la cause de sa mort. Dans la séance où il fut décidé que la piece de M. l'abbé de Langeac auroit le prix, cet académicien, qui n'avoit rien à ménager à son âge, s'opposa à une préférence, qui, selon lui, déshonoroit l'académie. Il fit sentir combien le public se recrieroit contre un tel choix ; & s'armant de l'éloquence de l'orateur Romain dont il étoit pénétré, il pérora longuement pour ramener ses confreres à un jugement plus impartial. Ce fut inutilement ;

c'étoit un parti pris ; il n'eut que peu de partisans. MM. d'Alembert & Duclos le traiterent durement, l'appellerent radoteur, & renouvellerent enfin une scene de halle, telle qu'il en avoit déja eu une avec ce dernier confrere, il y a quelques mois ; mais n'ayant pas le sang aussi bouillant, il fut saisi vivement de ces apostrophes injurieuses, il fut frappé à mort dès l'instant, & tomba en apoplexie dès le soir même.

25 Octobre 1768. Comme il n'y a point de spectacle à la cour, à cause du décès de la reine, on doit donner sur un théatre particulier à Fontainebleau pour le roi de Danemarck, l'acte d'*Eglé*, tiré des *Talents lyriques*, & l'acte Turc de *l'Europe galante*. Les trois spectacles y passeront successivement. Toute cette dépense se fait pour les Menus.

26 Octobre 1768. *Le Lion & le Marseillois*, fable en vers, avec un petit avertissement, où l'on prétend que cet opuscule est de M. de Saint-Didier, auteur d'un poëme ignoré, intitulé : *Clovis*. A cette petite ruse & à ce persiflage on reconnoît M. de Voltaire ; mais encore mieux à l'ouvrage même, où ce grand poëte se retrouve tout entier. Rien de plus philosophique & de plus mâle. Dans ce dialogue, l'homme prétend établir sa supériorité sur les bêtes, & il est obligé de reconnoître à chaque réponse son infériorité. L'auteur prouve que le droit du plus fort est le seul droit de la nature, & il embellit son raisonnement de toutes les richesses de la plus brillante poésie. Il est dommage que M. de Voltaire, trop indulgent à son génie caustique, y ait joint quantité de notes peu convenables

à un ouvrage aussi grave, où il s'efforce de faire rire le lecteur par le ridicule qu'il jette à son ordinaire sur quantité de passages de l'écriture sainte.

27 *Octobre* 1768. Les curieux ont tenu un journal exact de la marche & des propos du roi de Danemarck, qui marque beaucoup d'esprit dans ses réponses. Les circonstances les plus essentielles de cet itinéraire, sont celles de son entrevue avec le roi. Après être descendu au château à l'appartement de feue madame la dauphine, & le roi étant prêt à recevoir ce monarque, S. M. Danoise se rendit dans le cabinet du roi. Elle étoit accompagnée des ministres, des seigneurs de sa suite, du duc de Duras, premier gentilhomme de la chambre du roi & du duc de Choiseul, ministre & secretaire d'état, ayant le département des affaires étrangeres. Il y avoit deux fauteuils dans le cabinet du roi. Les premiers compliments faits, le roi pressa son frere de s'asseoir : il s'en défendit & demanda à rester debout. Il renouvella de vive voix sa satisfaction de voir le plus grand potentat de l'Europe. Le roi, de son côté, témoigna qu'il regardoit cette époque comme remarquable dans son regne ; qu'il se ressouvenoit très-bien avoir vu le czar à sa cour, quoiqu'il n'eût alors que sept ans, & que cette réception ne lui seroit pas moins flatteuse. Ensuite S. M. Danoise ayant demandé à aller chez monseigneur le dauphin, s'y rendit vers les huit heures, & alla souper avec le roi. Les deux monarques avoient avec eux vingt-quatre dames de la cour, les plus brillantes & les plus choisies. S. M. Danoise déclara qu'elle n'avoit

jamais vu réunis tant de graces & tant de charmes. Le lendemain M. le duc de Choiseul lui donna à souper, & le surlendemain elle mangea encore avec le roi. Le jeudi, étant repartie pous Paris, M. le duc de Duras fit jouer chez lui devant elle la piece de *Henri IV*. Tous les jours on exécutera aux différents spectacles les drames que demandera cette majesté, & sur l'affiche on mettra : *par ordre*.

Entre les bons mots de ce monarque, on en cite un qui indique la vivacité de ses réponses & sa facilité pour les saillies. Dans son passage par la Hollande, un seigneur de ce pays-là lui présenta une généalogie ; par laquelle il prétendoit lui appartenir : « Mon cousin, lui dit le » roi, je suis ici incognito, faites de même ».

Dans son entrevue avec le roi, S. M. en parlant de la disproportion d'âge qui étoit entre eux, lui dit : « Je serois votre grand-pere. —— C'est ce » qui manque à mon bonheur, » répondit avec effusion S. M. Danoise.

On ne peut omettre encore un mot de Louis XV, qui indique toute la sensibilité de son ame, & combien il aime ses peuples. Le roi de Danemarck, après avoir visité toute la famille royale, dit au roi, qui parloit des pertes qu'il avoit faites, que la famille nombreuse qui lui restoit, étoit un dédommagement bien précieux. « J'en » ai une bien plus nombreuse encore, qui seroit » vraiment ma félicité, si elle étoit heureuse. » Paroles remarquables & bien consolantes pour la nation !

Voilà à peu près ce qu'on a trouvé de plus essentiel dans ce journal, chargé d'un tas de formules répétées & d'une étiquette fastidieuse.

F 4

28 Octobre 1768. Madame du Boccage, connue par les graces de son esprit & de sa figure, auteur de différents ouvrages, ayant adressé le 4 de ce mois des vers à M. de Voltaire, au sujet de la saint François, sa fête, ce grand homme, qui n'est jamais en reste, y a répondu par ceux-ci:

 Qui parle ainsi de saint François !
 Je crois reconnoître la sainte
 Qui de ma retraite, autrefois,
 Visita la petite enceinte.
 Je crus avoir sainte Vénus,
 Sainte Pallas, dans mon village.
 Aisément je les reconnus,
 Car c'étoit sainte du Boccage.
 L'Amour même aujourd'hui se plaint
 Que dans mon cœur étant fêtée,
 Elle ne fut que respectée :
 Ah ! que je suis un pauvre saint !

29 Octobre 1768. M. Gauthier de Mont-d'Orge, trésorier de la chambre aux deniers, vient de mourir des suites d'une apoplexie, dont il avoit été frappé il y a quelques années, & dont il n'avoit jamais bien relevé. C'étoit un financier qui, dans son temps, avoit eu des prétentions au bel esprit. On connoît de lui, entre autres choses, *le Ballet des Talents lyriques*, & *l'Acte de société*, deux ouvrages, dont le premier sur-tout a eu beaucoup de succès à l'opéra, moins sans doute par les paroles

de cet auteur, que par la musique de l'immortel Rameau.

Dans le répit que lui a laissé sa maladie, il avoit épousé une certaine chanoinesse, bâtarde adultérine de M. d'Etioles & de madame de Belvaux, mais qui, par un rafinement de la corruption de nos mœurs, avoit trouvé un pere & une mere adoptifs. Un gentilhomme pauvre avoit eu la bassesse de la reconnoître pour sa fille, & une demoiselle, en s'accouplant à cet homme vil, avoit eu l'infamie de la reconnoître aussi comme procréée avant le mariage. Au reste, la jeune personne ne paroît point avoir hérité de tout ce déshonneur, & s'est montrée digne d'une naissance plus illustre. Quoiqu'elle n'ait goûté aucun agrément dans l'hymen de M. de Mont-d'Orge, absolument hypothéqué, paralysé sur tous ses sens, elle s'est ménagée envers lui avec toute la noblesse, toute la reconnoissance, qu'il avoit plus de droit que de raison d'en attendre. Elle ne l'a point quitté dans toutes ses infirmités, elle ne s'est montrée nulle part, n'a participé à aucun plaisir, &, dans la plus grande jeunesse, s'est conduite avec toute la prudence de la femme la plus raisonnable. Elle est à même de recueillir aujourd'hui les fruits de sa sagesse par plus de cent mille livres de rentes, dont elle se trouve avoir l'usufruit.

30 *Octobre* 1768. Le roi de Danemarck ne perd aucun moment dans ce pays-ci, & visite avec le plus grand soin tous les lieux qui peuvent lui présenter des objets dignes de sa curiosité ou de son instruction; il est allé hier aux Gobelins, il a admiré cette manufacture;

Mais dans les différents ouvrages qu'il a vus, une tenture représentant l'histoire d'Esther & d'Assuerus, d'après les dessins du fameux Vanloo, a sur-tout attiré son attention. Ce monarque a été saisi d'étonnement, & dans son admiration il a demandé pour qui étoit destiné cet ameublement ? *Pour votre majesté*, lui a répondu le duc de Duras.

30 *Octobre* 1768. Les comédiens Italiens ont donné hier la seconde représentation des *Sabots*, opéra comique en un acte, mêlé d'ariettes, du sieur Sedaine. Ce petit drame naïf, & dans le vrai genre de son auteur, a été joué jeudi devant le roi de Danemarck, qui n'a pas goûté extrêmement la musique. Elle est du sieur Duny, & simple comme le sujet. Mais ce monarque, accoutumé à la musique Italienne, ne peut se faire à la nôtre. Notre opéra, par la même raison, a le talent de l'ennuyer, comme tous les étrangers. Les ballets cependant paroissent le frapper davantage, & il sent toute la supériorité de notre chorégraphie.

31 *Octobre* 1768. On continue à s'entretenir du roi de Danemarck, dont on admire les réponses ingénieuses. Chacun s'efforce de mériter quelque chose de flatteur de sa part : on s'évertue aussi, & l'on se répand en saillies pour plaire à ce prince aimable. On cite de nouveaux bons mots de ce monarque, & de ceux qui ont l'honneur de l'approcher. Nous en choisirons quelques-uns seulement. Dans un souper qu'il fit chez le roi, S. M. lui demanda quel âge il donnoit à madame de Flavacourt, qui paroissoit l'enchanter ? Il répondit 30 ans. Elle en a plus de cinquante, dit le

roi. —— Sire, c'est une preuve qu'on ne vieillit point à votre cour.

Le jour qu'on présenta M. l'évêque d'Orléans à S. M. Danoise, on lui parla de la feuille qu'avoit ce prélat : on lui dit que c'étoit lui qui donnoit les évêchés, les archevêchés. M'en donneriez-vous bien un, lui demanda ce prince? —— Sire, c'est moi qui les propose au roi, mais c'est le Saint-Esprit qui les fait.

Le jour où le roi de Danemarck fut à la comédie Françoise, on jouoit pour petite piece *les Fausses Infidélités*. M. le duc de Duras qui veut du bien à M. Barthe, auteur de ce drame, le fit trouver sur le passage de ce monarque & le lui présenta. Le prince lui dit les choses les plus obligeantes & les plus flatteuses. « Le haut rang de votre majesté la dispose à l'indulgence, » répondit ce poëte avec une modestie ingénieuse.

Le roi de Danemarck encourage aussi par ses éloges les artistes, les gens à talents. Le sieur le Kain ayant fait le rôle de *Tancrede* devant ce monarque, il admira la beauté de son jeu, & la force de sa déclamation. Il lui en fit compliment : « Votre majesté est bien bonne, » répondit le comédien.

1 *Novembre* 1768. Extrait d'une lettre de Fontainebleau, du premier novembre. M. l'abbé de la Richardiere, curé de saint Landry, nommé pour prêcher devant le roi cet avent, est venu ici en conséquence la veille de la toussaint. Il s'est trouvé le matin au passage du roi, & S. M. l'ayant apperçu lui a parlé fort obligeamment. M. le grand-aumônier a fait une querelle à ce prédicateur d'avoir paru ainsi devant S. M. sans

qu'il l'eût préfenté. Quoi qu'il en foit, il a prêché avec beaucoup de force, & a fini par une péroraifon au roi pleine d'une éloquence apoftolique, à laquelle les oreilles de ce pays-ci n'ont pas paru être accoutumées. M. le grand-aumônier, plus au fait du manege d'un courtifan que des devoirs de l'homme évangélique, a fort mal accueilli l'orateur quand il eft allé lui demander s'il verroit le roi avant de retourner à Paris? Le prélat lui a dit féchement qu'il partît, & qu'on l'enverroit chercher quand on en auroit befoin; c'eft-à-dire, pour le premier dimanche de l'avent.

2 *Novembre* 1768. Le fieur Coignard, imprimeur-libraire, vient de mourir. Il s'eft illuftré par la fondation d'un prix en faveur des étudiants de l'univerfité. On a trouvé dans fon coffre-fort quarante facs de mille louis chacun, ce qui fait une fomme de 960,000 livres.

3 *Novembre* 1768. Extrait d'une lettre de Fontainebleau, du 2 novembre...... Le roi de Danemarck eft pour la premiere fois au fpectacle de la ville, où l'on a exécuté l'*acte d'Erofine* & *le Devin du Village*, avec la décoration de diamants, qui ne quadroit pas trop au genre de ces deux drames, mais qui a frappé cette majefté par fon éclat éblouiffant.

4 *Novembre* 1768. *Les trois Empereurs en Sorbonne*, efpece de conte en vers que M. de Voltaire met aujourd'hui fous le nom de l'abbé Caille. Il n'approche pas de la fable *du Lion & du Marfeillois*. C'eft une efpece de cadre où il a voulu enchâffer de nouvelles injures contre la Sorbonne, relativement à la cenfure de *Bélifaire*, ou plutôt une nouvelle évacuation de

bile ; car Freron, qui n'étoit pour rien dans cette querelle, s'y est trouvé placé, ainsi que d'autres cuistres littéraires, dont notre auteur prétend avoir à se plaindre; &, non content d'injurier en vers tous ces gens là, il y a encore des notes où il les injurie en prose. Plus on réfléchit sur ce grand homme, & plus on se console de n'avoir point ses talents compensés par tant de foiblesses.

5 *Novembre* 1768. La faculté de médeine a procédé aujourd'hui définitivement à l'élection d'un nouveau doyen, suivant l'usage. Comme elle est divisée par un schisme considérable sur l'inoculation dont on a rendu compte, il y a eu beaucoup d'intrigues dans son sein. Chaque parti a formé des brigues pour faire élire un chef qui lui fût favorable. On a donné réciproquement l'exclusion à tous ceux dont on redoutoit la fermeté & le zele trop ardent pour leur opinion. Il paroît qu'on s'est enfin réuni à nommer un homme mou, d'aucune consistance & absolument nul. C'est le sieur Thieullier, médecin obscur & médiocre, qui sera vraisemblablement de l'avis le plus fort, ou se laissera gouverner par ceux qui, l'obsédant de plus près, prendront sur lui le plus d'ascendant.

6 *Novembre* 1768. Il paroît un *mémoire pour les doyen & docteurs-régents de la faculté de médecine de Paris*, pour servir de réponse aux deux mémoires imprimés de M. Dubourg & consorts, docteurs-régents de la même faculté.

Dans ce mémoire, signé P. Berger, doyen de la faculté, on commence par le récit des faits qu'on prétend avoir été rendus d'une maniere trop peu exacte par M. Dubourg. On expose ensuite les motifs qui ont engagé la faculté à prendre le parti contre lequel les opposants s'élevent avec tant de chaleur; & après en avoir fait voir la sagesse & la nécessité, on cherche à démontrer que la délibération ne contredit nullement les statuts qu'on lui oppose.

Quant à l'exposé des faits, il ne peut que jeter le lecteur dans l'incertitude par sa contrariété avec celui de M. Dubourg. Il est détaillé par gens également intéressés à les pallier, & à les présenter sous le jour le plus favorable à leur cause. Il n'en est pas ainsi des motifs des décrets de la faculté. Quelques susceptibles que soient ces motifs de réticence, d'altération & de déguisement absolu, on s'apperçoit aisément du sens forcé qu'on veut y donner. La maniere dont on prétend prouver que les statuts de la faculté de médecine ne s'opposent point à sa délibération, n'est pas moins vicieuse. Tout ce mémoire est appuyé sur des raisonnements foibles, louches & captieux. On découvre dans son auteur un esprit gauche & entortillé, qui s'embarrasse dans ses propres faux fuyants.

6 *Novembre* 1768. Les filles qu'on appelle du bon ton fonderent de grandes espérances sur la prochaine arrivée du roi de Danemarck : elles se préparoient de longue main à captiver ce jeune monarque ; & l'on ne finiroit point de détailler toutes les ruses qu'elles avoient mises en usage pour paroître à ses yeux les premieres. Les unes ont été au-devant de cette majesté, dans de superbes équipages à quatre & à six chevaux : d'autres sont venues s'installer dans les environs de son palais. Quelques-unes, à force d'argent, avoient obtenu du tapissier

de placer leurs portraits dans les cabinets & boudoirs de son hôtel. Enfin, Mlle. Grandi, de l'opéra, accoutumée à s'enrichir des dépouilles des étrangers, & dont la cupidité dévoreroit un royaume, a eu l'audace d'envoyer sa figure en miniature à ce prince. Il paroît que tous les charmes de ces nymphes ont échoué contre la sagesse de ce moderne Télémaque. Il se conduit avec une décence qui fait un honneur infini à la pureté de ses mœurs & à sa tendresse conjugale.

7 *Novembre* 1768. La foule des curieux se porte aujourd'hui du côté de l'escalier du Palais-royal. Depuis long-temps il étoit fermé aux yeux du public; on doroit la grille, & le duc d'Orléans ne l'a fait découvrir que pour recevoir le roi de Danemarck. On trouve l'ouvrage & la dorure admirables. Les gens qui aiment à critiquer tout, en convenant de la beauté de la rampe & de sa richesse, voudroient que le dessin en fût moins confus & plus délicat. On visite par occasion tout le reste du palais, & l'on ne peut s'empêcher de plaindre ce prince d'avoir dépensé un argent énorme, pour ne produire qu'un monument informe, médiocre, mesquin, sans goût, sans graces & sans majesté. Il y a même des vices de construction qui annoncent de la part de l'architecte l'ignorance la plus crasse. Il est obligé de refaire aujourd'hui les portes latérales de l'entrée, trop basses, trop étroites, & qui ressembloient à des guichets de prison. La premiere cour n'est point assez vaste pour un grand palais. Le corps de milieu ressemble à une citadelle formidable, & les ailes sur la rue sont d'une légéreté qui annonce une

maison de plaisance élégante & agréable. Le péristile écrasé & obscur semble plutôt conduire à quelque monument sépulcral, qu'au magnifique escalier d'un édifice immense. Tout le reste est discordant, & l'on se contente d'indiquer les défauts principaux de ce bâtiment, sans en attaquer toutes les parties, non moins susceptibles de remarques & d'observations, qui ne seroient pas à l'avantage de l'artiste.

8 *Novembre* 1768. On parle beaucoup d'une fête donnée hier par madame la duchesse de Mazarin à Chilly, en l'honneur de S. M. Danoise. Rien de plus élégant & de plus agréable. On y a exécuté *Hylas & Sylvie*, nouvelle pastorale de M. Rochon de Chabannes, qui doit se donner aux François incessamment.

10 *Novembre* 1768. M. le duc de Duras continue avec un zele infatigable à promener S. M. Danoise dans tous les lieux propres à satisfaire sa curiosité & ses connoissances. Ce monarque trouve par-tout des marques de l'attachement de la nation & de sa politesse. A la monnoie on a frappé sous ses yeux, sans qu'il s'en apperçût, une médaille représentant son effigie. A la savonnerie il s'est trouvé un superbe tapis à ses armes. A la manufacture de Seve on lui a présenté un service de porcelaine, dont toutes les pieces étoient chargées de son écusson. On estime ce présent du roi cent mille écus. M. de Marigny a eu l'honneur de recevoir cette majesté à l'académie de peinture. Au cabinet du roi, elle a développé devant M. de Buffon & les autres spectateurs, des connoissances d'histoire naturelle étonnantes pour son rang & pour son âge. Elle a trouvé qu'il manquoit plusieurs choses à diffé-

rentes collections, & s'est chargée de les envoyer au roi.

Mlle. Clairon a joué hier chez madame la duchesse de Villeroy le rôle de *Didon*, devant le roi de Danemarck. Il a été enchanté de cette actrice, qui, avec le Kain, paroissent les deux personnages qui l'aient le plus affecté au théatre. Du reste, on trouve qu'on le fatigue de trop de spectacles, & l'on admire sa complaisance à se prêter à toutes les galanteries qu'on veut lui faire en ce genre. On juge de cette complaisance par des bâillements qui échappent quelquefois à ce monarque, & qui annoncent qu'il ne prend pas toujours tout le plaisir qu'on voudroit lui procurer. On a remarqué, entr'autres excès de cette espece, qu'on lui a fait voir en un seul jour dix-sept actes tant en prose qu'en vers, en déclamation, en chant, en musique, &c. en Italien & en François.

11 *Novembre* 1768. L'académie royale de musique a repris *Sylvie* mardi, qu'elle continue aujourd'hui. S. M. Danoise y a assisté. C'est Mlle. Duranci qui a fait le rôle principal. Sa figure, son organe, & le genre de son jeu la rendent également impropre au personnage d'une jeune nymphe naïve, aimable & pleine de graces naturelles. Il est fâcheux que Mlle. Rosalie, qui fait supérieurement l'amour, n'ait pas pu exécuter le rôle de Sylvie. Cette pastorale, très-médiocre encore, n'étoit nullement digne d'être mise sous les yeux d'un monarque étranger. On doit donner incessamment *Enée & Lavinie*, ancien opéra de Fontenelle, dont la musique, de Colasse, a été refaite par M. Dauvergne. Tous ces ouvrages ne sont pas faits pour réconcilier

un amateur de la musique Italienne avec la nôtre. Si quelque opéra pouvoit faire ce miracle, c'étoit *Castor & Pollux*, le spectacle le plus propre à donner à S. M. Danoise une idée de nos merveilles lyriques, & de la perfection de notre exécution.

11 Novembre 1768. On a vu, il y a quelques années au sallon, le portrait du roi en pied, en tapisserie des Gobelins. Tout le monde admira la vérité de cet ouvrage & son exécution. Le roi de Danémarck n'en a pas moins été flatté, & a paru desirer être rendu de la même maniere. En conséquence Michel Vanloo a peint ce monarque pour servir de modele aux artistes.

12 Novembre 1768. Les comédiens François avoient affiché pour cette semaine *Hylas & Sylvie*, pastorale, jouée à Chilly, chez madame la duchesse de Mazarin, & qui y avoit eu du succès. Ce drame a été arrêté à la police, à cause de quantité de gravelures très-agréables dans un petit comité, mais que la décence ne permet pas de laisser glisser sur un théatre. Comme il y en a beaucoup qui tiennent aux gestes, aux attitudes, à l'ensemble de la scene, M. de Sartines a exigé qu'il y eût une répétition sous ses yeux, & il jugera lui-même ce qu'il peut y avoir de répréhensible.

12 Novembre. Assemblée publique de l'académie royale des sciences à la rentrée d'après la Saint-Martin.

M. de Fouchy, secrétaire de l'académie, a prononcé à l'ouverture de la séance *l'éloge de M. Baron*, de la même académie, médecin-chymiste. Cet orateur, qui a le talent rare d'embellir les sujets les plus nus, & de féconder les plus arides, a trouvé dans la vie obscure & uniforme de son héros, matiere à un ouvrage de près de demi-heure de lecture, espece de mesure qu'il donne à toutes ses productions funéraires. Il y a répandu de ces petites fleurs mises à la mode par M. de Fontenelle, & si déplacées dans un discours académique, qui ne sauroit être écrit avec trop de précision & d'austérité. Le public rassasié de trop d'esprit n'a pas paru sentir tout celui du secretaire, & il n'a pas été applaudi aux endroits saillants, comme il avoit lieu de se le promettre.

Cet éloge a été suivi d'un mémoire d'astronomie de M. Dyonis du Séjour, conseiller au parlement & associé libre de l'académie. Ce jeune & savant astronome a pris pour matiere de son ouvrage *le passage futur de Vénus sur le Soleil, le 3 juin 1769*. Celui-ci n'est qu'un résultat de ses calculs. Il établit dans quels lieux du monde on pourra observer ce phénomene, de quelle maniere & le plus ou moins d'avantage qu'y auroient les différents observateurs. Il assigne l'heure, la minute & la seconde du commencement, du milieu & de la fin de cette conjonction dans les endroits du globe, d'où l'on pourroit voir le plus heureusement un événement du ciel si intéressant pour l'astronomie, & que la génération présente ne peut pas se flatter de revoir. Il prouve qu'on n'a pas fait à cet égard tout ce qu'on pourroit faire, & que le défaut de ces précautions nous privera vraisemblablement d'une partie du fruit des laborieux voyages entrepris à cette occasion. Il est fâcheux que cet astronome indique lui-même trop tard ses découvertes, & lorsque le gouvernement ne peut plus prendre les mesures nécessaires à cet égard.

M. du Séjour avoit par occasion enchâssé dans son discours un éloge au roi de Danemarck, auquel toute l'académie a joint ses suffrages. Il eût été bien flatteur pour elle qu'il fût venu les recevoir. On ne doute pas qu'il n'assiste à quelque assemblée particuliere, & qu'il n'y prenne la place qu'y occupa jadis Pierre le Grand.

M. de Fouchy s'étant reposé dans cet intervalle, a repris la parole, & a prononcé l'éloge de M. Camus, cet homme utile, dont la vie active paroissoit devoir fournir plus de matiere & d'anecdotes à l'orateur. Mais il a suivi sa marche ordinaire, & le seul trait rare que le public ait remarqué dans cette vie, c'est un savant & un géometre victime de sa sensibilité, & mourant de douleur de la perte de sa fille.

M. de Lassone, ci-devant premier médecin de la reine & pensionnaire vétérant de l'académie, a fait voir qu'il employoit utilement le malheureux loisir que lui laissoit la perte que la France pleure encore. Il a lu un mémoire sur *l'union du sel concret de tartre avec l'antimoine*. C'est un résultat de procédés chymiques, par lequel il établit l'utilité de la découverte de ce diaphorétique, dont le spectateur aimera sans doute à sentir les effets au besoin, mais dont l'énoncé, la description & les détails n'ont pas semblé l'amuser beaucoup.

Enfin M. l'abbé Bossut a terminé la séance par une espece de préface ou d'introduction à un grand ouvrage, qu'il se propose de donner sur *l'hydrau-dinamique*. L'auteur récapitule les différents chapitres de son livre, divisé en deux parties, sur l'*hydrostatique* & l'*hydraulique*. Il énonce les matieres à traiter, & la forme dont il procédera.

Ce mémoire de méchanique n'étoit guere plus agréable que ceux de chymie & d'astronomie. On a dit quelque part que l'académie des sciences étoit un résultat de nations, parlant toutes différentes langues, & ne s'entendant quelquefois pas les unes les autres. Comment le public, qui n'est point initié aux hautes spéculations de cette société savante, pourroit-il goûter tant d'ouvrages inintelligibles pour lui ? Il faudroit que dans ces séances ouvertes à tout le monde, on ne lût que des mémoires dont la pratique pourroit être à la portée de chacun, si la théorie étoit au-dessus des hommes ordinaires. Il y a quelquefois de ces assemblées également amusantes & utiles, au rang desquelles celle-ci ne sera pas mise.

13 *Novembre* 1768. Dans la fête que madame la duchesse de Mazarin a donné au roi de Danemarck, une femme de la compagnie lui chanta pendant le souper le couplet suivant :

    Un roi qu'on aime & qu'on révere
    N'est étranger dans nul climats :
    Il a beau parcourir la terre,
    Il est toujours dans ses états.

13 *Novembre.* On voit ici une lettre de Paoli, digne des anciens Romains. Il s'y explique en termes les plus nobles, les plus patriotiques & les plus forts sur l'invasion de la France, qu'il regarde comme une entrprise contraire aux droits

des gens & à tous les principes de l'humanité. Il invoque la foudre vengereſſe, & déploie cette éloquence dont eſt toujours armé un grand homme, quand il parle d'après ſon cœur.

14 *Novembre* 1768. Il eſt parvenu enfin ici quelques exemplaires du *royaume mis en interdit*, tragédie qui n'étoit encore connue en France que par la brûlure dont elle avoit été illuſtrée à Rome.

L'auteur, qu'on dit être un jeune Genevois de la plus grande eſpérance, a pris pour ſujet un trait de notre hiſtoire en 863. Lothaire, roi de Lorraine, un deſcendant de Charlemagne, répudie ſa femme pour épouſer *Walrade*, ſa concubine. Le pape Nicolas I, pour faire ſa cour aux deux oncles de ce prince, qui ne cherchoient qu'à envahir ſes états, excommunie Lothaire, en cas qu'il ne renonce pas à Walrade. Après la mort de Nicolas, Adrien II ſe laiſſe fléchir aux prieres de Lothaire, qui vient à Rome lui demander ſon abſolution.

On ſent qu'il a fallu changer abſolument le caractere de ce roi, & lui donner la fermeté qu'ont déployé depuis les princes plus inſtruits de leurs droits, & moins accablés ſous le joug de la ſuperſtition. Dans cet ouvrage, très-propre à détromper le vulgaire ſtupide, les excès de la cour de Rome ſont repréſentés avec un pinceau mâle & énergique, & la poéſie ſert ici d'organe à la raiſon. Les arguments les plus victorieux y ſont ornés de toutes les richeſſes d'une imagination brillante, & n'en doivent que faire un effet plus ſûr & plus général.

Quant à la partie dramatique, quoiqu'il y ait beaucoup de défauts dans cette tragédie, on ne peut refuser à l'auteur un grand talent. Le caractere de Walrade annonce combien il a l'ame tendre & sensible. C'est sans contredit le plus beau de la piece : il produit le plus grand intérêt. Arsene, légat du pape, réunit en lui la fougue de Boniface VIII avec l'austérité d'Innocent XI. Il étale toutes les maximes qui font encore le code de la politique ultramontaine. Elles sont réfutées par toutes celles qu'on leur oppose victorieusement, & que l'auteur met dans la bouche du roi, dans celle d'un Raymond, duc d'Aquitaine, personnage épisodique, mais utile à l'intrigue, & tendant au développement; sans celles de tous les autres personnages, dont l'humanité réclame plus ou moins contre ces abominables principes, & qu'ils détestent en les observant, frappés de cette erreur irrésistible que la superstition imprime par-tout autour d'elle. C'est sur-tout dans le 4me. acte, lorsque le légat fulmine l'interdit, que le spectateur éprouve quelle impression dangereuse peut faire sur les esprits le fanatisme, revêtu de tout l'appareil de la religion. Cet acte, tout-à-fait neuf au théatre, produit à coup sûr le plus grand effet à la représentation. Il est dommage que le 5me. acte n'y réponde pas, & sur-tout que le dénouement soit absolument nul & vicieux. Au reste, ce drame, qui ne sera jamais vraisemblablement joué dans des états catholiques, aura toujours le droit d'intéresser les cœurs sensibles, & de plaire aux philosophes, réunion de suffrages bien difficile à obtenir.

Le style n'est pas aussi châtié qu'il pourroit l'être. Il y a des vers durs, incorrects, mais presque tous pleins de pensées ou de sentiments.

D'ailleurs, point de tirades hors d'œuvre : elles partent toutes des affections ou de la façon de penser & d'être des personnages.

Les prêtres regardent cette nouvelle production comme une des plus scandaleuses qui aient paru depuis long-temps, c'est-à-dire, comme faisant le plus d'honneur à la raison humaine.

14 *Novembre* 1768. Les *Harmoniphiles* regrettent deux pertes successives d'hommes à talents. L'une est celle de l'abbé *Maline*, chantre de la Sainte-Chapelle, & basse-taille pleine, sonore & profonde, qui a long-temps fait l'ornement du concert spirituel & de toutes les musiques d'église. Il ne chantoit guere que du latin. Il a fait un testament original, dont on cite une clause qui annonce sa gaieté dans ses moments lugubres. Il avoit une cave abondamment fournie de toutes sortes de vins. Il legue cette meilleure partie de sa succession aux chantres, ses confreres, persuadé qu'elle ne pourroit tomber en de meilleures mains.

Le sieur *Blavet* ne fait pas moins l'obet des regrets des amateurs. C'étoit une flûte excellente. Il y tant de gens aujourd'hui supérieurs en ce genre, qu'il ne laisse aucun vuide : mail il a eu le mérite rare d'avoir porté le premier cet instrument à un degré de perfection étonnant, & d'être le pere de toutes les flûtes que nous admirons.

On ne peut se refuser à citer une anecdote, le plus grand éloge qu'on puisse faire de son talent. Il avoit montré à jouer de la flûte à un grand prince, mais très-médiocre en cet art, au point que toutes les fois qu'il jouoit, un chien qu'il aimoit, aboyoit & faisoit des hurlements effroyables

bles. A peine Blavet embouchoit-il son instrument, l'animal se calmoit, entroit insensiblement dans une agitation voluptueuse, & venoit lécher les pieds du nouvel Orphée.

15 *Novembre* 1768. Les comédiens Italiens ordinaires du roi avoient annoncé hier sur leur affiche la présence du roi de Danemarck, par le mot de convention : *Par ordre*. Ce qui leur avoit attiré une foule étonnante. Cette majesté n'a pu satisfaire à ses engagements. On a appris avec douleur qu'elle étoit incommodée d'une indigestion. Le peuple, dont il est l'adoration, s'est porté en foule vers son hôtel pour en avoir des nouvelles. On ne sauroit rendre combien il est aimé. Tous les indigents de ce canton retrouvent en lui un second pere. Il distribue un argent étonnant, & son cœur tendre est vivement affecté de la misere dont on ne peut lui cacher beaucoup de détails. Ce roi paroîtroit souhaiter qu'on tournât en secours abondants pour les malheureux tant de fêtes qu'on prépare de toutes parts à si grands frais. Ce seroit sans doute la plus belle qu'on pût lui donner, & la plus digne des princes augustes, auxquels ceux qui les approchent devroient suggérer cette maniere d'être vraiment grands.

15 *Novembre* 1768. Un nommé *Fierville*, comédien, directeur de troupe, & venu de Berlin en ce pays-ci depuis quelque temps, a été arrêté & envoyé à Châlons-sur-Marne en prison. On ne sent pas trop les raisons de cette punition. Il est des gens qui prétendent que c'est pour s'être refusé aux sollicitations des gentilshommes de la chambre, qui vouloient le faire débuter aux François. Le sieur Fierville est un

homme d'un très-grand talent & de beaucoup supérieur au sieur le Kain, pour la figure, l'organe & les autres parties de l'extérieur du comédien. Il a montré beaucoup d'esprit & de grandes connoissances sur l'art dramatique.

15 Novembre 1768. *Assemblée publique de l'académie royale des inscriptions & belles-lettres.* L'académie royale des inscriptions & belles-lettres a fait aujourd'hui sa rentrée publique d'après la saint Martin. Le sieur le Beau, secrétaire perpétuel, a ouvert la séance, en annonçant que le prix proposé pour la saint Martin de cette année rouloit sur cette question, *Quels furent les noms & les attributs de Jupiter chez les différents peuples de la Grece & de l'Italie? Quelles peuvent être l'origine & les raisons de ces attributs?* Mais que les mémoires qui ont concouru n'ayant pas exactement répondu aux vues de l'académie, elle a jugé à propos de remettre le prix à la saint Martin de 1770. Ce même secrétaire a ajouté que l'académie proposoit pour sujet du prix qui doit être distribué dans l'assemblée de pâque 1770, *l'Examen critique des anciens auteurs de l'Histoire d'Alexandre le Grand.*

Le sieur le Beau a lu ensuite *l'Eloge du président de Noinville*, académicien libre, mort cette année. L'orateur a été obligé de mettre beaucoup de remplissage dans cet éloge très-court. Cet amateur ne fournissoit matiere d'aucun côté, & sa vie ne contient que des dates stériles.

Le sieur Dupuy a fait la lecture du premier mémoire. Il est de l'abbé *Ameilhon*, & roule *sur les plongeurs.* Celui-ci est la suite d'un autre du même, lu dans la derniere féance publique, *sur les nageurs*. Il a le mérite supérieur de joindre autant d'érudition à plus de briéveté. Il contient des détails pour le moins aussi curieux, & des vues nouvelles. L'auteur prétend que les Tritons, les Néréides & autres divinités de la fable, n'étoient que des plongeurs exercés à cet art dès leur plus tendre enfance, & qui l'avoient perfectionné au point de vivre sous les eaux.

Ce système hardi fait autant d'honneur à la fécondité de son imagination, qu'à la sagacité de son esprit & à la profondeur de ses recherches.

Le second mémoire de l'abbé *Bellot*, contient une explication d'une amétyste du cabinet de M. le duc d'Orléans. Cette pierre, d'un grand prix, représente une tête ceinte d'un diadême, surmontée de cornes de bélier. D'un côté une plante étrangere, de l'autre une inscription grecque. Après la description de cette antique, l'auteur en développe les parties: il prouve que cette tête est celle de Mégas, roi de Cyrene. Il trace la vie de ce prince, & rapporte tous les traits qui peuvent venir à l'appui de son sentiment. Cet ouvrage, très-méthodique, est écrit avec beaucoup de clarté & de précision. Il annonce dans son auteur un excellent académicien, c'est-à-dire, un homme plein d'érudition, & très-versé dans la connoissance de l'antiquité.

Le Sr. *Rochefort* a terminé la séance par la lecture d'un mémoire *sur les mœurs des temps héroïques de la Grece*.

L'auteur comprend ces temps héroïques dans l'espace qui s'est écoulé entre le regne de Thésée

& le siege de Troye. Il insinue que c'est-là le véritable âge d'or, tant vanté par les poëtes. Il s'enthousiasme sur ces siecles heureux, & prétend que leurs dogmes, leur morale & leurs usages étoient dans un degré de perfection qui n'a fait que dégénérer depuis. Il avance à cet égard des assertions si étranges & si nouvelles, qu'on doit plutôt les regarder comme des éclairs d'une imagination exaltée par la lecture d'Homere & des poëtes, que comme le résultat des recherches longues, savantes & réfléchies d'un observateur de sang-froid. En général, toutes ces questions, propres à aiguiser l'esprit, sont susceptibles d'être vues sous tant de faces, qu'elles ne peuvent jamais poser que sur des bases mobiles, comme leurs auteurs, & non sur les fondements immuables de la vérité. Ces dissertations sont comme des mémoires du palais, où chaque avocat passe sous silence ou écarte adroitement tout ce qui pourroit nuire à sa cause, & pese fortement sur les faits & les moyens qui peuvent la favoriser.

Le Sr. *Rochefort* paroît donc avoir moins en vue de se faire croire, que de soutenir ingénieusement un paradoxe digne de toute sa sagacité & de toute l'effervescence d'un enthousiaste. Du reste, ce mémoire, peu fort de preuves & d'érudition, est très-bien écrit; il contient des rapprochements adroits, & le parallele des imposteurs antiques avec les convulsionnaires modernes, y a jeté une sorte d'intérêt propre à concilier l'attention des auditeurs. Mais l'heure ayant sonné, on a coupé la parole à l'académicien.

Le Sr. le Beau devoit lire aussi un *Mémoire*

sur les armes défensives des Romains, qui n'a point eu lieu. A en juger par le titre, ce n'auroit pas été le mémoire le moins académique; & à en juger par la réputation de l'auteur, ce n'auroit pas été le plus mauvais.

17 *Novembre* 1768. Le roi parlant du roi de Danemarck à Mde. la comtesse de Chabannes, cette dame demanda à S. M. si ce monarque étoit bien riche ? Le roi lui répondit que les finances de ce royaume avoient été dérangées, mais que ce prince avoit un ministre qui avoit bien réglé ses affaires, & les avoit mises sur un bon pied..... *Ah ! Sire, vous deviez bien débaucher ce ministre-là*, repartit cette dame.

18 *Novembre* 1768. On continue à recueillir les différents mots du roi de Danemarck, qui soutiennent la bonne opinion qu'on avoit conçue de la délicatesse de son goût & de la finesse de son esprit. On ne finiroit pas de les rapporter tous. On choisira le suivant, comme le plus adroit & le plus honnête. Ce monarque revenoit de Fontainebleau; en passant à Essonne, une foule de peuple l'entoure, & se met à crier vive le roi ! Ce prince se met à la portiere, & d'un air affable il s'écrie : *Mes enfants, il se porte bien. Je viens de le voir.*

22 *Novembre* 1768. On a oublié de parler de M. l'abbé Mangenot, mort le mois dernier. Ce poëte aimable mérite bien qu'on jette quelques fleurs sur son tombeau. Dès l'âge de 18 ans, il avoit concouru, sans le savoir, pour le prix de l'académie des jeux floraux, & le remporta. Son oncle, Palaprat, avoit envoyé sa piece, & ne lui fit part de sa démarche qu'en lui annonçant

le succès. Il fut peu sensible à ce triomphe : il préféroit le plaisir de jouir à la gloire de vivre chez la postérité. Il faisoit des vers, plus par besoin que par desir de la célébrité. Aussi ne connoît-on guere d'imprimé de lui que la fameuse églogue couronnée dont on vient de parler. Ses ouvrages sont dans les porte-feuilles de ses amis. Ce sont des petits riens, des épigrammes, des madrigaux, des chansons, dont certains auteurs à prétention se seroient élevé un grand trophée, mais que celui-ci oublioit dès qu'il les avoit faits. Il étoit attaqué depuis 18 ans d'une paralysie, qui sembloit ne lui avoir laissé de libre que l'esprit. Il avoit conservé dans cet état son aménité, sa gaieté & sa philosophie. Il étoit prêtre & chanoine du Temple. Il est mort doucement, comme il avoit vécu, âgé de 69 ans. Il est à souhaiter qu'un homme de goût ramasse ses productions légeres, & les réduise en recueil. Tout ce qu'il a fait est marqué au coin de la naïveté & des graces. Il étoit idolâtre des femmes, & sembloit ne travailler que pour plaire à cette partie du genre humain.

23 *Novembre* 1768. Dans le temps que la cour & la ville, en gaieté, ne sont occupées que de fêtes & de plaisirs, par une singularité assez bizarre, l'académie Françoise a fait célébrer hier dans la chapelle du Louvre, un service pour le repos de l'ame de la reine, & monsieur l'abbé Boisemont, l'un des quarante, a prononcé l'oraison funebre de cette majesté. Les esprits des auditeurs, peu recueillis, n'ont pas été aussi frappés des images lugubres de l'orateur qu'ils auroient pu l'être dans d'autres cir-

constances, & cette oraison funebre a été regardée comme de beaucoup inférieure à celle de M. le dauphin, prononcée au même lieu par le même académicien. L'éloquence fardée de cet abbé n'est pas propre aux grands mouvements nécessaires dans de semblables discours. Il ne donne que des émotions, au lieu des secousses terribles & multipliées dont il faut remuer vivement l'ame des spectateurs.

24 *Novembre* 1768. Depuis plusieurs jours il étoit décidé que le roi de Danemarck iroit au palais aujourd'hui. En conséquence on a feuilleté les regiftres, & l'on eft convenu de fuivre le cérémonial usité à l'égard du czar Pierre I, lorsqu'il y vint.

Ce roi est descendu à 9 heures du matin à l'hôtel du premier président : messieurs le marquis d'Aligre & l'abbé d'Aligre sont venus le recevoir au bas de son carrosse. Il a été conduit de la même maniere à la lanterne qui lui étoit destinée. Sa suite a été mise dans une autre. Celle du roi étranger étoit découverte. Il étoit dans un fauteuil; un tapis sur le devant de la lanterne annonçoit cette majesté. Le Sr. Gerbier, avocat, a présenté, suivant l'usage, les lettres du chancelier nouveau. Il a fait à cette occasion un discours, où il a accumulé les éloges du roi, du chancelier Lamoignon, du vice-chancelier, du chancelier actuel, de M. d'Aligre, premier président; de M. de Vaudeuil, conseiller du parlement de Paris, nommé premier président de celui de Toulouse; & enfin du roi de Danemarck. Le fond de ce discours ne pouvoit être qu'une répétition de lieux communs, de fadeurs & de contre-vérités. On a admiré l'art avec lequel l'orateur a rajeuni ce vieux protocole de mensonges insipides, & sur-tout les transitions heureuses par lesquelles il a passé six fois d'un compliment à l'autre, prodiguant à chacun de ces héros l'encens convenable. Ensuite M. Seguier, l'avocat-général, a requis l'enrégistrement desdites lettres, & a pris occasion de-là, pour rendre aussi hommage de son éloquence au monarque présent. Ce discours n'a pas eu le même succès que celui du Sr. Gerbier, & l'avocat a paru l'emporter de beaucoup sur l'académicien.

Les lettres lues & enrégistrées, on a appellé une cause. Le Sr. Legouvée, avocat, a pris la parole. Cette cause majeure roule sur la cassation demandée par l'ambassadeur de Naples d'un testament de son frere, fait en faveur d'un enfant d'une Dlle. Delair, sa concubine. Cet orateur ne pouvant se défaire de la mauvaise habitude qu'ont les avocats d'injurier leurs parties adverses, avoit déja ébauché d'une façon peu flatteuse le portrait de l'ambassadeur, lorsque le premier président sentant l'indécence de ce spectacle, a fermé la bouche au Sr. Legouvée, en faisant lever l'audience. En sorte que ce dernier a remis dans son porte-feuille le compliment dont il se disposoit aussi à régaler S. M. Danoise.

Ensuite on a conduit le roi étranger à la buvette, où le premier président lui a présenté tous messieurs. Ce prince a demandé le sieur Gerbier, il l'a remercié de son discours en ce qui le concernoit, & lui a déclaré qu'il n'avoit point encore entendu d'aussi grand orateur. Aprés quoi il est retourné chez le premier président, comme pour lui faire une visite. Il y est resté environ un quart d'heure. Et le premier président l'ayant reconduit jusqu'à son carrosse il est parti.

24 *Novembre* 1768. Ce même matin, le roi de Danemarck est allé en sorbonne, où il a été reçu par M. l'archevêque de Paris, comme proviseur de la maison, & par monsieur le duc de Richelieu, comme héritier du fondateur. On a régalé ce prince d'une these, soutenue quelques minutes en sa présence, ornée de ses armes & qui lui étoit dédiée. Il est allé voir dans l'église le tombeau du cardinal de Richelieu, un des beaux monuments de sculpture connus. Il est monté dans la bibliotheque, où on lui a présenté le premier livre imprimé en France, en 1570, intitulé : *Speculum humanæ salvationis*. On lui a fait passer en revue les autres curiosités de la bibliotheque, entr'autres une bible Russe, envoyée par le czar. Ce monarque a demandé à cette occasion s'il y en avoit une en Danois ? & d'après la réponse négative, il a promis d'en envoyer une. Il a été obligé de recevoir, avant de partir, différentes pieces de vers latins d'écoliers du college Duplessis, que le principal a introduits à sa rencontre. Ce prince, fatigué d'éloges, de compliments & d'encens, ne les a pas lu, mais a demandé pour eux des congés. Puis on l'a reconduit, & il est retourné à son hôtel, se reposer & se disposer à la fête du soir.

25 *Novembre* 1768. M. de Voltaire s'amuse de tout : il ne dédaigne aucun genre ; il embouche avec une égale facilité la trompette &

le flageolet. Il court aujourd'hui une énigme sous son nom. Les sociétés de la cour & de la ville s'en occupent. On la propose à deviner successivement à tous les nouveaux venus. La voici :

ENIGME.

A la ville ainsi qu'en province,
Je suis sur un bon pied, mais sur un corps fort mince,
Robuste cependant, & même fait au tour.
Mobile, sans changer de place,
Je sers, en faisant volte-face,
Et la robe & l'épée, & la ville & la cour.
Mon nom devient plus commun chaque jour ;
Chaque jour il se multiplie
En sorbonne, à l'académie,
Dans le conseil des rois & dans le parlement.
Par-tout ce qui s'y fait, on le voit clairement.
Embarrassé de tant de rôles,
Ami lecteur, tu me cherches bien loin,
Quand tu pourrois peut-être avec un peu de soin
Me rencontrer sur tes épaules.

Le mot de cette énigme est *la tête à perruque*.

26 *Novembre* 1768. S. M. Danoise, non contente de voir les merveilles muettes de ce pays-ci, a voulu s'entretenir aussi avec les gens de lettres les plus renommés; ce qui a occasioné beaucoup de rumeurs & d'intrigues dans tout ce monde-là. Enfin son ministre en a invité à dîner environ vingt, qu'il a présentés ensuite à son maître. De ce nombre étoient

MM. *de Mairan*, *d'Alembert*, *Saurin*, *Marmontel*, *la Condamine*, *Diderot*, *l'abbé de Condillac*, *Helvétius*, &c. Ce prince les a tous accueillis avec bonté; il leur a dit à chacun des choses flatteuses, & leur a adressé des éloges directs relatifs à leurs ouvrages; preuve qu'il les a lus, & qu'il sait les apprécier.

On ne sauroit croire combien de mécontents a fait le choix du ministre. Il n'est point de grimaud du parnasse qui ne se soit imaginé digne de cette faveur, & qui ne regarde comme une injustice atroce d'avoir été excepté.

27 *Novembre* 1768. Les oisifs s'amusent à ressasser de temps en temps Nostradamus, dont les prophéties obscures sont inépuisables sur les événements, & signifient tout ce qu'on veut leur faire dire. En voici qu'on attribue à l'expédition de Corse. Elles sont tirées des Centuries III, V, XXIII & XXIV.

Si France passe outre mer ligustique
Tu te verras en isle & mer enclos.
Mahomet contraire, plus mer adriatique;
Chevaux & ânes tu rongeras les os.

De l'entreprise grande confusion,
Perte de gens, trésor innumérable;
Tu n'y dois faire encore tension,
France, à mon dire fais que sois recordable.

28 *Novembre* 1768. M. l'abbé de Condillac, ci-devant précepteur de l'infant duc de Parme, a été élu aujourd'hui par l'académie Françoise pour remplacer M. l'abbé d'Olivet.

29 *Novembre* 1768. M. l'abbé de Lattaignant,

chanoine de Rheims, jufqu'ici ne s'étoit exercé que dans les poéfies légeres & dans les chanfons agréables. Il eft peu de foupers où il ne foit pour quelque chofe, & où les convives ne fourniffent leur contingent fouvent au dépens de fon efprit. Ce poëte aimable vient de s'élever à un genre plus diftingué, & quoique dans un âge déja avancé, il a enrichi le théatre de Nicolet d'une piece nouvelle, intitulée : *La Bourbonnoife*. Ce titre fi connu par le vaudeville fatirique qui a couru toute la France, a fait la fortune de l'ouvrage, & le public fe porte en foule à cette parade burlefque, dont la petite intrigue, affez bien menée, eft foutenue de beaucoup de faillies poliffonnes, très à la mode aujourd'hui. Les courtifannes, qui donnent le ton à ce théatre, trouvent le chanoine de Rheims délicieux.

30 *Novembre* 1768. *La Bourbonnoife* eft une chanfon répandue dans toute la France. Sous les paroles plates & triviales de ce vaudeville, les gens à anecdotes y découvrent une allégorie relative à une créature, qui du rang le plus bas & du fein de la débauche la plus crapuleufe, eft parvenue à être célebre & à jouer un rôle. On ne fauroit mieux rendre l'aviliffement dans lequel eft tombé M. de Laverdy depuis fa chûte, que l'affociation que le public femble en faire avec cette femme perdue, en le chanfonnant avec elle. Voici le couplet :

>Le roi, dimanche,
>Dit à Laverdy,
>Dit à Laverdy :
>Le roi, dimanche,
>Dit à Laverdy,
>Va-t-en lundi !

1 *Décembre* 1768. M. le chancelier a voulu jouir aujourd'hui de son droit de présider le parlement. En conséquence il s'y est rendu ce matin sur les dix heures, & a siégé à la grand'chambre, avec tout l'appareil usité en pareil cas. Il étoit accompagné de quatre conseillers d'état & de quatre maîtres des requêtes. Il s'est mis à la place du premier président, c'est-à-dire, dans l'angle. Le premier président s'est reculé à sa gauche, à la tête du grand banc, où étoient, comme d'ordinaire, les présidents à mortier. Sur le même rang, mais un peu plus bas, étoient les conseillers clercs. A la droite étoient les quatre conseillers d'état ; ensuite les conseillers d'honneur, les maîtres des requêtes, puis le doyen des conseillers laïcs & tous lesdits conseillers. Le chancelier a fait un discours très-applaudi, où il a témoigné son attachement pour la compagnie, avec toutes les graces enchanteresses dont il accompagne ce qu'il dit. Le premier président lui a répondu, & M. le premier avocat-général Seguier a pris occasion de la présentation d'un avocat pour encenser à son tour le chef de la magistrature.

Le sieur Legouvée, cet avocat qui avoit essuyé la mortification dont on a parlé, le jour que le roi de Danemarck vint au parlement, & qui, en conséquence, avoit eu le dessein de ne plus paroître au barreau, n'a pu se refuser aux instances de M. le chancelier, qui avoit exigé de lui qu'il plaidât. Il a repris sa cause : il y a mis plus d'honnêteté, & a plaidé avec autant d'éloquence que de discrétion. Il n'a point été en reste avec les autres orateurs qui avoient parlé avant lui, & a également adressé au chef de la justice un compliment convenable dans les circonstances. Il a été dédommagé, par les suffrages qu'il a obtenus aujourd'hui, des huées de l'autre jour.

2 *Décembre* 1768. Les comédiens François donnent aujourd'hui, vendredi, *Sémiramis*, au profit du sieur le Kain. Cet auteur, malade pendant long-temps, a été obligé de faire un voyage aux eaux, qui lui a occasioné beaucoup de dépenses. D'ailleurs, suivant l'usage de tous ces gens-là, ses affaires sont fort dérangées. Ses camarades, qui se piquent de mettre en action les grands sentiments qu'ils débitent sur la scene, ont eu plusieurs fois des procédés généreux entr'eux. Il est vrai que les gentilshommes de la chambre ne contribuent pas peu à les y porter. Quoi qu'il en soit, le public disposé à seconder les bonnes intentions de la troupe, se porte en foule à ce spectacle : tout est loué; on paie les places le double, le triple, le quadruple, &c. & c'est à qui enchérira de magnificence en faveur d'un comédien, précieux par la disette de sujets. Ils ont eu l'honnêteté de ne point tiercer.

3 *Décembre. Extrait d'une lettre de Ferney, le 25 novembre* 1768......... M. de Voltaire se porte toujours à merveille pour son âge. Il ne voit plus personne, & semble redoubler d'assiduité au travail. Son *Siecle de Louis XV* est imprimé. Il est en deux volumes, de la même étendue à peu près que celui de Louis XIV, & dans le même goût. Il le conduit jusqu'en 1766. Je ne vois rien de bien hardi dans cet ouvrage, & qui doive l'empêcher de pénétrer chez vous. Ce qui m'y a paru *le*

plus singulier, c'est la chaleur avec laquelle l'auteur justifie M. de Lally.

Vous êtes curieux de savoir s'il donnera en 1769 le spectacle édifiant qu'il a donné en 1768; on ne peut rien promettre d'un homme aussi inconséquent & aussi variable. Sa dévotion paroît fort rallentie, & il prétexte souvent quelque incommodité pour ne point aller à la messe. Au reste, cette farce a si mal pris la premiere fois, qu'il pourroit se dispenser de récidiver.

5 Décembre 1768. Il paroît qu'entre les divers spectacles donnés à Chantilly, la comédie du *Bourgeois Gentilhomme*, avec tous ses agrémens & divertissements, est ce qui a fait le plus de plaisir au roi de Danemarck, dont on ne sauroit mieux apprécier le goût & la philosophie qu'en vantant le cas extrême qu'il fait de Moliere. Tout le reste d'ailleurs a répondu aux vues du prince de Condé, & la partie dramatique est ce qui a été le mieux exécuté. Aussi ce prince a-t-il récompensé tous les acteurs principaux de l'opéra & des deux comédies qui ont concouru aux divertissements qu'il a voulu donner à cette majesté. Ils ont reçu des présents magnifiques, & ont été traités avec la plus grande générosité.

5 Décembre 1768. M. de St. Valery, ancien receveur-général des finances, vient de mourir dans un âge fort avancé Il avoit 90 ans. C'étoit un homme qui s'étoit fait une réputation par son goût extrême pour l'élégance & pour la parure. Il l'a conservé jusqu'à son dernier moment. Cette singularité lui avoit valu la qualité glorieuse de *Doyen des Petits-Maîtres*, & Gresset l'avoit autrefois désigné dans un vers

de son *Méchant* : *Ce sont les vétérans de la fatuité.*

6 Décembre 1768. Le roi de Danemarck est allé samedi visiter les trois académies. C'étoit le jour des séances ordinaires de celle des sciences & de l'académie Françoise. Celle des belles-lettres, avertie dès la veille, avoit délibéré & arrêté d'en tenir une extraordinaire le même jour pour recevoir cette majesté.

Ce prince a été d'abord introduit à l'académie Françoise, qui l'a reçu absolument à huis clos, & sous le manteau de la cheminée. On a trouvé singulier qu'elle ne se soit pas mise *in fiocchi*, & dans sa salle d'apparat & de grand cérémonial.

M. l'abbé le Batteux, directeur, a ouvert la séance par une harangue à ce monarque, dont le lecteur conçoit d'avance toute la teneur. Il seroit difficile de donner du nouveau après les éloges innombrables dont tous les lieux publics ont retenti en sa faveur. Le fond ni la forme n'avoient rien de saillant. Ce prince, après avoir essuyé le compliment de prose, a été obligé d'en entendre un en vers de M. l'abbé de Voisenon, poëte quelquefois agréable, mais souvent précieux & inintelligible. Il s'est surpassé cette fois-ci en galimatias, & ses plus chers partisans ne peuvent se dispenser de le reconnoître. C'est ce qu'on appelle du jargon académique dans toute la force du terme. M. le Duc de Nivernois, en courtisan délicat, s'est servi de son talent pour l'apologue. A la faveur de ce travestissement, il a fait goûter au monarque ses louanges ingénieuses. Il a lu trois fables, dont une *Le Roi Voyageur*, étoit proprement celle du jour, & a fait le plus grand plaisir.

Les pieces lues, on a fait voir au roi de Danemarck les portraits de ces messieurs, dont est décoré leur cabinet d'assemblée. On y trouve ceux des rois & des princes protecteurs de l'académie, & l'on a pris de-là occasion pour solliciter ce monarque de vouloir bien que le sien y fût mis.

Ensuite MM. de l'académie Françoise ont reconduit le roi, & ceux de celle des belles-lettres étant venus au devant de lui, il a passé par cette double haie, & est venu siéger dans cette derniere. Son fauteuil étoit au milieu de la classe des honoraires, où on lui a indiqué sa place.

M. le comte de St Florentin, président, auroit dû lui faire le compliment; il s'en étoit remis à M. de Malesherbes, le vice-président, qui a renvoyé cet honneur à M. l'abbé Barthelemi, le directeur; & celui-ci enfin s'en étant reposé sur M. le Beau, secretaire, l'orateur a fait un petit discours succinct sur l'origine, l'institution & les travaux de la compagnie. Il a parlé de l'époque de la visite du czar, comme d'une des plus mémorables de ses fastes, & il est parti de-là pour se féliciter d'en avoir une aussi précieuse à insérer, celle du monarque présent.

M. Dupuy a lu ensuite des extraits des différents mémoires du semestre dernier, ainsi qu'il est d'usage quand les deux académies des sciences & des belles-lettres fraternisent ensemble & se visitent deux fois l'an. On avoit abrégé cette matiere pour qu'elle ne fût point ennuyeuse.

A la fin M. le directeur dit au prince que monsieur de Brequigny, membre de la compagnie, avoit fait une dissertation sur un roi de Danemarck, venu en France sous Louis le Débonnaire, où il assignoit des rapports singuliers & frappants entre cet ancien monarque & le monarque actuel, & où il établissoit une alliance & une parenté même entre la maison de France & celle d'Oldembourg. Ce détail a excité la curiosité du roi de Danemarck. Il a demandé à voir M. de Brequigny, & l'a prié de lui donner sa dissertation. De-là ce prince est passé à l'académie des Sciences, où les autres académies se sont rendues, & beaucoup d'étrangers ont pénétré à la faveur de l'affluence. Il a pris place au-dessus du directeur.

M. d'Alembert, peu louangeur de son naturel, a fait un discours sur *l'influence & l'utilité réciproques de la philosophie envers les princes, & des princes envers la philosophie*. Il a enchâssé naturellement dans sa dissertation l'éloge du roi présent, & par cette tournure oratoire a évité ce que pouvoit avoir de fade un éloge direct dans la bouche d'un encyclopédiste.

M. du Séjour, conseiller au parlement, & associé libre de l'académie pour la partie de l'astronomie, a assigné à ce prince les lieux de son royaume où l'on pourroit le mieux observer le passage de Vénus sur le Soleil, ce phénomene dont on espere tirer tant d'utilité pour mesurer la distance du soleil à la terre. Il n'a pas omis le jour, l'heure & la minute de toutes ces observations, & il en a pris occasion d'offrir aussi son tribut d'encens.

MM. l'abbé Nollet & Brisson ont fait quelques expériences de Chymie, qui ont plus amusé cette majesté que tous les éloges dont on l'a ennuyé. Il y en a eu deux, roulant sur la pénétrabilité des liqueurs. Ils ont fait voir que deux quantités connues d'esprit de vin & d'eau, réunies ensemble, n'occupoient plus le même volume & n'avoient plus le même poids; ce qui prouvoit leur système, encore mieux confirmé par leur fermentation, & par la voûte alternativement convexe & concave que faisoit une pellicule servant de séparation aux deux liqueurs, suivant qu'elles étoient placées l'une sur l'autre, & qu'elles y pesoient plus ou moins.

Le roi émerveillé de tout ce qu'il avoit entendu & vu, est convenu que le triple spectacle de ces compagnies savantes étoit ce qui l'avoit le plus frappé en France.

M. d'Alembert, en lui faisant voir les détails & les ustensiles de l'académie, lui a fait remarquer le buste de Winslow, fameux académiste Danois, qui semble partager les hommages de cette compagnie savante avec celui de M. de Réaumur. Il en a inféré combien la France étoit juste envers le mérite des étrangers. Ce sont-là les deux seuls bustes qu'il y ait à cette académie.

Toutes les académies ont ensuite reconduit le roi de Danemarck à son carrosse, & il a redoublé de remerciements, de révérences & de signes d'admiration.

Entr'autres phénomenes, l'académie des sciences se félicite d'y avoir vu siéger ce jour-là monsieur le maréchal duc de Richelieu, honoraire, qui n'y avoit point pris place depuis 28 ans.

9 Décembre 1768. Les Dlles. Luzi & d'Ologny, & les Srs. le Kain, Brizard, Préville & Molé, de la comédie Françoise, ont été mandés hier à l'hôtel du roi de Danemarck, qui a fait donner une boîte à chacune des deux actrices, dont la plus belle à Mlle. Luzi, & 50 louis à chacun des hommes. Cette exception cause une grande rumeur dans le tripot. Il y a beaucoup de jalousie, & les jalousés même ne sont pas trop contents. Ils se trouvent traités avec peu de magnificence par un prince dont la générosité s'est manifestée par-tout. Ils attribuent cette mesquinerie à M. le comte de Duras, qui a dirigé le monarque à cet égard depuis le départ de son pere. Du reste, il a prétendu plus digne du roi de France que celui de Danemarck ne payât rien pour ses loges, & ceci est une gratification spéciale pour servir de marque de sa satisfaction. On ne sait encore comment ont été traités les autres spectacles.

12 Décembre 1768. L'*A. B. C. Dialogues curieux, traduits de l'Anglois de M. Huet*. A ce titre baroque & factice, on reconnoît aisément l'auteur de la brochure, ce prothée littéraire qui, depuis quelques années, prend toutes sortes de formes, non pour tromper ses semblables, comme celui de la fable, mais pour les éclairer & les instruire. Que de métamorphoses n'a-t-il pas fait subir à la vérité dans l'espoir de la faire recevoir enfin de quelque façon. L'ouvrage en question n'est pas un tout complet, mais un assemblage de plusieurs chapitres roulant sur la politique, la morale, la métaphysique. Quant à la premiere partie, le dissertateur prouve l'excellence de la constitution Angloise & des loix de ce gouvernement. Ce qu'il dit sur la seconde est, comme tout ce qui sort de sa plume, plein d'onction & d'humanité. La troisieme est plus vague. Notre philosophe, ainsi que les autres, se perd dans un labyrinthe de doutes & de conjectures. Il est également inconséquent & contradictoire. M. de Voltaire a saupoudré ce traité de cette critique ingénieuse dont il assaisonne tout ce qu'il fait. Il passe sur-tout en revue Hobbès, Grotius & Montesquieu, & saisit ingénieusement leurs côtés foibles. On sent que la religion doit entrer pour beaucoup dans cette brochure philosophique. On commence par y prouver un dieu, qu'on finit par détruire, & le spinosisme paroît le vrai système de l'auteur.

12 *Décembre* 1768. On parle beaucoup des spectacles magnifiques que donne, à sa superbe maison de Pantin, Mlle. Guimard, la premiere danseuse de l'opéra, très-renommée par l'élégance de son goût, par son luxe nouveau, & par les philosophes, les beaux esprits, les artistes, les gens à talents de toute espece, qui composent sa cour & la rendent l'admiration du siecle. M. Marmontel n'a point craint de dégrader ses talents académiques & la hauteur de son ame, en adressant à cette courtisanne une épître si répandue il y a un an. M. Collé semble avoir consacré son théatre de société à être joué chez elle. M. de Carmontel a fait un recueil de proverbes dramatiques destinés au même effet. Ils ont été mis en musique par monsieur de la Borde, cet amateur, qui ne croit pouvoir mieux employer ses connoissances que pour l'amusement de la mo-

derne Terpsichore. Les acteurs de différents spectacles se dérobent quand ils le peuvent à leurs occupations, & viennent jouer à sa maison de plaisance. Jeudi 7, fête de la Vierge, on a représenté *la Partie de Chasse de Henri IV*, avec un proverbe, petite piece des auteurs dont on vient de parler. Le public brigue l'honneur d'être admis à ces spectacles, & c'est toujours un concours prodigieux. M. le maréchal prince de Soubise les honore souvent de sa présence, & ne contribue pas peu à soutenir cette dépense fastueuse. Mlle. Guimard y joue quelquefois, mais son organe sépulcral ne répond pas à ses autres talents. C'est une courtisanne qui fera vraiment époque par-là, & par son art dans le rafinement des voluptés & dans les orgies qui se célebrent souvent chez cette nymphe, dont on rapporte des choses merveilleuses.

14 Décembre 1768. Le prince de Condé a couronné sa munificence envers les comédiens François par une pension de 500 livres qu'il a faite au Sr. Préville, comme le directeur de ses fêtes. Cette faveur rend l'acteur commensal de la maison de S. A. S. Du reste, on évalue à plus de 50,000 livres les présents faits à la seule troupe des François. Tous ont été partagés de différentes manieres, & d'une façon analogue à leur personne & à leurs talents. Mlle. Doligny a eu l'honneur spécial & unique de recevoir le portrait du prince dans une tabatiere : distinction flatteuse, & la marque de son estime particuliere pour la conduite & pour les mœurs de cette actrice.

16 *Décembre* 1768. *Copie du discours pro-*

noncé en partie par M. Legouvée, avocat, le jour auquel le roi de Danemarck est venu au parlement.

MESSIEURS,

« Cette cause déja intéressante par elle-même, l'est devenue infiniment plus par l'enchaînement & le concours des circonstances qui l'environnent.

» Il s'agit d'un testament fait en Espagne, par un Grand-d'Espagne, en langue Espagnole. La succession s'est ouverte à Madrid, & c'est le premier sénat de France qui va décider de cette disposition.

» Elle fut l'ouvrage d'une volonté libre. Le testateur étoit séparé par les Pyrénés de celle qui a été l'objet de sa libéralité. Chaque expression de son testament porte l'empreinte des sentiments religieux dont il étoit pénétré. Il a persévéré pendant six ans, & jusqu'au dernier soupir, dans la même volonté. Et ce testament on veut aujourd'hui le faire envisager comme l'effet d'une honteuse captation, & pour tout dire, comme le fruit d'un commerce illégitime. Un frere ne craint point d'offenser les manes de son frere, pour enlever à une femme infortunée un bienfait auquel la reconnoissance attache un prix bien supérieur à la valeur. Ce frere hérite de 300,000 livres de rentes en terres titrées, & il dispute ici un mobilier dont lui-même reconnoît & publie la modicité.

» Encore, quel est cet adversaire? C'est un homme placé pour être le spectateur & le mobile des plus grands intérêts (1), doué des qualités propres à inspirer la confiance. Par quelle fatalité faut-il qu'il ait cessé de se ressembler à lui-même, & qu'il ne soit devenu injuste que pour nous?

« Qu'il en coûte à la demoiselle Delair de se
» plaindre du comte de Cantillana! En ce jour
» solemnel où la France célebre le triomphe de
» la justice dans la personne de son illustre
» chef, qui, tant de fois, en prononça les
» oracles, en ce jour éclatant où le parlement
» voit à sa tête un magistrat qui rend à ses
» peres, également distingués dans les fastes de
» la suprême magistrature, tout le lustre qu'il
» reçoit d'eux. En ce jour à jamais consacré par
» la présence d'un roi........ il n'appartient
» pas à ma foible voix qu'arrête le respect, de
» rien ajouter au tribut d'hommages que l'élo-
» quence & le sentiment viennent d'offrir à un
» prince qui, touchant à peine à son quatrieme
» lustre, présente cependant à l'Europe éton-
» née le rare spectacle de toutes les vertus ca-
» pables d'honorer le diadême. Né pour per-
» pétuer la gloire d'un des plus heureux & des
» plus puissants états du Nord, il auroit cru
» n'avoir point fait pour la félicité de ses peu-
» ples tout ce que lui inspira l'élévation de ses
» vues politiques, s'il ne fût venu dans ce sanc-
» tuaire, se pénétrer, comme l'héritier d'un
» Salomon, de cette maxime sainte; que le
» trône

_____

(1) En cet endroit l'orateur fut interrompu, & on leva l'audience, dans la crainte qu'il ne s'échappât contre l'ambassadeur de Naples.

» trône des rois qui jugent le foible & le
» malheureux selon la vérité, sera un trône
» inébranlable. «

» C'est donc avec la plus vive confiance que
» la Dlle. Delair va défendre le testament du
» marquis de Castramente.»

Na. Le jour que M. le chancelier est venu au palais présider, Me. Legouvée a repris son discours d'une façon brillante, & a plaidé avec toute l'éloquence possible, en rappellant sa sensibilité d'avoir été arrêté dans le moment où il alloit exposer, &c.

17 *Décembre* 1768. Les beaux esprits de ce pays-ci ont été scandalisés de n'avoir pas été fêtés autant qu'ils l'espéroient du roi de Danemarck, ainsi qu'on l'a dit. A l'exception de quelques encyclopédistes qui lui ont été présentés, il paroît qu'aucun n'a été admis familiérement auprès de ce monarque; & s'il n'avoit été aux académies peu de jours avant son départ, il partoit sans connoître cette précieuse partie d'hommes choisis de la capitale. Ils attribuent une telle négligence à M. le duc de Duras, qui ne s'est pas prêté au goût du prince, & a laissé couler le temps sans le satisfaire à cet égard autant qu'il le desiroit. Un des mécontents a exhalé sa bile dans l'épigramme suivante, répandue depuis peu seulement. C'est le roi de Danemarck qu'on fait parler:

Frivole Paris, tu m'assommes
De soupers, de bals, d'opéras!
Je suis venu pour voir des hommes:
Rangez vous, M. de Duras!

Tome IV. H

On attribue cette plaisanterie à M. le chevalier de Boufflers, jeune courtisan très-aimable, plein de saillies, & déja connu par de très-jolies pieces de vers & de prose. Sa majesté Danoise, enchantée de l'esprit de ce seigneur, lui a proposé de venir voir sa cour, & il est parti avec elle.

18 *Décembre* 1768. Il se répand un requisitoire de M. Pierre Perrot, avocat-général du roi à la chambre des comptes, contre un livre qu'il appelle *libelle*, imprimé à Amsterdam en 2 vol. *in*-12, contenant le premier 290 pages, le deuxieme 296, sans nom d'auteur, se vendant publiquement chez de Hansy le jeune, libraire, rue Saint Jacques, sans permission ni privilege, ayant pour titre : *Mélanges historiques & critiques, contenant diverses pieces relatives à l'histoire de France.*

Il prétend que l'auteur attribue les droits du despotisme le plus rigoureux au roi de France; que regardant l'établissement de l'impôt comme une marque distinctive de la majesté suprême, il ne met point de bornes à cette ressource malheureuse; qu'il veut qu'on puisse lever les subsides sur les peuples, sans admettre la nécessité absolue de l'enrégistrement dans les tribunaux, &c. qu'il propose d'exclure de toute charge & de tout emploi public les célibataires; qu'il veut que les rois puissent à leur gré s'emparer des biens de l'église; que l'on diminue le nombre des charges qui donnent la noblesse; qu'on en augmente considérablement le prix, & que l'on supprime presque tous les tribunaux, le parlement, selon lui, étant plus que suffisant pour administrer la justice à tous les sujets du roi, & remplacer les tribunaux chargés de veiller à l'établissement des impôts, à la perception & à la fidélité de leur manutention & à leur exacte comptabilité, &c.

En conséquence la chambre a ordonné le 21 novembre le rapport de M. Athanase-Alexandre-Clément de Boissi, conseiller-maître aux semestres assemblés le 23 du même mois, & ledit jour a supprimé ledit livre, comme contraire à l'honneur & au respect dus à la magistrature, & notamment à la jurisdiction de la chambre. Fait défenses à tous imprimeurs, libraires, colporteurs & autres, d'imprimer, vendre, ou autrement distribuer ledit livre, à peine de 3,000 liv. d'amende, &c.

Le requisitoire, assez bien fait dans son genre, est un monument précieux d'un homme public, qui, par les circonstances, n'est pas dans le cas de porter beaucoup la parole dans un tribunal sans auditoire. Au reste, il est aisé de juger par-là combien la chambre s'est trouvée lésée de l'assertion de son inutilité & de sa surcharge pour l'état.

19 Décembre 1768. Le procès de M. de la Chalotais & de ses co-accusés paroît imprimé en 3 vol. *in-4°.*, mais il est d'une rareté excessive. La sévérité de la police & la difficulté de faire passer un ouvrage aussi volumineux, empêchent qu'il ne se répande promptement. Il y en a cependant ici plusieurs exemplaires. On en a saisi dernièrement 300.

20 Décembre 1768. *Le siecle de Louis XV*, par M. de Voltaire, est aussi arrêté. Le parlement a trouvé mauvais que cet historien censurât son jugement de M. de Lally, & ne veut

point d'appel de ses arrêts, même à la postérité. Il s'est soulevé contre l'ouvrage, qui ne paroît plus que clandestinement.

20 *Décembre* 1768. On a parodié l'épigramme contre M. de Duras, & l'on a fait un madrigal dans la même tournure en l'honneur de Mde. de Coaslin, la femme de la cour pour qui le roi de Danemarck a paru prendre le plus de goût. C'est encore ce monarque qui parle :

> Je cherche des graces légeres,
> Un cœur honnête, un esprit fin:
> Retirez-vous, beautés grossieres,
> Laissez approcher Coaslin !

21 *Décembre* 1768. Madame Vestris, annoncée depuis long-temps, a débuté lundi aux François dans les rôles de Mlle. Clairon. Elle a joué pour la premiere fois dans *Tancrede*. Cette nouvelle *Aménaïde* a enchanté tous les spectateurs par sa figure, par la noblesse de sa position, de ses gestes, par la pureté de sa déclamation, par son intelligence, en un mot, par toutes les qualités qui constituent la grande actrice, & qui peuvent faire oublier celle qu'elle remplace. Elle surpasse déja de bien loin Mlle. Dubois, & sera sans contredit bientôt la premiere de ce spectacle, si elle continue avec le même succès. Elle n'a que 21 ans, & l'on assure qu'elle aime prodigieusement son art. Ce début attire un monde étonnant aux François & tient lieu d'autre nouveauté. Le drame d'*Hylas & Sylvie* passe à la faveur de ce concours, & continue à se jouer. Il est vrai que les spectateurs s'échappent à cette piece.

22 *Décembre* 1768. On parle beaucoup de la taille supérieure, & de la vaste corpulence de l'envoyé de Maroc, passant ici pour aller en Hollande. Les talents cachés du fortuné Musulman répondent à ce bel extérieur, si l'on en croit le bruit des coulisses & des ruelles. On cite des filles qui ont reçu vingt-deux fois dans une nuit les embrassements de ce favori de Mahomet. Une telle renommée le rend encore plus recommandable dans cette capitale, & les femmes, en le voyant, ne demandent point, *comment peut-on etre de Maroc ?* mais elles s'écrient : *Ah! qu'on est heureux d'être de Maroc !*

24 *Décembre* 1768. M. l'abbé Morlaix, désigné pour remplacer dans la place de secretaire-général du bureau du commerce, le Sr. le Grand, obligé de quitter cette place, à raison de la réputation infame qu'il s'est faite, n'ayant pas été pourvu de la commission par M. de Laverdy, le contrôleur-général actuel, a pris occasion de ce défaut de formalité pour ne point tenir la parole de son prédécesseur, & l'ignorer absolument. En conséquence il a jugé à propos de faire un autre choix. Il est tombé sur le Sr. *Abeille*, secretaire de M. de Montigny, beau-frere de M. de Maynon, & l'un des inspecteurs-généraux du commerce. C'est un écrivain connu par plusieurs ouvrages relatifs à son état. Messieurs les économistes se sont servis de sa plume pour étendre & développer leur doctrine.

24 *Décembre*. Les brochures sur l'affaire de Bretagne se réveillent & font encore l'objet des entretiens du public. Les nouvelles ont

pour titre : *Mémoires concernant MM. de la Cha-lotais*; & outre l'édition *in-*12., ils sont réimprimés en 3 petits volumes. On a ajouté une partie de la procédure instruite, tant à Rennes qu'à St. Malo. Le tout est accompagné de notes très-injurieuses aux personnes qui ont été employées dans ce malheureux procès. On ne doute pas qu'il n'y ait bientôt un arrêt du conseil, supprimant & condamnant cet ouvrage comme calomnieux, rempli de faits faux & hasardés, séditieux, en un mot avec toutes les qualifications que le ministere public prodigue depuis si long-temps à toutes ces productions ténébreuses, & qui les font rechercher avec tant d'avidité.

26 *Décembre* 1768. Il se répand une nouvelle brochure intitulée : *David, ou l'homme selon le cœur de Dieu*. Dans un petit avertissement on prétend que cet ouvrage parut autrefois en Anglois, à Londres, en 1761, sous le titre de *The History of the Man the God's own heart*. Que le but de l'auteur avoit été de venger le feu roi d'une comparaison qu'on en avoit faite avec le roi prophete; que cette ressemblance, bien loin d'être un éloge, ne pouvoit que lui être injurieuse, comme on alloit le faire voir par la vie même de David. On conçoit que tout ce début n'est qu'un persiflage pour amener l'histoire très-scandaleuse de ce monarque. Il est vrai que les faits articulés sont tirés des livres saints, & ne présentent même que des mémoires très-incomplets, auxquels l'écrivain n'a osé ajouter ni liaisons ni transitions : ce qui rend l'ouvrage décharné & absolument sec. Mais le fond est infiniment plus abominable; & ce qui n'offre que

des traits d'un ordre extraordinaire à ceux qui les lisent dans la simplicité de cœur qu'exige l'écriture sainte, forme, ainsi isolé, un tissu d'horreurs & de cruautés, dont se prévalent les impies pour peindre le saint roi comme un assemblage de tous les crimes.

On a réimprimé à la suite de cet ouvrage la tragédie de *Saül & David*, connue depuis long-temps, & d'une main bien supérieure; car la premiere production est très-médiocre, écrit avec force quelquefois, mais sans élégance, & dénuée absolument de ce ridicule qui donne la vogue à ces sortes d'ouvrages, & que monsieur de Voltaire sait répandre avec tant d'art sur les matieres qui en sont les moins susceptibles en apparence.

28 *Décembre* 1768. Les étrennes pour l'année prochaine les plus à la mode sont des portraits du roi de Danemarck en sucrerie. Tous les bonbons, toutes les nouveautés sont *à la Danoise*.

28 *Décembre*. Le requisitoire de M. Perrot, avocat-général de la chambre des comptes, dont on a parlé, quoique rendu du 21 novembre, étoit resté dans une sorte d'obscurité qui l'avoit mis à l'abri de la censure. Aujourd'hui qu'il est répandu, & qu'il acquiert une certaine célébrité, plusieurs membres du parlement y observent beaucoup de choses à redire. Ils trouvent mauvais que l'orateur, pour réfuter l'assertion de l'auteur du livre supprimé, *que le parlement pouvoit faire toutes les fonctions de la chambre*, récrimine & prétende à son tour, *que la chambre pourroit remplir toutes les fonctions de cette cour;* qu'ils s'im-

mifce de la haute police, en détaillant les difrents endroits répréhensibles du livre, non relatifs à son ministere & à sa jurisdiction ; qu'il attaque les maximes prétendues contraires à notre législation, à la politique, à la morale, à la religion ; qu'il veuille même en discuter les points théologiques, comme si toutes ces matieres étoient de sa compétence. D'après cette fermentation, il ne seroit pas étonnant que ce requisitoire fût dénoncé au parlement, & il en est fortement question.

29 *Décembre* 1768. Mademoiselle Guimard se disposoit à continuer, la veille & le jour de Noël, les spectacles délicieux qu'elle donne chez elle & dont on a parlé. Une défense de M. de Richelieu aux comédiens du roi des deux troupes, de jouer ailleurs que sur leur théatre sans la permission de sa majesté, a arrêté le cours de ces divertissements. On applaudit fort à cette prohibition. Les absences fréquentes des meilleurs acteurs, & la liberté qu'ils prenoient de se consacrer à l'amusement de quelques particuliers, leur ont mérité à juste titre l'animadversion des gentilshommes de la chambre. Mlle. Guimard sera obligée d'avoir une troupe de comédiens à elle ; & c'est un nouveau genre de luxe très-digne de sa magnificence.

30 *Décembre* 1768. M. l'archevêque de Paris a nommé au canonicat de Notre-Dame, vacant par la mort de M. l'abbé de Tourny, M. le Corgne de Launay, professeur royal en Sorbonne, celui auquel on attribue en grande partie les actes de l'assemblée du clergé en 1765, actes si célebres dans leur temps, & tombés depuis dans l'oubli le plus profond.

31 Décembre 1768. *Assemblée publique de l'académie Françoise, pour la réception de M. l'abbé de Condillac, à la place de M. l'abbé d'Olivet ; tenue le 22 décembre 1768.* Cette séance a été brillante & nombreuse, mais ce qui la rend plus remarquable, c'est le concours du beau sexe s'y rendant en foule. Indépendamment des tribunes qui étoient garnies de femmes, elles s'étoient répandues dans le reste de l'assemblée & mêlées parmi les hommes. Presque toutes étoient du meilleur ton & d'une figure charmante. Messieurs les académiciens ont vu avec complaisance les graces assister aux travaux des muses, & le front des plus séveres s'est merveilleusement déridé à cet aspect.

Le récipiendaire s'est mis, suivant l'usage, au bout de la table, en face du directeur. Il étoit dans l'étiquette, c'est-à-dire, ganté de blanc, un castor neuf à la main. Il l'a mis sur sa tête, l'a ôté, puis remis, & a commencé. Après les premiers lieux communs de modestie, après que son organe affoibli par ce sentiment a eu repris sa force, il s'est jeté brusquement dans une digression sur le développement & les progrès de l'esprit humain dans notre Europe. Ce plan vaste & digne de l'assemblée, s'il eût été exécuté d'une maniere neuve & oratoire, a dégénéré en dissertation froide, seche & alambiquée. Le goût de l'auteur pour la métaphysique l'a fait s'appesantir sur une infinité de points sophistiques, sur l'anatomie de l'esprit humain, dont il a fait une dissection aussi savante qu'ennuyeuse. Cette érudition a paru déplacée dans ce lieu, & ressembler beaucoup à du galimatias.

Son style sec, sans rapidité, sans chaleur & sans vie, a répondu parfaitement au genre qu'il avoit pris. Après s'être promené long-temps, depuis le déluge jusqu'à nous, ce froid philosophe est enfin parvenu à la fondation de l'académie Françoise; & son génie, comme exténué par les efforts & la gêne de tout ce long verbiage, n'a paru reprendre aucune activité pour les éloges qui ont terminé son discours. Il a fini comme il avoit commencé : nul art, nulle transition, nulle éloquence. Les grammairiens ont remarqué beaucoup de fautes dans l'élocution du récipiendaire, & prétendent qu'il auroit dû lire le *Traité de la Prosodie* de son prédécesseur, avant de le remplacer.

M. l'abbé le Batteux, directeur, a répondu. C'étoit un ami de M. l'abbé d'Olivet. Il s'est étendu avec complaisance sur cet académicien, dont il a donné une espece de vie, que bien des gens ont trouvée longue, mais dont les détails ont paru précieux aux gens de lettres, & qu'en général on doit pardonner à l'amitié. D'ailleurs, M. le Batteux a ouvert, en quelque sorte, par-là une route nouvelle. Et ne seroit-ce pas la meilleure façon de faire l'histoire de l'académie, que de prononcer à chaque réception l'éloge historique du mort? Malheureusement le style flasque de l'orateur ne répondoit point à la matiere. Il est entré dans des anecdotes, peut-être trop familieres pour un discours d'apparat, mais qu'il pouvoit relever par la noblesse des expressions & par une tournure énergique. Il faut convenir que le directeur & le récipiendaire n'ont pas paru plus dignes l'un que l'autre de la place qu'ils occupoient, & que ces deux discours ne sont aſſurément par les meilleurs prononcés dans l'académie Françoiſe depuis ſon origine.

Pour occuper le reſte de la ſéance, M. Watelet a lu ſa traduction en vers du troiſieme chant de la *Jéruſalem délivrée*, roulant ſur les enchantements de la Forêt. On ſait que cet auteur a entrepris de traduire tout le poëme. Il en a déja préſenté pluſieurs eſſais aux aſſemblées publiques. Ce poëte ne l'eſt point aſſez, à beaucoup près, pour nous rendre toutes les beautés de l'Italien. Son génie froid & aride glace l'imagination brillante & féconde de l'original. C'eſt ce qui a paru par ce qu'il a fait voir dans les ſéances précédentes, & ce qu'il a confirmé dans celle-ci. Quoique ce chant ne ſoit pas le plus beau du poëme, il y a, comme dans tous, des morceaux de poéſie & de ſentiment admirables, mais infiniment affoiblis chez le traducteur, malgré tout ce qu'il veut y ſubſtituer du ſien. Ses vers travaillés, laiſſent voir toute la gêne du cabinet, & ne reſpirent en rien la molleſſe & l'aiſance que *le Taſſe* ſait ſi bien allier à la force & à la vigueur de ſes pinceaux.

Le public ſeroit ſorti très-mécontent de cette ſéance, ſi M. le duc de Nivernois, aujourd'hui duc de Nevers, ne l'avoit régalé de quelques fables. Cet ingénieux moraliſte en a lu ſix, toutes exquiſes dans leur genre : *Le Soleil & les Oiſeaux de nuit : Jupiter & le Roſſignol : Le Sourd & l'Aveugle : Les Carrieres : Les deux Somnambules : Les Poiſſons & les Grenouilles*. On ne pourroit que répéter à cet égard les éloges déja donnés à celles de cet auteur, lues à l'assemblée de la St. Louis. Même naïveté, même élégance, même finesse. En un mot, la Fontaine & Horace réunis font ce qui caractérise le nouveau fabuliste. On ne sauroit rendre les applaudissements des spectateurs, engourdis depuis le commencement de la séance; les dames sur-tout étoient dans l'enchantement le plus vif, & ne pouvoient s'empêcher de le témoigner par leurs transports.

L'auteur fait espérer au public de lui donner incessamment ce recueil de morale délicieuse, répandue en cent & tant de fables, dont il a déja lu successivement un grand nombre avec le même succès.

ANNÉE M. DCC. LXIX.

1 *Janvier*. LE début de madame Vestris se soutient avec le plus grand succès; la foule y augmente chaque jour, & dès trois heures, c'est-à-dire, dès l'ouverture, toutes les places sont prises.

2 *Janvier* 1769. Il paroît un nouveau conte, intitulé l'*Apothéose du roi Petau*. On l'attribue à M. de Voltaire. C'est une allégorie satirique, réservée pour les ténèbres dans lesquelles elle a été enfantée.

3 *Janvier* 1768. *Les Etrennes de l'Amour*, petite comédie jouée le premier jour de l'an, n'a reçu que très-peu d'applaudissements : c'est une allégorie plate, triviale & misérable, qui ne mérite aucun détail.

4 *Janvier*. Il se plaide au palais une question

d'état pour le comte de *Morley de Melun*, se disant fils légitime du comte de la Ferté de Melun & de Milady Penelope de Barrimore, contre l'abbé de la Ferté de Melun, vicaire-général du diocese de Lisieux. Ces mémoires pour & contre se répandent, & l'on y voit, comme dans tous ceux de cette espece, une bizarrerie de circonstances qui prêtent au merveilleux, & donnent lieu aux plumes romanesques des avocats de s'exercer. Ici c'est, d'une part, un homme de condition élevé dès sa plus tendre enfance pour tel, qualifié de vive voix, & par écrit des noms les plus tendres & les plus chers, regardé & traité comme l'enfant de la maison par le pere & la mere, au vu & au su d'une infinité de témoins qui l'attestent ; confié en cette qualité à différents maîtres, pour le former aux arts & aux sciences de son état, induits eux-mêmes dans la persuasion la plus intime de son illustre existence ; mais qui, après quelques écarts de jeunesse, & un mariage aussi extraordinaire que sa singuliere aventure, tombe tout à-coup dans la disgrace de sa propre mere, qui veut le renier & le reléguer dans la classe la plus obscure & la plus infame. De l'autre, c'est un monstre d'ingratitude, qui se prévalant des bontés d'une femme charitable, veut s'enter dans une maison étrangere, & s'élever du sein de l'humiliation à une naissance distinguée, ravir aux véritables héritiers une succession à laquelle il ne peut avoir aucun droit, diffamer même sa bienfaitrice, en lui supposant des couches clandestines, qui anónceroient un enfantement à l'insu du mari, & conséquemment une femme coupable qui veut cacher à son époux le déshonneur dont elle l'a couvert & l'étranger qu'elle a mis dans sa famille, qui n'a d'autres titres à sa prétention que la tendresse adoptive de madame de Melun, manifestée par ses propos & par ses actions, c'est, en un mot, un serpent qui veut déchirer le sein qui l'a nourri. Il regne dans tout l'historique de ces mémoires une suite fabuleuse d'aventures propres à discréditer toutes les parties dans l'esprit du lecteur, mais qui ne peuvent influer en rien sur un jugement qui doit être assis sur des allégations fondées & des preuves établies.

5 Janvier 1769. Les comédiens Italiens ont donné aujourd'hui la premiere représentation de *Lucile*, comédie en un acte & en vers mêlés d'ariettes. Tout le monde attribue les paroles à M. de Marmontel, qui garde l'anonyme. La musique est du sieur Gretry. Cette piece romanesque a produit à ce théatre le rare spectacle d'un auditoire fondant en larmes. Le musicien a secondé le poëte à merveille, & a brisé les cœurs par des ariettes passionnées. Chacun est sorti pleurant & enchanté : en sorte qu'on regarde la piece comme couronnée par le plus grand succès.

6 Janvier 1769. M. le comte de Morley de Melun a perdu son procès, & n'est plus que *Claude Odin*, ou plutôt n'est rien ; de sorte que le sieur Vermeille avocat, a arrêté les juges après le jugement, & a demandé qu'ils déclarassent au moins l'anonyme *ode*, & lui fissent adjuger des aliments & des dommages-intérêts par la famille du comte de la Ferté, comme l'ayant induit en erreur, & par une édueation trop brillante & disproportionnée à sa naissance, mis hors d'état de gagner sa vie dans la classe de la société où il devoit être. Les juges rassemblés ont retourné aux opinions, & la réponse a été : *vous avez entendu votre arrêt.*

7 *Janvier* 1769. Extrait d'une lettre de Rennes, du 2 janvier 1769..... Il court ici une caricature dont il faut vous dire l'origine. Un avocat, nommé *du Parc Poulain*, tout dévoué aux jésuites & à leur cabale, a été le défenseur du prêtre Clemenceau dans l'affaire du Poison, jugée définitivement le 5 mai 1768. Ce dernier, en reconnoissance a fait, dit-on, tirer en grand le portrait de ce moderne Cicéron. Le jurisconsulte est représenté en robe, avec sa croix de St. Michel par dessus; il tient d'une main ses *Commentaires sur la Coutume de Bretagne*, mauvais ouvrage, malgré les éloges de Freron; & de l'autre sa premiere requête pour Clemenceau. Il fixe les yeux sur ses œuvres avec un air de complaisance, &c. Des plaisants ont fait graver ce portrait, & sont ajouté les deux quatrains suivants. De la bouche de l'orateur on fait sortir celui-ci en lettres d'or :

> On dit mes ouvrages mauvais :
> Oui, quelques sages les rejettent ;
> Mais plus de cent sots les achetent :
> C'est pour eux que je les ai faits.

Et au bas du portrait on lit cet autre :

> Efflanqué, long & plat, son style est son image,
> Détestable copiste, insipide orateur,
> A l'auteur on connoît l'ouvrage,
> A l'ouvrage on connoît l'auteur.

8 *Janvier* 1769. Une cause importante, portée à la grand'chambre, a donné lieu à un mémoire très-plaisant, répandu avec profusion, qui fait l'entretien du jour, & qu'on trouve également sur les bureaux poudreux des gens de loix, & sur les toilettes élégantes des femmes. Il est intitulé : *Pour les Coëffeurs de dames de Paris, contre la communauté des maîtres Barbiers, Perruquiers, Baigneurs-Etuvistes.*

Les perruquiers prétendent que c'est à eux seuls à coëffer les dames ; ils ont fait mettre à l'amende, emprisonner, &c. plusieurs de leurs adversaires. Ceux-ci se défendent, & veulent que le privilege exclusif soit pour eux, en ce que 1°. l'art de coëffer les dames est un art libre, étranger à la profession de maîtres perruquiers : 2°. les statuts des perruquiers ne leur donnent pas le droit exclusif qu'ils prétendent avoir : 3°. ils ont abusé des arrêts de la cour pour exercer des vexations contr'eux, & leur doivent des dommages & intérêts considérables.

Dans le premier objet l'orateur, qui met sur la scene ses personnages & les fait parler, établit que l'art du coëffeur de dames est un art libéral : il l'assimile au poëte, au peintre, au statuaire. « Par les talents qui nous sont propres
» [disent-ils] nous donnons des graces nou-
» velles à la beauté que chante le poëte :
» c'est souvent d'après nous que le peintre &
» le statuaire la représentent ; & si la che-
» velure de Bérénice a été mise au rang des
» astres, qui nous dira que pour parvenir à ce
» haut degré de gloire elle n'a pas eu besoin de
» notre secours..... »

« Un front plus ou moins grand, un visage plus ou moins rond, demandent des traitements bien différents : par-tout il faut embellir la nature ou réparer ses disgraces. Il convient encore de concilier avec le ton de chair la couleur sous laquelle l'accommodage doit être préféré. C'est ici l'art du peintre; il faut connoître les nuances, l'usage du clair obscur, & la distribution des ombres, pour donner plus de vie au teint & plus d'expression aux graces. Quelquefois la blancheur de la peau sera relevée par la teinte rembrunie de la chevelure, & l'éclat trop vif de la blonde sera modéré par la couleur cendrée dont nous revêtirons les cheveux. »

Toute cette partie n'est point chargée de citations, est écrite dans un style pareil, & traité avec la même gentillesse. Dans un autre endroit, pour prouver que leur art tient au génie, les coëffeurs de dame ajoutent :

« Si l'arrangement des cheveux & des boucles ne remplit pas même tout notre objet, nous avons sans cesse sous nos doigts les trésors de Golconde. C'est à nous qu'appartient la disposition des diamants, des croissants, des sultanes, des aigrettes. Le général d'armée sait quel fond il doit faire sur une *demi-lune* placée en avant ; il a ses ingénieurs en titres : nous sommes ingénieurs en cette partie : avec un croissant avantageusement placé, il est bien difficile qu'on nous résiste, & que l'ennemi ne se rende. C'est ainsi que nous assurons & que nous étendons sans cesse l'empire de la beauté. »

Il est fâcheux que le second objet, roulant

sur une discussion aride des statuts des maîtres perruquiers, l'auteur ne puisse soutenir son vol, & soit obligé de ramper dans la poussiere de ses livres de jurisprudence. Le troisieme ne lui permet guere davantage de s'élever; mais il s'en dédommage par la péroraison. Après nous avoir appris qu'il y a environ 1,200 coëffeurs de dames dans Paris, il les fait terminer ainsi :

« Quelques censeurs séveres diront peut-être
» qu'on se passeroit bien de nous, & que s'il y
» avoit moins de prétentions & d'apprêts dans
» la toilette des dames, les choses n'en iroient
» que mieux. Ce n'est pas à nous de juger si
» les mœurs de Sparte étoient préférables à cel-
» les d'Athenes, & si la bergere qui se mire
» dans la fontaine, met quelques fleurs dans ses
» cheveux & se pare de ses graces naturelles,
» mérite plus d'hommages que de brillantes ci-
» toyennes qui usent de tous les rafinements de
» la parure.... Il faut prendre le siecle dans
» l'état où il est... C'est au ton des mœurs
» actuelles que nous devons notre existence,
» & tant qu'elles subsisteront nous devons sub-
» sister avec elles. »

Cette production est une de ces frivolités que se permettent quelquefois anonymement les plus grands avocats dans les causes qui prêtent à la plaisanterie. Ils se délassent par-là des travaux plus sérieux de leur cabinet, & dérident de temps en temps les fronts séveres des magistrats.

9 *Janvier* 1769. Il paroît *la Deuxieme Lettre d'un Gentilhomme Breton à un Noble Espagnol*, datée de Rennes le 14 octobre 1768. Cette brochure, de plus de 200 pages, écrite en petit caractere, continue d'exposer les prévarications

commises, suivant l'auteur, par le prétendu parlement de Rennes dans le procès criminel, commencé le 29 mai 1767, à l'occasion de l'imprimé qui a pour titre : *Tableau des assemblées clandestines des jésuites & de leurs affiliées à Rennes*, & jugé définitivement par l'arrêt du 5 mai 1768, dans lequel se trouve impliqué l'incident de l'affaire appellée l'*Affaire du Poison*. On y discute en détail les différents mémoires & requêtes de Clemenceau, des Fourneaux, &c. L'historique de tout cela est si noir, si atroce, si contradictoire, si incroyable, que le lecteur ne peut être que très en garde contre un pareil récit. Il faut voir comment l'appel sera reçu au conseil. Ce procès, rempli d'irrégularités, peche par tant d'endroits, que cet appel ne peut manquer d'être admis. Du reste, l'ouvrage est parsemé d'anecdotes scandaleuses, sur-tout contre les nouveaux membres de ce que l'histoire appelle *le Bailliage d'Aiguillon*; & ce Parlement, l'aréopage de la province, ne seroit, suivant lui, que le résultat de ce qu'il y auroit de plus vil & de plus méprisable.

10 *Janvier* 1769. M. de Voltaire vient de perdre en ce pays-ci un de ses intimes amis, en la personne de M. *Damilaville*. La correspondance de ce grand homme & quelques louanges dont il l'a honoré dans ses ouvrages, lui avoit donné une sorte d'illustration. Il avoit acquis ainsi une consistance dans la littérature, & s'étoit trouvé lié avec les personnages les plus célebres. On prétend qu'il y a même des opuscules de lui, anonymes. Quoi qu'il en soit, il est mort d'une maladie de langueur. M. Diderot a long-temps soutenu sa constance; mais enfin

on l'a déterminé à avoir recours aux consolations spirituelles, & le curé de St. Roch à remplacé près de lui l'encyclopédiste. Sans doute que M. de Voltaire versera des larmes sur son ami, & que le poëte ornera de fleurs l'urne de ce philosophe.

11 *Janvier* 1769. Extrait d'une lettre d'un François à Londres, du 2 janvier 1769.... Je vous remercie fort du succès que vous m'apprenez de l'expérience de notre ami *Poissonnier*. La nombreuse quantité de bariques d'eau bues à bord de la frégate *l'Enjouée*, prouve l'excellence & la facilité de sa méthode... Mais ne lui laissez pas ignorer que les Anglois, nos rivaux en tout, revendiquent aussi cette découverte. M. Jacques Lind, médecin de l'hôpital-royal à Haslar, près de Portsmouth, & qui s'est fait un très-grand nom en ce royaume par plusieurs productions estimées, prétend avoir eu le secret avant M. Poissonnier, & s'en est expliqué hautement dans un nouveau livre qu'il vient de faire paroître, sur les maladies auxquelles les Européens sont sujets dans les climats chauds, &c.

12 *Janvier* 1769. Le roi vient de donner 1,000 livres de pension au sieur *Goldoni*, appellé en France depuis plusieurs années par les comédiens Italiens, pour soutenir leur théâtre en pieces de leur genre, & depuis nommé pour apprendre à mesdames la langue dans laquelle il a donné des drames si intéressants, & qui l'ont fait surnommer le *Moliere d'Italie*. Il est certain que cet auteur, très-inférieur au François du côté de la force des caracteres, de l'énergie des situations, de la finesse de l'intrigue, de la gaieté soutenue de ses personnages, est admi-

rable pour le naturel du dialogue, l'exactitude des détails & l'imbroglio, que la nation entend si bien.

13 *Janvier* 1769. Le mémoire dont on a parlé en faveur des coëffeurs de dames de Paris, a été supprimé, comme indigne de la majesté du tribunal où étoit portée l'affaire. Les coëffeurs ont gagné en plein contre les perruquiers, & cette fois-ci les graces ont triomphé du monstre de la chicane. Toutes les élégantes de ce pays-ci avoient pris un grand intérêt au procès & formé les sollicitations les plus puissantes.

15 *Janvier* 1769. *Le procès de M. de la Chalotais*, &c. & quoique proscrit avec la plus grande solemnité & prohibé sous les peines les plus sévères, se répand malgré son volume, & les curieux le lisent avec avidité, non à raison du fond, très-sec, très monotone, & ne roulant que sur des pieces de forme & de procédure qui ne prêtent à nulle éloquence, mais par l'intérêt qu'on prend aux personnages, par la tournure nouvelle des interrogatoires, & par le complot réfléchi qu'on prétend y trouver de convertir en coupables des gens innocents. On ne peut dissimuler que le procureur-général ne gauchisse quelquefois, & qu'il ne montre pas toute cette dignité que devroit lui donner même sur la sellete sa qualité & la pureté de sa conscience. Quelques lecteurs sont fâchés qu'il se répande en complimens, en suppliques, dans des circonstances où son ame devroit se soulever d'indignation contre des juges qu'il ne reconnoît pas, & qui semblent épuiser toutes les subtilités de leur art perfide pour le surprendre & le faire tomber en contradiction.

Les partisans de M. de la Chalotais attribuent à modération & à douceur, ce que les autres prennent pour un défaut de cette fermeté qu'il témoigne si grande dans ses mémoires & lorsqu'il est calmé par la réflexion. Cela prouve combien cette qualité est rare, même dans les plus inflexibles personnages; que l'innocence peut être intimidée, & qu'un grand cœur tremble quelquefois à la vue du tribunal le plus inique & le plus illégal.

Du reste, les notes répandues dans cet ouvrage sont ce qu'il y a de plus sanglant. Messieurs de *Flesselles*, d'*Aiguillon*, de *Calonne*, le *Noir*, &c. y sont traités d'une façon très-méprisante. Il y en a sur-tout une sur la naissance du premier, qu'il voudroit racheter pour bien de l'argent, mais encore moins infamante que les noirceurs & les atrocités qu'on attribue aux autres. Indépendamment de ces principaux agents de ce mystere d'iniquité, on attaque une infinité de méchants subalternes, qu'on accuse de s'être prêtés, par une complaisance criminelle & aveugle, à toutes les manœuvres qu'on a voulu faire jouer. Il ne parviendra peut-être pas à la postérité de monument plus effrayant que ce livre, de l'iniquité du siecle & de la dépravation du cœur humain.

18 *Janvier* 1769. Le public est partagé sur *Lucile*, nouveauté qui fait grand bruit, que les uns proscrivent comme un roman mal tissu, froid, triste, & ne roulant que sur une intrigue remaniée dans plusieurs autres & dans diverses pieces de théâtre : d'autres en sont enchantés, y trouvent un intérêt pressant, en admirent le dialogue & les détails, où ils croient

reconnoître le talent du courtisan le plus aimable. On s'intrigue, au reste, pour en constater l'origine, & il paroît que cet ouvrage appartient décidément à M. de Marmontel & au Duc de Nivernois; que le premier en a fait la charpente, qui n'est pas ce qu'on y trouve de plus merveilleux, & que le second l'a décoré de toutes les beautés qu'il sait prodiguer avec un goût & des graces qui n'appartiennent qu'à lui. Ce n'est que comme cela qu'on peut expliquer la modestie des auteurs d'un drame qui, malgré son succès le plus décidé, s'obstinent à garder l'anonyme.

19 *Janvier* 1769. M. de Trudaine, intendant des finances, vient de mourir, après une maladie de langueur longue & douloureuse. Les regrets du public sont le plus grand éloge qu'on puisse en faire. La partie des grands chemins, & celle des manufactures du royaume, lui doivent beaucoup. Il avoit des vues étendues, de l'exactitude, de la constance au travail, une fermeté que les mécontents nomment dureté. Sa perte devient moins irréparable en ce qu'il a eu le temps de former un éleve & un digne successeur en la personne de M. Trudaine de Montigny, son fils, qui, très-jeune encore, a déja eu l'honneur d'imiter la modestie de son pere, en refusant le contrôle-général, offert depuis long-temps au premier, & tout récemment à celui-ci. Aux principes & à l'art de la manutention, M. de Montigny joint des connoissances théoriques de plusieurs sciences étrangeres en apparence à son administration, mais très-utiles en effet, & qui lui ont valu une place

à l'académie des sciences, dont M. Trudaine étoit aussi honoraire.

19 Janvier 1769. Les libraires de Paris se proposent de faire une nouvelle édition du fameux *Dictionnaire de l'Encyclopédie*. On ne peut qu'applaudir à cette entreprise, si les éditeurs savent profiter des justes critiques qu'on a faites de ce célebre ouvrage, dépôt éternel des connoissances & des délires de l'esprit humain. On sait avec quelle négligence nombre d'articles ont été rédigés, combien d'autres ont dicté la passion & l'esprit de parti, comment la cupidité a introduit dans cette société une quantité de manœuvres à ce travail : en sorte que les deux tiers de cette compilation immense ont besoin d'être refondus ou du moins revus & corrigés. Mais le lieu même paroît déja faire craindre qu'on ne laisse pas aux auteurs toute la liberté qu'exige un livre de cette espece. L'impression de Paris est sujette à tant de gênes, tant de gens se mêlent de cette partie de la police, on y est si facile à donner accès aux plaintes des mécontents de tout genre, de tout ordre, de tout caractere, qu'il est presqu'impossible qu'une entreprise de cette étendue y arrive à sa perfection.

22 Janvier 1769. Il paroît imprimé *deux lettres de monsieur le duc d'Aiguillon*, l'une du 8 septembre à monsieur de Villeblanche, conseiller au parlement actuel de Rennes ; l'autre, en date du 6 octobre, à M. de Châteaugiron, avocat-général de l'ancien parlement, faisant à celui-ci fonction de procureur-général. L'impression de ces lettres est d'autant plus extraordinaire, que ne faisant honneur ni à celui qui les a écrites, ni à ceux qui les ont reçues, il n'est pas à présumer qu'ils en aient laissé transpirer des copies. D'ailleurs il y regne un esprit de faction & d'animosité, on y trouve un plan réfléchi d'entretenir les troubles & les divisions de la province, qui ne caractérisent rien moins qu'un bon serviteur du roi, comme l'est à coup sûr l'ancien commandant de Bretagne. Toutes ces raisons rendent cette brochure très-suspecte ; l'on ne doute pas que monsieur le duc d'Aiguillon ne la désavoue, & n'en réclame la lacération & la brûlure.

23 *Janvier* 1769. Le séjour du roi de Danemarck à Paris a donné lieu à tous nos poëtes de s'exercer en sa faveur à lui prodiguer en vers les éloges que toute la nation lui a consacrés en prose. Depuis son départ, il en paroît quelques autres qui ne sont pas marqués au même coin. On y trouve un esprit satirique qui annonce avec quelle liberté se donnent carriere aujourd'hui les malheureux auteurs que sa présence sembloit gêner. De ce nombre sont les *Adieux du Danois*, & une piece plus courte, intitulée : *Vers non présentés au roi de Danemarck*, & qui en effet ne devoient pas être lus de cette majesté.

25 *Janvier* 1769. Quoique les fêtes pour le mariage de M. le dauphin soient encore éloignées de pres de deux ans, on se dispose de loin à les rendre aussi brillantes & aussi magnifiques que l'exige une pareille cérémonie. On travaille à force à la salle nouvelle de spectacle, commencée depuis si long-temps à Versailles, & qui restant à demeure, dédommagera bien de l'argent immense qu'elle doit coûter. Au lieu d'élever

Tome IV. I

à grands frais des échafaudages mobiles, & qui ne servent que pour le moment, on aura toujours dans cet emplacement un local orné & très-propre à tous les services qu'on voudra lui donner. On assure que le roi suit ces travaux avec plaisir, & voit de temps en temps leurs progrès. On répete aux *Menus* divers opéra déja projetés. Il paroît que rien ne contribuera de ce côté à faire manquer l'exécution des divertissements arrêtés.

27 *Janvier* 1769. Monsieur le comte d'Esseville, capitaine au régiment de *Touraine*, vient de recevoir de la cour une commission importante & flatteuse : il a été nommé pour visiter les communes du royaume, & en faire faire le partage. Sa réputation parmi les économistes, l'étendue & la profondeur de ses lumieres dans ce qu'ils appellent *la Science*, lui ont mérité cette distinction.

On sait que par *Communes*, on entend des terres restées en commun aux habitants des villages, bourgs, villes, &c. Il est question de les rapporter par égale portion entre les habitants de chaque lieu, à qui chaque part appartiendra en propriété. On espere par-là exciter l'industrie & l'amour de l'agriculture, dont le gouvernement continue à s'occuper avec le plus grand soin ; & par contre-coup on espere augmenter l'impôt & étendre la taille. Les intendants ont ordre de seconder ce commissaire en tout ce qui dépendra d'eux, & de lui procurer les détails & les secours nécessaires. Il a commencé sa tournée.

30 *Janvier* 1769. Il se répand au palais une épigramme enfantée vaisemblablement dans son

sein, mais qui, jusqu'à présent, y étoit restée dans l'obscurité. C'est une débauche d'esprit, très-condamnable sans doute de la part de l'auteur, mais où le cœur ne peut avoir eu de part. Il est question du discours de Me. Gerbier au parlement, en présentant les lettres de monsieur le chancelier :

C'est à bon droit que l'on renomme
L'éloquent avocat Gerbier,
Puisqu'il a fait un honnête homme
De monseigneur le Chancelier.

31 Janvier 1769. Vers non présentés au roi de Danemarck.

Dévoré par l'ennui, cette fievre des rois,
Ce jeune prince des Danois,
De climats en climats va cherchant un remede
Au triste mal qui le possede.
Par-tout les plaisirs enchanteurs
Unissent leurs efforts pour charmer ce monarque,
Il les trouve par-tout aussi vains que trompeurs,
Et sur le front royal l'ennui mortel se marque.
Enfin las de trouver tant de fleurs sous ses pas
Et tant de jolis vers qu'un Danois n'entend pas,
Dans les bras du sommeil l'infortuné se plonge.
L'auguste Vérité lui dit ces mots en songe :
" Ami ! chez les François mille vers séducteurs
„ Font payer cher leur existence,
„ Tu répands ton argent & ramasses des cœurs :
„ C'est bien fait, mais le Nord gémit de ton absence
„ Un pere vertueux quitte-t-il ses enfants ?

„ Tu cherches le bonheur : vas, connois mieux ton être;
„ La vertu le promet à des travaux conftants :
„ Les rois ne font heureux, ne font digne de l'être,
             „ Que quand leurs peuples font contents. „
A ces mots CHRISTIEN, ennuyé de plus belle,
S'éveille en appellant tout fon monde à grands cris,
" Partons, dit-il, partons, mon trône me rappelle :
„ Autant vaut m'ennuyer à ma cour qu'à Paris. „

2 *Février* 1769. M. de Sartines a établi depuis quelques années des écoles gratuites de deffin. Ce magiftrat procure par ce moyen aux peres & meres indigents une reffource pour leurs enfants, & à ceux-ci les moyens d'acquérir des talents utiles dès l'âge le plus tendre. Ces vues pleines d'humanité entrent auffi dans la plus faine politique, en occupant une jeuneffe oifive dont l'activité pourroit tourner au détriment de l'état, ou au moins à la corruption des mœurs, & d'ailleurs en faifant fortir le génie que des circonftances malheureufes étoufferoient. Plufieurs amateurs ont concouru à cet acte de bienfaifance ; il s'eft trouvé des fonds deftinés à exciter l'émulation de ces jeunes rivaux, par des prix diftribués de temps en temps. Mais ces fonds, infuffifants pour cet établiffement, ont fait imaginer de donner deux concerts François aux Tuileries, dont le produit fervira de fupplément. On ne doute pas que tous les princes, les grands feigneurs, les gens faftueux ne fe diftinguent dans cette occafion, & l'on efpere que ceux qui n'y contribueront pas par efprit patriotique, le feront par amour-propre, & que leur vanité deviendra tributaire du bien public.

3 *Février* 1769. Les comédiens François ont remis aujourd'hui *le Bourgeois Gentilhomme*, avec tous ses agréments, tel qu'il a été exécuté à Chantilly lors des fêtes données par le prince de Condé au roi de Danemarck. Cette représentation a attiré beaucoup de monde; & quoiqu'on n'ait pas trouvé le jeu des acteurs modernes aussi naturel, aussi vrai que celui des anciens, des amateurs prétendent que cette reprise rendra beaucoup d'argent. On ne sait cependant si les dispositions actuelles des spectateurs à s'attendrir & à pleurer à nos pieces comiques, leur permettra long-temps de se livrer à la gaieté franche de cette farce de Moliere.

4 *Février* 1769. *Les Singularités de la Nature, par un académicien de Londres, de Boulogne, de Pétersbourg, de Berlin.* Tel est le titre d'une nouvelle production de M. de Voltaire, dans laquelle ce poëte devenu philosophe, physicien & métaphysicien, combat nombre d'erreurs, auxquelles il en substitue d'autres, suivant le propre de la foible humanité, quand elle veut traiter des matieres au-dessus de sa portée. On sait d'ailleurs que ce genre n'est pas celui où cet auteur universel soit le plus fort, & malheureusement il comporte peu de plaisanterie: aussi cette brochure est-elle très-médiocre, très-mince de raisonnements, & ne compensant le défaut de logique, de véritable érudition, que par une gaieté forcée & de mauvaises saillies.

5 *Février* 1769. L'académie royale de musique a régalé aujourd'hui le public pour son carnaval du *Mariage de Radegonde*, comédie en trois actes, exécutée pour la premiere fois en 1702. Les paroles sont de Destouches, & la

musique de Mouret. On conçoit à la date de cette derniere qu'elle n'est ni forte ni savante ; ce sont des airs faciles, à la portée de toutes les oreilles & de toutes les voix. Comme le drame est d'une gaieté folle, à la portée de tous les spectateurs, les grands harmoniphiles, la tête pleine des sublimes accords d'*Ernelinde*, n'ont point voulu se prêter à la simplicité de cet opéra, qu'ils appellent plat & trivial Heureux pourtant ceux qui, le cœur encore serré de la triste *Ernelinde*, se sont laissé dilater par les bouffonneries de *Radegonde* ! Il est vrai que l'exécution n'a pas répondu au burlesque du reste. Les ballets ont infiniment mieux accompagné cette farce lyrique. Ce genre, comme on sait, est le triomphe de d'Auberval & des demoiselles Allard & Peslin, ses fidelles acolytes. La demoiselle Guimard a voulu se prêter à la folie du jour, mais sa danse toujours recherchée & sa figure minaudiere sont trop opposées à la franchise de pareilles gambades, où il faut des contorsions, des dislocations, que ne comportent point la fragilité & les graces apprêtées de cette terpsichore.

6 *Février* 1769. Tout se prépare pour les concerts François qu'on a annoncés & qui doivent se donner dans une autre salle des Tuileries que celle du concert spirituel. Les virtuoses qui joueront, chanteront ou concourront en quelque chose à ce spectacle, se piquent de générosité, & ont déclaré ne pas vouloir d'argent.

9 *Février* 1769. On a parlé plus d'une fois de l'ardeur du public pour courir aux treteaux de *Nicolet*, des extases qu'occasionent son singe, & combien les femmes de la plus grande dis-

tinction raffoloient de ces indécentes parades. Les comédiens Italiens se sont trouvés honteux d'une pareille préférence. Arlequin a souvent frondé ce mauvais goût ; la majesté du cothurne en a encore plus été blessée ; & les comédiens François s'étant joints aux farceurs ultramontains, après différentes restrictions obtenues de la police contre l'histrion des boulevards, ils viennent tout récemment de faire absolument interdire la parole au sieur Nicolet, ainsi qu'au sieur Taconet, auteur de cette troupe. Il est réduit à présent à la pantomime : il a heureusement de quoi se moquer des deux troupes, & l'on assure qu'il a gagné plus de cent mille écus depuis très-peu d'années.

11 *Février* 1769. Les mouvements de M. le duc d'Aiguillon pour faire informer contre les auteurs des brochures que les presses ne cessent de vomir contre lui, ne paroissent pas avoir intimidé ces écrivains ténébreux. De leurs repaires ils viennent de lancer de nouveau contre lui *la troisieme Lettre d'un Gentilhomme* Breton: pamphlet plus infernal que les autres, où l'on déchire le commandant avec plus de fureur, s'il est possible, & où l'on révele des intrigues de cour, que la décence & le respect devroient laisser dans le silence. Cet ouvrage est encore excessivement rare.

14 *Février* 1769. Il parut l'année derniere un *Mémoire* d'un nommé *Mouton*, ci-devant l'un des éleves de l'académie royale de France à Rome, contre le sieur Natoire, peintre du roi, directeur de ladite académie. Ce mémoire avoit pour titre : *Mémoire à consulter sur une contrainte à communier*, titre qui suffisoit seul

pour exciter la curiosité publique. On peignoit dans cette relation le sieur Natoire comme un homme dangereux, entretenant des liaisons avec des personnes suspectes à l'état: on représentoit sa maison comme le repaire des jésuites chassés de France, & des boutefeux les plus violents de la société. C'étoit, si l'on en croyoit le sieur Mouton, un despote intraitable, ne connoissant pour loi que son caprice, abusant de son autorité pour exclure à son gré de leurs places d'éleves, des sujets nommés par le roi, & ne pouvant être renvoyés que d'après les ordres de sa majesté; on lui reprochoit enfin de pousser le fanatisme au point d'asteindre des François à des pratiques ultramontaines, & de livrer ses disciples aux vexations de l'inquisition de Rome. Par ce mémoire, le sieur Mouton formoit, contre le sieur Natoire, une demande judiciaire en réparation d'honneur, sur son expulsion de l'académie, & en condamnation de 60,000 livres de dommages & intérêts pour la perte de sa place & de son état. Cet écrit avoit révolté toute la nation, & le silence de l'accusé justifioit l'indignation publique.

Enfin, le sieur Natoire vient de publier un mémoire, dans lequel il réfute partie des faits à lui imputés, dénie les autres, de défendeur devient demandeur contre le sieur Mouton, & prétend démontrer la fausseté de ses assertions. Il accuse à son tour cet éleve révolté, de blesser l'autorité du roi, d'insulter à celle qu'exercent en son nom les supérieurs auxquels S. M. a confié la direction générale de l'académie à Rome, & de lui attribuer une expulsion, suite nécessaire des réglements & ordres précis de monsieur le marquis de Marigny, ministre du roi en cette partie. A la suite du mémoire sont plusieurs certificats de différentes personnes constituées en dignité, entr'autres de l'ambassadeur de France.

Sans entrer dans la discussion du fond de la querelle, roulant sur des faits dont les parties ne conviennent pas, on ne peut dissimuler qu'il ne résulte du fait principal avoué par le sieur Natoire, une impression très-fâcheuse contre lui. On ne peut lui pardonner de soumettre ses éleves aux billets de communion, & le certificat même de monsieur l'ambassadeur de France prouve contre le directeur. Puisque monsieur d'Aubeterre déclare n'avoir pas souffert qu'on eût aucune inspection sur ses gens, & s'être réservé cette justice à lui-même, pourquoi le sieur Natoire n'a-t-il pas eu la même fermeté, & ne s'est-il pas mis sous la protection de notre ambassadeur, pour faire cause commune avec lui ? Tout le récit du sieur Natoire annonce un vieillard pusillanime, un esprit affaissé de superstition, une ame frappée de terreurs religieuses, & incapable d'une place où l'on ne sauroit mettre un homme trop intrépide, trop capable de tenir tête à une cour dont le génie est de dominer par les préjugés & par le fanatisme.

Cette cause portée au Châtelet doit s'y juger incessamment : il est à craindre pour le sieur Natoire, que l'attention de notre jurisprudence à maintenir nos fameuses libertés, ne lui fasse grand tort, & qu'il ne succombe contre son éleve, qui peut être un mauvais sujet & un étourdi, mais qui est protégé par nos principes constitutionnels.

15 *Février* 1769. Les débuts de madame Vestris aux François, avoient été interrompus, & l'on attendoit avec impatience qu'elle parût dans *Zaïre*, où l'on prétend qu'elle excelle. Ce retard tenoit à monsieur le duc de Choiseul, ce protecteur éclairé des arts & des talents, qui vouloit absolument assister à ce spectacle, mais qui fait toujours subordonner ses plaisirs à ses devoirs & au bien de l'état. Ayant enfin trouvé le moment de se délasser de ses importantes occupations, le jour a été pris pour aujourd'hui mercredi 15, & il a fait présent à l'actrice de la robe avec laquelle elle doit jouer ce rôle brillant.

16 *Février* 1769. Le sieur *Audinot*, un ancien acteur de l'opéra comique, qui a joué quelque temps aux Italiens depuis la réunion, mais obligé de se retirer par des mécontentements, n'a pu pardonner cet affront à ses anciens camarades : il a erré depuis ce temps à la tête de diverses troupes, & roulant beaucoup de projets, il s'est établi cette année à la foire St. Germain : il y tient un spectacle de marionnettes, & donne une piece pantomime intitulée : *les Comédiens de Bois*, qui attire tout Paris. Il a trouvé le moyen de se venger des sublimes acteurs qui ont paru le dédaigner avec tant de hauteur ; il les traduit aujourd'hui sur la scene, & les couvre du plus grand ridicule, par l'art avec lequel ces personnages factices contrefont au naturel tous ces histrions de l'un & de l'autre sexe. Ceux-ci trouvent leur dignité très compromise ; ils en jettent les hauts-cris : il ne paroît pas que

l'autorité ait encore eu égard à leurs plaintes, & leur parodiste gagne cependant beaucoup d'argent.

17 *Février* 1769. Avant-hier le concert annoncé au profit des éleves des écoles gratuites de deffin a eu lieu dans la galerie de la reine avec la plus grande affluence. Prefque tous les princes du fang y ont affifté. L'affiche n'avoit caractérifé aucun des morceaux qui devoit s'y exécuter. Elle faifoit à monfieur Gaviniers, le premier violon de ce pays-ci, l'honneur de déclarer que c'étoit à fon invitation que fes confreres s'étoient réunis pour cet acte de générofité. On ne peut que leur favoir gré de ces efforts, mais on n'a pas trouvé qu'ils euffent répondu à la circonftance & à la dignité de l'affemblée. Ce concert, plus inftrumental que vocal, n'a rien produit de neuf; il a été fort tumultueux, parce qu'on n'avoit pas proportionné les billets au local, & que quantité d'hommes & de femmes ont été obligés de refter debout. On avoit répandu le bruit que Geliotte y chanteroit, mais fon amour-propre l'a emporté fur fon humanité, & il a eu peur de compromettre fa réputation. On avoit prétendu auffi qu'un caprice pourroit bien porter Mlle. le Maure à reparoître. Tout cela n'a pas eu lieu, & le concert a été ce qu'on appelle très-commun.

Le fpectacle le plus beau, le plus touchant, étoit la décoration des murs de la falle, tous tapiffés de divers deffins des jeunes éleves, entr'autres de différents portraits de monfieur de Sartines, leur illuftre protecteur. On remarquoit avec un plaifir indicible l'envie que ces concurrents avoient eu d'exprimer la bienfaifance de sa physionomie, & plusieurs avoient très-bien réussi.

17 Février 1769. Madame Vestris a reparu dans Zaïre avant-hier, & n'a pas répondu aux merveilles qu'on en annonçoit. On se rappelle trop avec quel naturel enchanteur Mlle. Gaussin jouoit ce rôle, & les accents attendrissants de sa voix retentissent trop récemment encore dans le cœur des spectateurs pour goûter le grasseyement de celle-ci. En outre, le sieur le Kain fait le personnage d'Orosmane avec tant de grandeur & d'énergie, qu'il écrase absolument son actrice. Le public, au reste, la suit avec la même fureur, & la salle ne se désemplit point toutes les fois qu'elle est annoncée. Ses débuts dans le comique vont commencer incessamment : elle jouera d'abord le rôle de la *Menuisiere* dans les *Trois Cousines*.

18 Février 1769. Les freres Ruggieri ont ouvert aujourd'hui la salle, comme rivale de celle du sieur Torré, sur les boulevards. Elle fait infiniment d'honneur à l'artiste qui l'a décorée : elle est du meilleur goût & de la plus grande élégance ; mais elle n'est pas à beaucoup près de l'étendue de l'autre, & ne peut tenir au plus que 1,500 personnes. D'ailleurs le rencherissement des places peut faire grand tort aux instituteurs de ce nouveau spectacle Au reste, ils travaillent pour l'opéra, qui en a spécialement la direction & le profit, & qui, pour se procurer plus d'amateurs en réduisant les autres spectacles, n'a pas peu contribué à faire interdire la parole au sieur Nicolet, le grand coryphée des divertissements de la foire.

19 Février 1769. Ce n'est que samedi que

M." le duc de *Choiseul* a honoré de sa présence l'actrice nouvelle, jouant le rôle de *Zaire* : des occupations imprévues ne lui avoient pas permis d'assister le mercredi au spectacle. Il a envoyé le lendemain au sieur le Kain, par Corbie, un présent de 50 louis, avec une lettre où ce ministre marque à l'acteur qu'il avoit d'abord projeté de lui faire le cadeau d'un habit, mais qu'il a cru que de l'argent lui causeroit plus de satisfaction ; qu'au surplus, l'*Orosmane* ne recevroit jamais tant de plaisir de cet envoi, qu'il lui en avoit causé par la noblesse & l'énergie de son exécution.

22 Février 1769. Il se répand un mandement de M. l'archevêque de Lyon, contenant des instructions sur le carême & des dispenses pour celui de cette année 1769, en date du premier janvier, qui n'a dû être publié que le dimanche de la Quinquagésime, & parvenu depuis dans ce pays, où il fait un bruit du diable, par le ridicule que les indévots aiment à jeter sur tout ce qui leur paroît outré en morale & en discipline, dans l'espoir qu'il en réjaillira quelque chose même sur les usages les plus reconnus, & les plus respectés. Ils trouvent puéril que ce prélat descende dans tous les détails les plus minutieux de cette institution de l'église; ils plaisantent sur-tout de la phrase où il invite avec Augustin, *les époux chrétiens à se séparer pour un temps, afin de vaquer plus utilement à la prière.* Peut-être quelques anecdotes galantes répandues sur le compte de ce pasteur austere, ont-elles donné lieu à relever avec plus d'affectation le rigorisme qu'il annonce. D'ailleurs les mortifications qu'il a données plusieurs fois à monsieur l'archevêque de Paris, en vertu de sa suprématie prétendue, ont indisposé contre lui les amis de ce dernier, qui n'ont pas peu contribué à tympaniser ce mandement capucinal.

23 *Février* 1769. Il court des couplets très-délicats & très-ingénieux, où la satire a pris le ton des graces, & paroît embellie de leur parure; ils sont recherchés & feront anecdote par le point historique qu'ils constatent : ils sont sur l'air :

Vous qui vous moquez par vos ris.

Lisette, ta beauté séduit
Et charme tout le monde,
En vain la duchesse en rougit
Et la princesse en gronde;
Chacun sait que Vénus naquit
De l'écume de l'onde.

En vit-elle moins les dieux
Lui rendre un juste hommage,
Et Pâris, ce berger fameux,
Lui donner l'avantage,
Même sur la reine des cieux
Et Minerve la sage?

Dans le sérail du grand-seigneur
Quelle est la favorite?
C'est la plus belle au gré du cœur
Du maître qui l'habite;
C'est le seul titre en sa faveur
Et c'est le vrai mérite.

25 *Février* 1769. M. Dupin, ancien fermier-

général, vient de mourir dans un âge fort avancé. Il laisse une veuve renommée autrefois par sa beauté, & dont la maison est encore l'asyle de plusieurs académiciens. Cette virtuose a vu sa cour composée des plus illustres personnages de la littérature. M. de Fontenelle y allait souvent. Le fameux Rousseau a été précepteur du fils, de ce monsieur Dupin, un des plus mauvais sujets qu'on puisse trouver, & qui a fait la douleur & la honte de toute sa famille Monsieur le Mierre est encore attaché à la bru de cette dame. On ne finiroit pas de détailler tous les hommes rares dont cette virtuose a fait les délices & l'admiration.

27 Février 1769. L'affaire entre le sieur Natoire & le sieur Mouton, portée au Châtelet, & qui occupe le public depuis près d'un an, doit être jugée demain. Il paroît un nouveau mémoire pour le sieur Mouton, dont on a tiré 1,500 exemplaires, & qui a été enlevé avec une rapidité sans exemple. Il est d'autant plus vigoureux qu'il argue de fausseté & de mensonge le directeur de l'académie de Rome, qu'il fait de cette affaire particuliere une affaire publique, & de la cause de l'éleve celle de tous les François. Au surplus, le sieur Mouton offre de faire preuve de tout ce qu'il avance, & défie son adversaire d'avoir le même succès. Le sieur Target, défenseur de Mouton, a revêtu cet écrit d'une éloquence mâle & anglicane, qui éleve l'ame, & l'agrandit & l'indigne contre la foiblesse du sieur Natoire. Le lecteur réprouve ses sentiments & sa conduite, & le condamne déja sur son propre aveu.

Au reste, tout Paris prend parti dans cette

cause, qui met de nouveau aux prises le molinisme & le jansénisme ; mais ce qui fait pencher la balance, c'est que les plus indifférents sur les misérables querelles de ces deux sectes, ne peuvent l'être dans celle-ci, où la liberté même de l'homme est compromise.

28 *Février* 1769. L'affaire des sieurs Natoire & Mouton a été plaidée aujourd'hui au Châtelet. Le sieur Target, avocat de Mouton, a parlé avec une force, avec une véhémence qui ont entraîné tout l'auditoire : sa péroraison où, sommant le sieur Natoire de prouver les faits qu'il avance, il offre & demande de son côté à faire preuve de ceux allégués par sa partie, a terminé ce plaidoyer de la maniere la plus foudroyante. Aussi les juges subjugués par une éloquence aussi lumineuse, ont admis le sieur Mouton à la preuve des faits qu'il demandoit, & l'on regarde sa cause comme gagnée.

28 *Février* 1769. On attendoit depuis long-temps un poëme François, annoncé avec les plus hautes espérances : enfin le nom de l'auteur ne pouvoit qu'exciter une grande curiosité ; c'est un poëme *des Saisons*, par M. de St. Lambert. Cet ouvrage paroît, &, comme il arrive souvent, il ne répond pas à la longue attente des amateurs ; il est en quatre chants, suivant la division naturelle, & en grands vers. Les gens de goût préferent quelques pieces de lui connues depuis long-temps, courtes, vives & légeres, à tout le fatras de poésie prodigué dans ce gros volume.

3 *Mars* 1769. Madame Vestris continue ses débuts dans le comique avec le même succès, ou plutôt avec encore plus de succès que dans le

tragique. Les grands rôles qui exigent du sang-froid, de la finesse, de la noblesse, lui vont à merveille, & ce sera une très-bonne acquisition pour les deux genres.

4 *Mars* 1769. *Le Déserteur*, opéra comique du sieur Sedaine, dont le sieur Monsigny a fait la musique, annoncé depuis long-temps & retardé par les soins & embarras qu'ont donné au musicien la place de maître-d'hôtel de M. le duc d'Orléans, dont ce prince l'a revêtu, doit être enfin joué après-demain. Il y a eu hier une répétition presqu'aussi brillante que le sera la premiere représentation: M. le duc d'Orléans, M le duc de Chartres y étoient, & quantité de seigneurs, qui ont trouvé cet ouvrage miraculeux.

5 *Mars* 1769. M. *Ferrein*, médecin professeur d'anatomie & de l'académie royale des sciences, vient de mourir âgé de 85 ans. Il s'étoit fait une sorte de célébrité par une prétendue découverte que la voix étoit un instrument à vent & à cordes. Ses partisans même avoient nommé de son nom *fibres ferrinei*, certaines fibres qu'il regardoit comme destinées à cet usage, & dont il vouloit que la glotte fût l'archet. Il avoit exécuté une machine artificielle, qui figuroit assez bien son système, & répondoit par diverses expériences aux objections qu'on pouvoit faire. Mais le grand argument auquel il n'a pu résister, & qui a foudroyé absolument cette opinion nouvelle, c'est qu'il est démontré impossible en bonne physique que des cordes mouillées rendent du son. Depuis ce temps la réputation éphémere de ce docteur a beaucoup diminué, & il est rentré dans une obscurité dont le

brouhaha occasioné par ce système singulier l'avoit fait sortir.

6 Mars 1769. Tout Paris a couru aujourd'hui au *Déserteur* avec cet empressement, ou plutôt avec cette fureur qu'on a pour tous les spectacles, mais sur-tout pour le cher opéra comique. Le drame en question, ouvrage à prétention & à très-grande prétention, n'a pas même eu les suffrages de ces spectateurs indulgents ou d'un goût peu difficiles, qui trouvent tout bon ou du moins se laissent aisément prévenir par le nom de l'auteur. Cette piece, en trois actes, roule sur une plaisanterie qu'on veut faire à un soldat venu pour se marier, & auquel on fait accroire que sa prétendue lui a joué le tour d'en épouser un autre dans cet intervalle. Dans son désespoir il veut quitter la France : des soldats qui le surprennent & l'entendent former ce malheureux projet, l'arrêtent comme déserteur, & il auroit la tête cassée, si sa maîtresse désolée de la tournure sinistre de cette mauvaise plaisanterie, n'alloit conter l'histoire au roi, lui demander la grace de son amant & ne l'obtenoit.

On remarquoit entr'autres absurdités dans cette piece, 1°. le fond même de l'intrigue absolument puérile, & qui ne peut être le pivot d'un ouvrage aussi grave & aussi sérieux que celui-ci : 2°. de faire rester un quart d'heure sur la scene le déserteur, accourant avec beaucoup d'empressement pour sa noce, & s'arrêtant tout-à-coup lorsqu'il est sur le point d'arriver à la maison de sa maîtresse, pour se lamenter de ce qu'elle ne vient pas au devant de lui, de ce qu'il ne voit personne, &c.: 3°. de le faire arrêter sur la mauvaise équivoque d'une ariette où il chante qu'il quitte la France, quoiqu'il réponde à ses camarades qui concluent qu'il déserte donc, qu'il ne veut pas déserter : 4°. de faire venir son amante & son beau-pere futur dans la prison pour le voir, sans qu'ils sachent pourquoi il y est, quoique ce ne soit point un crime secret & que tout le monde en soit instruit, & que sa maîtresse revienne ensuite un instant après, ayant appris ce dont elle auroit naturellement dû s'informer avant, & ce dont elle auroit été aussi facilement instruite : 5°. de la faire arriver ayant sa grace, & de la faire évanouir en le voyant sur le point d'aller au supplice, sans qu'elle eût annoncé cette heureuse nouvelle, quoique dans la vérité elle eût dû la crier à toute la nature... Outre ces défauts de bon sens décidés qui sautent aux yeux de tout le monde, il y en a quantité d'autres dans les détails, & une multitude de bêtises qu'on auroit peine à pardonner au plus mauvais farceur. Un personnage épisodique, nommé *Mont-au-Ciel*, qu'on introduit dans la piece, par une méchante équivoque sur son nom égaie un peu ce drame, du plus grand noir, mais dégénere souvent en un misérable quolibetier des treteaux de Nicolet.

Le musicien paroît s'être mieux tiré de sa besogne; il y a des endroits de sa composition fort applaudis & d'un joli travail : on voit qu'il cherche à sortir de temps en temps de la tristesse & de la mélancolie où le jette le poëte, & dans laquelle il retombe souvent entraîné par son modele.

7 Mars 1769. *Lettres Cherakcessiennes*, mi-

ses en François de la traduction Italienne, in-8°. de 150 pages. Cet ouvrage mal fait, & d'un style plus que médiocre, n'a pas même le mérite du fonds. C'est un sauvage qu'on introduit sur la scene & qu'on fait disserter sur notre religion, nos dogmes & notre morale. On sent que ce traité est calqué sur une infinité d'autres du même genre; mais l'auteur n'a de commun avec ses confreres que l'envie d'infecter de son poison ses lecteurs, qui ne seront point en grand nombre, & conséquemment il ne fera pas grand mal.

9 *Mars* 1769. On ne sauroit trop faire connoître les actions patriotiques: le sieur *le Comte*, vinaigrier ordinaire du roi, vient de donner 3,000 livres aux écoles royales gratuites de dessin. M. Durosoy a publié un *Essai philosophique sur cette institution*, & il a consacré au profit des jeunes eleves celui de l'édition de cet écrit. Si l'ouvrage n'a pas un mérite intrinseque bien propre à faire multiplier son débit, l'auteur a du moins le mérite d'avoir consacré son foible génie à l'utilité publique, espece de gloire bien rare, & dont peu de ses confreres pourroient s'applaudir.

12 *Mars* 1769. *Le cri de l'honnête homme* est une brochure très-clandestine, composée, suivant le récit qu'elle contient, par le premier magistrat d'une ville de province du second rang, qui ayant eu le malheur de faire un mariage mal assorti, après avoir épuisé tous les moyens de patience & de conciliation, a été obligé de se séparer d'une Messaline. L'état où l'a mis cette position ambiguë, lui a fait faire beaucoup de recherches sur la matiere du divorce, & par

une série de réflexions dont ce livre est le résultat, forme une espece de mémoire en sa faveur pour être autorisé. A cette pratique, il établit que le divorce a pour lui un passage même de l'écriture, très-formel, très-précis & très-clair ; qu'il est conforme aux usages de la primitive église, & que la morale, le droit naturel & politique concourent également à le rendre nécessaire.

Cet ouvrage écrit avec force n'est pas moins appuyé de raisons : on y trouve une peinture des mœurs actuelles très-énergique, où l'on prouve que leur dépravation est une suite infaillible de l'indissolubilité des mariages. L'auteur s'est permis des plaisanteries & un style ironique, qui ne nuisent point à la dignité de la matiere, & qui servent seulement à égayer le sujet avec noblesse ; elles n'empêchent pas qu'il ne regne dans tout l'ouvrage beaucoup d'onction & de sentiment, très-capables d'intéresser pour l'historien, & d'attendrir le lecteur sur son malheureux destin.

13 *Mars* 1769. Des plaisants ont trouvé dans *Nostradamus* une centurie, qu'ils ont adaptée aux circonstances, & dont ils inferent une prédiction de l'élection de M. le cardinal de Luynes, archevêque de Sens, à la papauté. Voici ce bizarre quatrain, susceptible de toutes les interprétations qu'on voudra lui donner ; il est tiré de la centurie 86, édition petit in-8°. de 1cc. 1cc. LXVII.

> Le grand prélat un jour après son songe
> Interprété au rebours de son sens,
> De la Gascogne lui surviendra un monge
> Qui fera élire le grand prélat de Sens.

Dans les premiers vers on croit trouver la mort du pape, par le 3eme. on entend le cardinal de Bernis, archevêque d'Alby, & le 4eme. paroît fort clair.

Monsieur le duc de Chevreuse rit beaucoup de cette facétie & porte depuis ce temps *Nostradamus* dans sa poche, qu'il montre à tout le monde.

14 *Mars* 1769. Le parlement ne paroît pas encore entrer dans les vues de la brochure dont on a parlé, intitulée *le Cri de l'honnête homme*. rempli de préjugés antiques, & d'ailleurs obligé à se conformer aux loix reçues & consacrées par une longue exécution, il a sévi le 3 de ce mois, les chambres assemblées, contre un *Traité sur la Population*, où l'auteur établissoit le divorce comme un des meilleurs moyens de le favoriser & de l'augmenter. Quoique ce livre ne soit pas écrit avec la même force que l'autre, ni soutenu de preuves aussi victorieuses, il a paru aux magistrats propre à occasioner une fermentation dangereuse, & il a été condamné à être brûlé par un arrêt qui ne se répand que depuis peu. Il est difficile de déraciner les erreurs si promptement, mais on espere que cette flétrissure ne fera qu'encourager les bons patriotes à écrire sur cette matiere importante & à la prendre pour texte de leurs discours philosophiques.

15 *Mars* 769. Les spectacles se sont fermés à l'ordinaire sans aucun événement remarquable. On observe seulement que par un retour du bon goût ou de la mode, les parts des François pour l'année dramatique ont monté celle-ci à plus de 14,000 livres, tandis que celles des Italiens, qui

depuis quelques années les avoient de beaucoup surpassé, sont restées à 8,000 livres environ.

18 *Mars* 1769. M. de Voltaire, dont la muse sembloit assoupie depuis quelque temps, vient de se réveiller par une *épître à Boileau*, fort longue, fort diffuse, & qui n'est qu'une espece de satire dans le goût de celles de cet auteur, où M. de Voltaire, qui a tant blâmé ce genre, s'abandonne lui-même à son génie très-caustique & tombe à droite & à gauche sur une infinité de choses & sur une multitude de gens. Tout cela n'est qu'un rabachage, une répétition fastidieuse des injures qu'il a débitées ailleurs & d'une façon au moins plus passable.

20 *Mars* 1769. Il court aussi une épître en vers de M. de Voltaire à l'auteur du livre *des trois Imposteurs*. Ce grand homme s'y éleve avec force contre l'athéisme, en détruit en poëte tous les raisonnements, qu'il fait ailleurs en philosophe en faveur du même systême. Mais on sait qu'il est accoutumé à prêcher le pour & le contre. Cette piece, où il y a de temps à autre de beaux vers, est en général lâche, prosaïque & se sent de la décrépitude du faiseur. Il a entremêlé un sujet aussi grave de mille plaisanteries, dont il ne peut s'abstenir, & qui donne un air de force à ses ouvrages les plus sérieux. Il finit par prêcher le tolérantisme, & après avoir fait manger du porc à un Juif avec un François, & boire du vin à un Turc avec un docteur de sorbonne, il s'écrie : *mais qui pourra jamais souper avec Freron ?* & laisse le lecteur sur ce bon mot.

22 *Mars* 1769. Deux nouveaux livres infernaux percent à Paris, dans ce saint temps où

l'église redouble de ferveur & de prieres pour la conversion des incrédules ; l'un a pour titre *Opinion des anciens sur les Juifs, par feu M. de Mirabeau, secretaire perpétuel de l'académie Françoise* : l'autre est intitulé *Réflexions importantes sur l'évangile*.

Ces deux ouvrages, connus comme manuscrits depuis long-temps, & gardés dans l'obscurité des porte-feuilles des curieux ou des esprits forts, sont dans le goût de ceux attribués à Freret. Il y a autant de méthode, de logique & de clarté ; mais ils sont écrits avec beaucoup plus de force, & sont aussi énergiques dans le style que dans le raisonnement. Le débordement de ces brochures scandaleuses est si grand, que le sage magistrat qui préside à la police, ne peut que le suspendre par intervalle encore ; tandis qu'il est occupé à l'arrêter d'un côté, il gagne de l'autre successivement. Il est à craindre qu'il n'entraîne tout ce qu'il rencontrera, si nous n'étions rassurés par les saintes paroles, qui annoncent *que les portes de l'enfer ne pourront prévaloir contre l'église*.

23 *Mars* 1765. M. de Bougainville raconte beaucoup de choses de son voyage, il prétend entr'autres merveilles avoir découvert aux Terres Australes une nouvelle isle, dont les mœurs sont admirables, dont l'administration civile fait honte aux gouvernements les plus policés de l'Europe : il ne tarit point sur les détails charmants qu'il en raconte. Il est bien à craindre que ce nouveau Robinson n'ait acquis ce goût du merveilleux, si ordinaire aux voyageurs, & que son imagination exaltée ne lui fasse voir les objets tout autres qu'ils ne sont.

24 *Mars.*

24 *Mars* 1769. Les adversaires infatigables de la religion ne cessent de tirer des ténebres tous les livres qui peuvent contribuer à leur projet & jeter dans l'esprit des lecteurs des lumieres dangereuses : au défaut d'écrivains qui par des ouvrages nouveaux sur cette matiere entretiennent la curiosité publique, ils reproduisent d'anciens écrits. Les Anglois étant très-féconds en dissertations de ce genre, ils ne tarissent jamais & trouvent toujours chez les philosophes de cette nation, même chez leurs théologiens, des armes propres à leur genre de combat. Tel est un recueil intitulé : *Examen des Prophéties qui servent de fondement à la religion chrétienne ; avec un Essai de critique sur les prophetes & les prophéties en général*. La premiere piece est un ouvrage célebre de M. Antoine Collins, auteur du fameux discours *sur la liberté de penser*. Celui-ci a paru à Londres en 1724. M. Collins y donne un sens purement allégorique aux prophéties de l'ancien testament, qui avoient J. C. pour objet ; ce qui détruit les titres les plus forts de la mission divine. Aussi ce discours fut-il en peu de temps assailli de 35 critiques : les *Clarkes*, les *Wissons*, les *Sherloks*, les *Chandlers*, les *Sykes*, &c. se mirent sur les rangs. L'*Essai critique* est un développement philosophique de cette même matiere très-bien fait, & qui ne peut que jeter un ridicule complet sur les prophetes & les prophéties. Tous ces ouvrages, si propres à ébranler la foi des fideles, sont sagement proscrits par le gouvernement.

25 *Mars* 1769. Au mariage de M. le comte de Fitz-James, M. le duc de Chartres lui donna

un souper à sa petite maison, appellé *le souper des veuves*. On y avoit réuni les maîtresses de ce prince, & de différents seigneurs mariés, ou sur le point de se marier. Tout étoit tendu de noir. Les femmes étoient dans le deuil du costume ; les hommes de même. Les flambeaux de l'Amour s'éteignoient, & se trouvoient remplacés par les flambeaux de l'Hymen. Ces deux dieux étoient dans une rivalité continuelle à cette fête : en un mot, tout y caractérisoit le tombeau des plaisirs & l'empire de la raison. On assure qu'il est question de renouveller cette farce d'une façon plus solemnelle encore, à l'occasion du mariage prochain de M. le duc de Chartres.

26 *Mars* 1769. M. de Bougainville a amené avec lui un homme de cette isle dont il prétend avoir fait la découverte. Il ne prodigue pas encore ce personnage curieux, mais il paroît qu'il met tout en œuvre pour se faire nommer gouverneur de cette isle, & réparer la perte qu'il a faite de son commandement aux isles Malouines.

28 *Mars* 1769. Il paroît déja quatre lettres manuscrites sur la compagnie des Indes : historique précieux de tout ce qui se passe dans cette société, & qui doit servir un jour à constater les efforts multipliés du ministere & de ses suppôts pour la détruire. Il est fâcheux que la liberté & l'énergie de ces écrits en empêchent la publicité & l'impression.

29 *Mars* 1769. Extrait d'une lettre de Rome, du 7 Mars...... J'ai vu les obseques de sa sainteté, qui étoient misérables. De tous les ordres religieux il n'y avoit à son convoi que quel-

ques pauvres diables de jésuites. Du reste sa mémoire n'est pas ici en bonne odeur. On a fait parler Pasquin, qui a dit qu'à l'ouverture de son cadavre on avoit trouvé au feu pape ses neveux dans la tête, les jésuites dans le cœur, le corps plein de trésors, & les rois à ses pieds. On s'est servi pour la cérémonie d'un cénotaphe du feu cavalier Bernin; & comme il y avoit quatre places aux quatre angles, propres à recevoir les vertus du défunt, on n'a su comment le remplir, & ne trouvant à louer que sa dévotion pour les cérémonies religieuses, on l'a représenté dans un coin à genoux devant une chapelle; dans une autre, recevant le plan d'une église; d'un autre côté, faisant la canonisation d'un saint, & enfin fondant un hôpital.

30 *Mars* 1769. Dans ce pays-ci l'émulation des faiseurs de projets enchérit sans cesse sur les derniers, & le public gagne toujours à cette concurrence. Le sieur Torré, qui l'an passé avoit ébauché un Wauxhal où l'on couroit en foule, a donné au sieur Ruggieri l'idée d'en établir un à la foire St. Germain, plus petit, à cause de l'emplacement qui l'a gêné, mais d'une magnificence singuliere, & telle qu'on croit être dans un de ces châteaux enchantés, dont les anciens romans nous donnent des descriptions si merveilleuses. De nouveaux artistes s'empressent d'effacer ce spectacle, & une compagnie entiere a formé le projet d'établir un Wauxhall perpétuel aux Champs-Elysées, dont l'étendue & la richesse surpasseront infiniment tout ce qu'on a vu en ce genre. On en peut juger par la mise dehors que ces gens-là se proposent de faire, & qui doit, dit-on, monter jusqu'à

1,200,000 livres. Il ne s'ouvrira que dans un an, au mariage de M. le dauphin. A la tête de ce projet, un nommé *Corbie*, créature attachée à M. le duc de Choiseul, versé depuis long-temps dans tous les genres de spéculation, & qui par les facilités que lui donne son maître, est à même de procurer à ses confreres tous les secours & toute la protection dont ils peuvent avoir besoin.

1 Avril 1769. *L'enfer détruit*, suivant un petit avertissement, est un ouvrage sorti de la même plume que celle de l'auteur de la *Cruauté religieuse*. Il parut à Londres en 1761. Il est question d'y montrer à tout homme raisonnable que le dogme de l'éternité des peines n'a d'autre base que l'intérêt des imposteurs, dont le métier consiste à tromper le genre humain; 1°. en ce qu'il est incompatible avec la justice & la gloire de Dieu: 2°. en ce qu'il est probable que ceux qui ont enseigné cette doctrine, ne la croyoient pas eux-mêmes, & avoient des vues particulieres pour le répandre: 3°. en ce que de savants théologiens ne sont nullement d'accord entr'eux pour décider si cette doctrine est formellement annoncée dans les écritures: 4°. en ce qu'un dogme si contraire à la bonté divine ne peut servir de base à une vraie religion, qu'il n'est propre qu'à fomenter une religion fausse & tyrannique pour des esclaves, & ne peut avoir que les conséquences les plus fâcheuses.

A la suite de ce premier ouvrage en est un second, qui lui sert d'appui, qui a pour titre: *Dissertation critique sur les tourments de l'Enfer*. Il est aussi traduit de l'Anglois, suivant un avertissement, & parut à Londres en 1658. Il est plus savant que le premier, plus appuyé de citations & de passages de l'écriture même ; car, ce qui rend ces libelles contre la religion plus redoutables, c'est que leurs auteurs puisent dans les livres saints les plus forts arguments dont ils la combattent. Le style de ces deux écrits, & sur-tout du premier, est un style de dissertation, froid, diffus & n'enthousiasme en rien le lecteur : mais la logique en est si serrée, si pressante, si lumineuse, qu'il faut toute la foi possible pour s'y refuser.

2 *Avril* 1769. Les comédiens Italiens ordinaires du roi voulant proposer un encouragement à ceux qui sont dans le cas de travailler pour leur théatre, en affectant des récompenses à ceux qui auront contribué à sa prospérité & à son amélioration, ont arrêté de donner deux pensions viageres de 800 livres aux deux sujets qui auront le plus mérité d'eux : en conséquence ils viennent de choisir MM. Favart & Duni pour les premiers sujets de leur bienveillance : le premier est connu par une grande fécondité de pieces, toutes assez agréables au public ; le second est le premier musicien qui eut fait révolution dans l'espece de composition de l'opéra comique par le *Peintre amoureux de son modele*. Ce nouveau genre d'armonie eut peine à prendre & ne fut goûté qu'après plusieurs représentations.

3 *Avril* 1769. L'affaire de la compagnie des Indes occupe la cour & la ville, par l'intérêt que beaucoup de gens y ont, & par la tournure grave qu'elle est sur le point de prendre indispensablement. Malgré cette crise, qui n'est

rien moins que comique pour ceux qui y font, graces à la gaieté Françoife, on veut dérider encore le front des actionnaires, & un plaifant vient de répandre une facétie à ce fujet très-propre à faire rire ceux qui le pourront. On diftribue aujourd'hui, fous le manteau, une feuille imprimée, qui a pour titre : *Profpectus de la pompe funebre de feue très-haute & très-puiffante, très-excellente princeffe madame la Compagnie des Indes, fouveraine de la prefqu'ifle de l'Inde, & ci-devant des ifles de France, de Bourbon & du port de l'orient.* On y lit que ladite pompe eft dirigée par les foins de M. le duc de Duras (avec toutes fes qualités), fyndic de ladite dame, & exécutée fur les deffins de M. Boutin, intendant des finances.

Cette parodie a tout le fel de la plus fine critique. L'auteur, qui eft fûrement du fein de la compagnie, & qui en connoît à merveille les principaux perfonnages, les caractérife de la façon la plus frappante, & les couvre du ridicule le plus indélébile. Chacun y eft nommé & a une place marquée, relative à fon rôle. Une pareille folie ne peut être bien fentie que par des gens qui ont fuivi les affemblées générales & particulieres. MM. le duc de Duras & Boutin, d'Epremefnil, Necker, &c. font les plus maltraités. L'auteur n'a refpecté que M. le contrôleur-général, dont il n'a fait aucune mention.

Les conjectures tombent en général fur M. le comte de Lauraguais, comme auteur du pamphlet; cependant il y eft auffi caractérifé, mais d'une façon avantageufe & qui ne peut que lui faire honneur.

4 Avril 1769. Assemblée publique de l'académie royale des inscriptions & belles-lettres, du 4 avril.

Le sieur le Beau, secretaire perpétuel, a annoncé que l'académie avoit proposé pour sujet du prix de pâque de cette année, la question suivante: *quelles ont été depuis les temps les plus reculés jusqu'au quatrieme siecle de l'ere chrétienne, les tentatives des différents peuples pour ouvrir des canaux de communication, soit entre diverses rivieres, soit entre deux mers différentes, soit entre des rivieres & des mers, & quel en a été le succès?* Comme les mémoires qui lui ont été envoyés ne lui ont pas paru remplir cet objet, elle s'est déterminée à proposer le même sujet pour le prix qui doit être donné à pâque 1771, & qui sera double.

Le sieur le Beau a ajouté que l'académie avoit proposé pour le prix de St. Martin 1768, d'examiner *quels furent les noms & les attributs divers de Jupiter, chez les différents peuples de la Grece & de l'Italie? quels furent l'origine & les raisons de ces attributs?* Que peu satisfaite des mémoires qui lui ont été envoyés sur ce sujet, elle a remis le prix & proposé la même question pour la Saint Martin de l'année 1770: que le prix sera double & consistera en deux médailles d'or, chacune de la valeur de 500 livres.

L'abbé Arnaud a lu ensuite un mémoire *sur le style & les ouvrages de Platon.*

A cette dissertation a succédé celle de M. de Guignes *sur la Littérature Chinoise*, & particuliérement sur les historiens & l'étude de l'histoire à la Chine : le sieur Gibert a lu pour cet auteur, le seul de l'académie en possession aujourd'hui d'exploiter les mines riches & abondantes de cette langue étrangere.

Le sieur de Rochefort a parlé le troisieme, & a donné la seconde partie de son mémoire sur les mœurs des temps héroïques.

M. Anquetil devoit finir par un mémoire où il établit que les livres *Zends*, déposés à la bibliotheque du roi le 15 mars 1762, sont les propres ouvrages de Zoroastre, ou du moins qu'ils sont aussi anciens que ce législateur; mais cinq heures & demie approchoient, & l'on n'a pas jugé à propos de laisser commencer l'auteur, l'usage classique de cette académie étant, comme on l'a observé déja, de lever la séance impitoyablement à la minute.

5 Avril 1769. Assemblée publique de l'académie royale des sciences, tenue le mercredi 5 avril 1769.

Le sieur de Fouchy, secretaire de l'académie, a ouvert la séance en annonçant que le prix qui étoit double, & dont le sujet étoit de *déterminer la meilleure maniere de mesurer le temps à la mer*, avoit été adjugé à un mémoire du sieur le Roi, fils du célebre Julien le Roi, horloger de S. M., & à une montre du même auteur, qui est la même présentée au roi à Bellevue au mois d'août 1766, que le marquis de Courtenvaux éprouva sur la frégate *l'Aurore*, lorsqu'il alla en Hollande en 1766, & dont on a fait des épreuves à la mer l'été dernier dans un voyage des côtes de France à Terre-Neuve & de Terre-Neuve à Cadix, &c.

Le secretaire annonça ensuite qu'en considération de l'importance de cette matiere, l'académie propofoit de nouveau le même fujet pour l'année 1771, & que le prix extraordinaire dont le fujet étoit d'indiquer la maniere de perfectionner l'efpece de cryftal néceffaire à la conftruction de lunettes achromatiques, étoit remis à la même année.

Le fieur de Fouchy a lu encore l'éloge de monfieur *de Parcieux*. Ce digne académicien étoit un homme fort laborieux, & qui n'avoit pour toutes anecdotes curieufes dans fa vie que l'hiftoire de fes ouvrages en très-grand nombre. L'orateur en a fait une lifte fort détaillée : ils font prefque tous d'une utilité fenfible, & ceux même qui n'ont pas été exécutés, pourront l'être un jour. Son fameux projet d'amener la riviere d'Yvette dans Paris, pour fournir abondamment de l'eau dans toutes les parties de cette capitale, eft le plus connu & fait honneur au génie de ce méchanicien. Le fecretaire, dans cet éloge, a paru fe conformer à la modeftie de fon héros ; il a été plus fobre que de coutume en ornements étrangers ; fon ftyle eft plus fain, & tel qu'on devroit l'employer dans l'éloquence de ce genre, qui ne doit être que le genre fimple.

Le fieur de Vaucanfon, fur l'invitation du directeur, a pris la parole, & dans un mémoire affez ennuyeux a donné la *defcription d'une nouvelle Calandre, propre à moirer les étoffes de foie.*

Un pareil mémoire auroit été plus goûté dans une affemblée de commerçants de Lyon, que dans cette féance publique, où le grand nombre des fpectateurs cherche plus à s'amufer qu'à s'instruire, ou du moins voudroit trouver l'agréable joint à l'utile; réunion que quelques académiciens ont le secret de faire, mais pas tous à beaucoup près.

Le sieur de Fouchy a repris encore la parole pour lire *l'Eloge du sieur Trudaine de Montigny*, intendant des finances & honoraire de cette académie. Il a commencé par déclarer qu'ayant, suivant l'usage, demandé à la famille les mémoires nécessaires à son travail, il lui en avoit été fourni de si bons & de si bien faits, que c'étoit plus l'ouvrage de cette famille que le sien qu'il alloit présenter à l'assemblée.

Dans cet éloge le public a remarqué deux traits, qui sont en effet très-saillants: le premier a paru extrêmement hardi, & l'on a été étonné de le voir inséré dans un pareil ouvrage: il étoit question du pere de M. de Trudaine, prévôt des marchands, mais qui fut destitué de cette dignité pour n'avoir pas voulu se prêter à quelques arrangements qu'on vouloit faire sur les rentes, & qui, suivant la coutume, n'étoient pas à l'avantage des particuliers. L'historien ajoute que cette disgrace ne fit point perdre au pere du sieur Trudaine l'estime & la considération de M. le régent, sous le gouvernement duquel s'étoit passé cette injustice; que ce prince avoit eu la bonté de lui témoigner son regret, en lui disant, *on ne vous a ôté votre place que parce que vous étiez trop honnête homme*: aveu sans doute très-noble dans la bouche du régent, mais qui ne peut que flétrir sa mémoire.

Le second trait est du Sr. Trudaine, dont le sieur de Fouchy a lu l'éloge: étant au lit de la mort, son fils n'ayant pas de meilleures espérances à lui donner sur sa fin qui approchoit, & croyant le consoler au moins un peu dans son état par le récit de l'intérêt que le public y prenoit, lui en faisoit une description aussi touchante que flatteuse ; il lui apprenoit que ce moment étoit celui où il pouvoit être le plus assuré de l'affection de la nation, de l'estime des gens de bien & du suffrage de tous les patriotes, qu'il emporteroit des regrets universels : *eh bien ! je te legue tout cela*, lui dit le moribond, en souriant ; mot susceptible de deux sens & très-philosophique, de quelque maniere qu'on l'entende.

M. Macquer a continué la séance par la lecture d'un *mémoire sur une meilleure méthode de teindre la soie écarlate avec la cochenille*.

M. de Fouchy, doué d'un organe infatigable, a terminé la séance par une notice des trois arts, publiés depuis un an par l'académie ; *l'art du fil d'archal*, par M. Duhamel ; celui de *l'exploitation des mines de charbon de terre*, par M. Morand fils ; & *l'art de la menuiserie*, premiere partie, par le sieur Roubaud, compagnon menuisier. Il a fait un éloge mérité de cet artiste, qui, asservi au méchanisme de son art, a su pourtant s'en dégager & s'élever jusqu'aux principes d'une théorie savante & raisonnée.

7 *Avril* 1769. M. l'abbé Laugier, très-connu par sa sortie des jésuites quelques années avant la dissolution de cet ordre fameux, & par l'esclandre que fit cet événement, auteur d'une *histoire de Venise*, & qui avoit quelque réputation dans la république des lettres, vient

de mourir d'une fievre maligne. Il se méloit encore d'architecture & avoit écrit sur cette matiere des ouvrages qui l'avoient mis aux prises avec des gens de l'art; enfin il étoit devenu homme à bonnes fortunes, apparemment pour faire abjuration entiere de son ancien état.

10 *Avril* 1768. Extrait d'une lettre de Rome, du 23 mars 1769...... L'empereur est entré dans le conclave, les arrangements étant pris pour laisser la porte ouverte. A son arrivée, il a demandé s'il pouvoit conserver son épée? On lui a dit qu'il ne la portoit que pour la défense de la religion ; on prétend qu'il a ajouté, *& pour celle de mes états.*

Le trait le plus remarquable, & dont j'ai été témoin oculaire, c'est à l'occasion du tombeau de la comtesse Mathilde, dans l'église de Saint-Pierre. Vous savez qu'il y a à ce monument un bas-relief dont les figures ont deux pieds & demi de haut. La comtesse y est représentée debout à côté du pape, qui, sur un fauteil & dans l'appareil le plus orgueilleux, donne l'absolution à un empereur humilié & à genoux. Lorsque l'antiquaire vint à expliquer ce morceau à l'empereur, j'observois le visage de ce prince, je le vis se couvrir d'indignation; il recula un pas en arriere, & toute sa contenance marquoit sa fureur; il se remit cependant & se contint.

Il paroît ici une satire datée de l'enfer, au cardinal Piccolomini. Le conclave est fort agité ; les intrigues ne sont pas encore terminées. On croit qu'il sera long, & que le Saint-Esprit ne descendra pas si-tôt sur les têtes de ces éminences électorales.

11 *Avril* 1769. Les commédiens François ont donné hier la premiere représentation d'une comédie nouvelle, intitulée : *le mariage interrompu*, en vers & en trois actes. Ce drame, peu annoncé & même placé sur l'affiche en petit caractere & avec une modestie extraordinaire, avoit attiré peu de monde. Il a été bien reçu. C'est une comédie dans le genre antique. Un valet intrigant fut la cheville ouvriere de la piece. C'est un pendart du premier ordre, un chef-d'œuvre de forfanterie, le scélérat le plus gai, qui anime toute la scene & écrase les autres personnages. Le plan de l'ouvrage n'est pas grand'chose, du reste; mais au total cette comédie est dans le vrai ton, amusante, courte, sans épisode, sans tirades, & marchant toujours à l'événement, malgré la complication d'embarras de toute espece que forme infatigablement le héros de l'intrigue, c'est-à-dire le valet. On a demandé l'auteur, qui a paru : c'est M. *Cailhava d'Estandoux*, déja connu par deux comédies.

14 *Avril* 1769. Le roi faisoit compliment à un seigneur de la cour sur le bel habit qu'il avoit pour le gala indiqué au jour des noces de monsieur le duc de Chartres; il en admiroit le goût, l'élégance & la richesse : *ah ! Sire, cela se doit,* lui répondit-il.

15 *Avril* 1769. Il court depuis quelque temps une anecdote trop singuliere pour n'avoir pas besoin de confirmation; aujourd'hui qu'elle paroît constatée par l'arrivée du criminel dans les prisons, on ne peut se hasarder à la rapporter. Il est question du bourreau de Soissons, ayant une femme très-jolie dont il étoit for-

jaloux. Le lieutenant-criminel de cette ville soupiroit pour cette belle, & à raison de la confraternité avoit eu accès auprès d'elle, & y étoit très-bien. Il profitoit de toutes les occasions pour éloigner le mari soupçonneux, & l'obligeoit d'aller pendre & rouer à droite & à gauche, toutes les fois que cela se rencontroit. Un jour qu'il étoit en expédition lointaine, le jaloux, au lieu de revenir le lendemain, força de diligence & revint dans la nuit. Il trouva ce qu'il desiroit voir, ledit lieutenant-criminel couché avec sa femme. Il ne fait semblant de rien, fait chauffer son fer à marquer les criminels, & l'imprime sur les épaules du galant, vengeance bien douce & bien appliquée sans doute, mais qui n'a pas été vue de même par la justice. L'exécuteur des hautes œuvres a été condamné en premiere instance, & est actuellement à la conciergerie pour subir la confirmation de son jugement, qui sera le fouet, la marque, les galeres & toutes les gentillesses de cette espece.

16 *Avril* 1769. Le sieur Poinsinet, jaloux d'étendre de plus en plus sa réputation, & trouvant comme Alexandre le monde encore trop petit pour son individu, est allé en Espagne, à la tête ou à suite d'une troupe de comédiens, pour laquelle il doit composer des opéra comiques. On attend avec impatience les nouvelles de son début à Madrid & de ses succès.

16 *Avril* Madame la duchesse de Chartres s'est prodiguée ces jours-ci, suivant l'usage, aux regards du public empressé à la voir. Elle est allée mercredi à la comédie Françoise, &

hier à la comédie Italienne. Elle étoit avec madame la comtesse de la Marche & mademoiselle d'Orléans. On jouoit le *Déserteur*, piece nouvelle, toujours mauvaise, quoique fort courue, mais qui a des prétentions à l'attendrissement. Les princesses ont été émues à plusieurs situations, & le public a vu avec transport la sensibilité de ces belles; mais il n'a pu résister à l'émotion du moment, où aux cris de *vive le roi*, amenés par le sujet, l'auteur avoit fait adroitement ajouter *& toute la famille royale*, toutes les trois ayant fondu en larmes à ces tendres expressions de l'amour des François, les spectateurs, les acteurs, tout a ressenti le doux plaisir de verser des pleurs de joie & d'amour.

20 *Avril* 1769. La fermentation à Londres est toujours la même à l'occasion de *Wilkes*. Le peuple est plus que jamais affectionné à ce fameux partisan des privileges de la nation. On mande que la populace a poussé l'insolence jusqu'à promener un char dans presque toutes les rues, dans lequel il y avoit une jeune fille avec cette inscription : *La Liberté*. Il étoit décoré de trois médaillons, dont un de chaque côté, & un derriere le char. A droite, on lisoit *Charles I, couronné en*...... *décapité en*...... A gauche, *Jacques II, couronné en*...... *chassé en*..... & enfin dans le troisieme, *George III, couronné en* 1760, &.....

23 *Avril* 1769. Par différentes lettres que monsieur de Voltaire a écrites dans ce pays-ci, on sait que ce grand poëte a renouvellé cette année le spectacle édifiant de l'année derniere, & qu'il a encore fait ses pâques avec beaucoup de dé-

votion, mais d'une façon moins publique : il a prétexté des incommodités pour rester dans son lit & recevoir la communion chez lui.

27 *Avril* 1769. L'institution de l'école vétérinaire établie au château d'Alfort, près de Charenton, se soutient & se perfectionne de plus en plus. Le ministre qui y préside, l'a fort à cœur & donne tous les soins nécessaires pour en étendre les progrès & encourager les éleves. Le mardi 25, il y a eu un concours, dont l'objet a été la démonstration des reins succenturiaux, des reins proprement dits, des ureteres, de la vessie, & des parties de la génération, le tout considéré dans le cheval & dans la jument, & comparé dans le taureau, dans la vache, dans le bouc, dans la chevre, dans le bélier & dans la brebis, sans oublier de faire remarquer les différences essentielles de ces visceres dans l'homme & dans les animaux dont il s'agit.

On peut juger par ce détail de la multitude de connoissances dans l'histoire naturelle du regne animal, qui doivent occasioner de pareilles recherches. Du reste, l'appareil propre à exciter l'émulation n'est point oublié, & ces concours sont annoncés par des billets d'invitation imprimés, qui ne manquent pas d'attirer beaucoup de spectateurs distingués, & sur-tout des militaires.

29 *Avril* 1769. On apprend que M. de Voltaire, avant sa communion derniere, a prononcé un beau & pathétique discours, où il s'est expliqué cathégoriquement sur sa foi, & où il a renié toutes ces malheureuses brochures qu'on lui attribue.

30 *Avril* 1769. Près de la moitié de Paris se trouve déja illuminée par les lanternes à reverbere du sieur Bailly, mais on commence à en appercevoir les défauts, & on revient à celles du sieur Bourgeois de Château-Blanc. Cet entrepreneur doit pourvoir la capitale de trois mille cinq cents lanternes, fournissant sept mille becs de lumiere : il se charge du premier achat & des rechanges, de l'entretien des ustensiles & du luminaire, des allumeurs, en un mot, de tout ce qui est nécessaire à cet établissement, même de renouveller les lanternes déja posées du sieur Bailly, moyennant un privilege de vingt ans, pendant lequel temps la police lui paiera par an trois cent cinq mille livres environ. Par ce calcul, chaque bec de lumiere revient de quarante-trois à quarante-quatre livres. Cette illumination doit durer toute l'année, suivant les degrés de lune & jusqu'à trois heures du matin. On ne peut trop louer le zele de M. le lieutenant-général de police à pousser une invention aussi utile à son dernier degré de perfection.

2 *Mai* 1769. L'académie royale de musique a remis aujourd'hui l'opéra d'*Omphale*. Les pressentiments qu'on avoit du peu de succès de la nouvelle musique se sont réalisés assez généralement, & les amateurs se sont réunis à préférer les modulations tendres & agréables de Destouches au travail sec & dur de la composition du sieur Cardonne. Les partisans même de la musique moderne ne trouvent pas cet auteur assez savant pour une pareille entreprise. On ne peut pourtant lui refuser du talent : il y a de très-jolis airs de symphonie dans son

ouvrage, & d'ailleurs les jugements précipités d'une premiere représentation sont sujets à beaucoup d'erreurs.

5 *Mai* 1769. Il y a quelques jours qu'un jeune homme qui a débuté au théatre Italien avec assez peu de succès, a été trouvé pendu dans sa chambre. On prétend qu'il s'est porté à cette extrêmité de désespoir, de n'avoir pas eu l'accueil qu'il se promettoit. On n'auroit pas cru que cet anglicisme eût gagné jusques dans cet ordre de citoyens. De pareils événements se multiplient beaucoup ici depuis quelque temps, & sans compter ceux qu'on ne peut dérober à la connoissance du public, il s'en passe plusieurs qu'on lui cache par égard pour les familles & pour empêcher d'ailleurs les progrès funestes de cet esprit philosophique prétendu, également contraire à la politique, à la raison & au véritable héroïsme.

10 *Mai* 1768. M. Petit, qui a succédé depuis peu à M. Ferrein dans la place de professeur royal d'anatomie au jardin du roi, a fini hier le cours de ce médecin, qu'il avoit continué depuis deux mois. On ne sauroit rendre l'affluence qu'a attiré à cette école, presque déserte autrefois, l'éloquence du nouvel orateur. Mais ce qui l'a flatté encore plus & ce qui est sens exemple, c'est, à la fin de son discours de clôture, un compliment que lui a adressé *ex ab rupto* un des éleves; il l'a comparé à Jesus-Christ pour la douceur, la modération, la charité & l'esprit lumineux qu'il répandoit dans ses instructions. Le professeur, ému de cette apostrophe risible en tout autre cas, n'a pu s'empêcher de verser des larmes de joie, & tous

les spectateurs ont été attendris d'une scene aussi touchante.

M. Petit se plaignoit en entrant de la difficulté qu'il avoit à pénétrer, des suffocations qu'il essuyoit, de sa robe qu'on déchiroit, &c. il imploroit le secours d'un inspecteur de police, chargé de veiller au bon ordre & à la décence en ce lieu : *ma foi, Monsieur*, lui a-t-il répondu, *je n'y puis rien : ce n'est pas ma faute ; c'est la vôtre, pourquoi parlez-vous si bien ?*

12 *Mai* 1769. L'ordre de St. Michel, comme on sait, est devenu spécialement consacré à servir de récompense aux talents utiles ou aux arts agréables. Le roi vient de nommer plusieurs chevaliers pris dans le tiers-état, qui sont dans le cas de mériter cet honneur : dans ces nouveaux promus on distingue le Sr. Bouvard, médecin accrédité dans Paris, & qui jouit même aujourd'hui de la premiere réputation ; le Sr. Pigal, célebre sculpteur nommé pour finir les accompagnements de la statue de Louis XV, commencés par Bouchardon, & recommandable par divers ouvrages très-connus, & tout récemment par son mausolée du maréchal de Saxe, qui approche de son point de perfection.

14 *Mai* 1769. Extrait d'une lettre de Rome, du 23 avril 1769..... Les cardinaux pelotent dans le conclave en attendant partie. Il est aujourd'hui grandement question du cardinal *Ganganelli* pour en faire un pape, c'est-à-dire, que c'est la marotte du moment ; car en général celui dont on parle le plus dans les commencements, est celui qu'on a le moins envie d'exalter. Ganganelli est un cordelier âgé de 64 ans, né à Rimini, d'une très-basse extrac-

tion, mais n'en visant pas moins de loin & en toute humilité au pontificat. En conséquence il s'est toujours abstenu de prendre part aux démêlés de la cour de Rome & de s'immiscer dans les affaires politiques ; il n'est dans le cas d'aucune exclusion ; il a de très-bonnes mœurs, point de maîtresses, point de mignons ; il est modeste & demeure encore au couvent des cordeliers. Mais il est dénué de cette fermeté d'ame & de ces grandes qualités nécessaires pour le gouvernement de l'église, sur-tout dans un temps où l'hypocrisie ne sert plus à rien, & où le pape ne devant plus se regarder que comme une puissance politique, mais foible, doit en cette qualité se mettre adroitement sous la protection de quelque puissance plus grande, changer de parti suivant les circonstances, & opposer alternativement l'un à l'autre.

Du reste, on ne croit pas que leurs éminences travaillent sérieusement encore à la confection du pape ; mais il n'y a pas de doute qu'il ne soit fait avant la Magdelaine, lorsque les chaleurs commenceront à fouetter le sang des cardinaux, qu'ils sentiront le besoin de se répandre au-dehors, qu'ils craindront de tomber malades dans une saison où tout le monde quitte Rome, & sur-tout dans le conclave, situé à l'endroit le plus mal-sain de cette capitale ; ils invoqueront sérieusement les lumieres du Saint-Esprit, & vous aurez bientôt un vicaire de Jesus-Christ.

16 *Mai* 1769. On vient de réimprimer le *Discours de l'empereur Julien contre les chrétiens, traduit par* M. *le marquis d'Argens*. Cet ouvrage avoit déja paru, mais avec des notes destructi-

ves du texte, ou du moins qui le combattoient & défendoient le chriſtianiſme. On y en a joint aujourd'hui beaucoup d'autres, qui font l'effet contraire. Le plus grand nombre paroît être de M. de Voltaire, & ſont dans ſon ſtyle; il y en a de M. Damilaville, de M. Boulanger, de M. d'Argens, de pluſieurs écrivains, qui tous tendent au même but & renouvellent les objections répétées cent fois contre l'ancien & le nouveau teſtament; mines inépuiſables de ridicules, de contradictions, d'horreurs & d'abſurdités, quand on veut les diſcuter avec cet eſprit de critique & de philoſophie, ſi oppoſé à la ſoumiſſion & à l'abnégation du véritable chrétien.

On a joint pour frontiſpice à cet ouvrage le portrait de l'empereur Julien, tiré *du Militaire Philoſophe*; une introduction ou examen de l'ouvrage paroît de la même main, & un ſupplément à la fin du même auteur, c'eſt-à-dire de M. de Voltaire, dont l'ardeur ne ſe rallentit point pour l'extinction d'une religion qu'il ſe figure incompatible avec les ſentiments de tolérance & d'humanité dont il eſt depuis ſi long-temps l'apôtre & qu'il voudroit inculquer à tous les lecteurs.

21 *Mai* 1769. On commence à montrer au public le modele en grand du mauſolée qui doit être exécuté à Sens pour feu monſeigneur le dauphin & madame la dauphine. C'eſt le ſieur Couſtou, ſculpteur du premier rang, qui eſt chargé de cet ouvrage.

26 *Mai* 1769. Les progrès de l'inoculation s'étendent de plus en plus, & il eſt déja queſtion d'établir ici un hôpital pour y exercer cette

méthode. On propose de le mettre à l'hôpital Saint-Louis, ancien bâtiment destiné aux pestiférés, & qui heureusement est vacant & inutile depuis long-temps. Au reste, ceci ne paroît encore qu'un projet répandu dans le public, suivant l'usage, pour sonder ses dispositions, & le préparer insensiblement à le recevoir. Il éprouvera sans doute beaucoup de contradictions & de discussions, comme en éprouvent en France tous les établissements nouveaux, même les plus avantageux, & celui-ci a de puissants adversaires dans le sein de la faculté même, non que parmi les gens instruits il puisse se trouver des détracteurs de bonne foi, mais parce que la passion & la cabale influent sur tout, & que l'amour-propre combat encore par opiniâtreté en faveur d'un mauvais système, même lorsque l'esprit est convaincu.

Au reste, un des principaux avantages qui puissent résulter du nouvel hôpital, c'est de faire baisser le taux aux inoculateurs à la mode, qui exigent vingt & ving-cinq louis pour une opération aussi simple, & demandant aussi peu de soin de leur part.

27 *Mai* 1769. On vient de publier en un corps de volume les notices, les fragments de cinquante évangiles, appellés *évangiles apocryphes*, dont quatre conservés en entier : *l'évangile de la naissance de Marie, le protévangile de Jacques, l'évangile de l'enfance de Jesus-Christ*, enfin *l'évangile de Nicodême.* On y a joint *deux lettres de Pilate à l'empereur Tibere; la relation du gouverneur Pilate touchant Jesus-Christ, notre-Seigneur, envoyée à l'empereur Tibere à Rome; l'extrait de Jean d'Antioche, la relation de*

Marcel des choses merveilleuses, & des actes des bienheureux apôtres Pierre & Paul, & des actes magiques de Simon le magicien. On a réuni ces différents ouvrages sous le titre de *collection d'anciens évangiles ou monuments du premier siecle du christianisme, extrait de Fabricius, Gravius & autres savants, &c. par l'abbé B***.*

Dans l'avant-propos on dit que tous ces évangiles furent appellés *apocryphes*, par opposition aux autres, appellés *authentiques*, en ce que, dans le concile de Nicée, après avoir placé pêle-mêle les uns & les autres sur l'autel, les peres prierent ardemment le seigneur que les premiers tombassent sous l'autel, tandis que ceux qui avoient été inspirés par le Saint-Esprit resteroient dessus : ce qui arriva sur le champ.

On ne peut que condamner le projet de reproduire au jour tant d'ouvrages assez approchants des vrais évangiles, par le merveilleux qui y regne, & l'obscurité mystérieuse des faits qu'ils contiennent, mais qui par-là même prêtent de nouvelles armes aux incrédules, & exposent notre sainte religion aux railleries des impies & des profanes. Quelques plaisanteries semées dans l'avant-propos décelent l'esprit dans lequel on a fait cette collection, c'est-à-dire, un dessein constant de tourner en ridicule les livres sacrés, en les confondant indistinctement avec d'autres, qu'une fraude pieuse, mais condamnable, a répandus dans les premiers siecles de l'église, & très-analogues aux premiers, comme on a dit, par des récits qu'on trouveroit absurdes, & un style qu'on appelleroit galimatias, dans des livres profanes.

29 Mai 1769. Tous les arts se perfectionnent dans cette capitale à un point singulier, & celui de la *filouterie* est parvenu à un degré de dextérité au point de mériter à ses héros des prix académiques s'ils eussent vécu à Sparte. Il vient de s'en passer un trait digne d'être rapporté.

Dans le fauxboug Saint-Germain, rue Saint-Dominique, vivoit avec une gouvernante un homme d'un certain âge & retiré; il avoit la passion qui se fortifie aux dépens des autres & meurt avec nous, l'avarice : tout son plaisir étoit d'accumuler louis sur louis. Un jour qu'il étoit allé à la campagne pour quelque temps, ayant laissé sa ménagere chez lui, se présentent des quidams en robe, rabat, &c. : ils frappent, la gouvernante ouvre, ils lui déclarent en pleurant que son maître est mort, & qu'ils viennent mettre les scellés. La pauvre femme toute interdite se livre à sa douleur ; cependant après avoir annoté les gros meubles, ils demandent les clefs des armoires pour serrer ce qui traînoit. Ils vont au secretaire, trouvent un magot en or de 18,000 livres; ils requierent la bonne dame de se charger de cet argent, suivant l'usage ; elle témoigne une répugnance qu'ils étoient bien disposés à faire naître ou à prévenir : on lui dit qu'on va lui donner une décharge & dresser procès-verbal, comme quoi M. le commissaire restera chargé de cet objet, ainsi que des bijoux, argenterie, &c. qu'il n'est pas prudent de laisser sous les scelleés... Leur coup fait, ils expédient promptement le reste de cette comédie, & prennent congé de la gouvernante, en la déclarant gardienne, en lui donnant

donnant quelque argent comptant, & en l'exhortant à se consoler.

Au bout de quelques jours le maître revient & frappe à sa porte. La gouvernante ouvre & referme brusquement, en se signant ; elle croit voir un revenant. Le vieillard ne sait ce que ce manege veut dire ; il frappe de nouveau & fait grand fracas. Tous les voisins accourent, & le bruit de sa mort étant répandu dans le voisinage, ils sont dans la même épouvante. De plus hardis cependant entrent en pourparler : le prétendu revenu ne conçoit rien à cette histoire. La porte s'ouvre enfin une seconde fois ; il a demandé à sa gouvernante l'explication de cette fourberie. Elle raconte ce qui s'est passé, lui fait voir les scellés par-tout : il n'a rien de plus pressé que de courir à son secretaire : elle lui déclare qu'il n'y trouvera plus d'argent, que la justice prétendue s'est emparée de tout. Le malheureux juge à l'instant qu'il est volé & se livre à tout le désespoir qu'on peut imaginer. On est à la recherche de ces mauvais plaisants.

31 *Mai* 1769. On voit au Louvre une table volante, merveilleuse pour sa construction ; elle doit être placée à Trianon, & est bien supérieure à celle de Choisy par la simplicité du méchanisme. Elle s'éleve, comme celle-là, du fond du parquet, couverte d'un service, avec quatre autres petites tables appellées *servantes*, pour fournir aux convives les ustensiles dont ils ont besoin & se passer d'officiers subalternes autour d'eux. Elle redescend avec la même facilité, & dans l'intervalle où on la recouvre, des feuilles de métal remplissent le vuide & forment une rose très-agréable au coup d'œil. Cette machine

est du sieur Loriot, artiste connu par plusieurs secrets, & sur-tout par celui de fixer le pastel.

1 *Juin* 1769. Suivant les détails reçus de Rome sur l'exaltation de Clément XIV, on est persuadé que les chaleurs devenues très-fortes, les insectes, la vermine de toute espece, qui tourmentoient les corps délicats de leurs éminences dans l'enceinte étroite du conclave, n'ont pas peu contribué à précipiter cet événement & à les engager à provoquer puissamment l'assistance du ciel. On ne sait encore quelles sont les conditions secretes de la nomination du saint pere, conditions au reste fort illusoires, auxquelles il n'a jamais pu souscrire que comme simple particulier, & qu'il se dispense de tenir sur la chaire de Saint Pierre, par la prétention ultramontaine de l'infaillibilité du souverain pontife, de son indentité avec le Saint-Esprit, qui doit le faire déroger à tout ce que des vues humaines lui auroient ispiré. Au reste, on cite une anecdote, qui en attendant qu'on juge du saint pere par ses œuvres, indique la gaieté de son esprit & sa finesse. Peu de jours avant son élection, quatre cardinaux vinrent dans sa cellule, & lui dirent qu'il falloit absolument qu'il fût pape. Il les regarda ironiquement & leur répondit : *si c'est pour vous moquer de moi, que vous parlez ainsi, vous êtes trop : si votre projet est sérieux, vous êtes trop peu.*

2 *Juin* 1769. Les amateurs de l'opéra apprennent à regret la retraite de Mlle. Arnoux. Il est d'usage qu'on donne aux grands acteurs outre 3,000 livres de fixe, 1,000 livres de gratification, & 1,000 livres de gratification extraor-

dinaire. Cette derniere n'a point été accordée à l'actrice dont nous parlons, attendu la fréquence de ses absences & ses incommodités, ses caprices continuels qui l'empêchoient de jouer les trois quarts de l'année. On lui a démontré que chacune de ses représentations coûtoit plus de cent écus à l'académie royale de musique. Elle s'est jugée au dessus des regles ordinaires & de ces calculs; elle s'est piquée, & enfin elle a quitté. Cette perte très-grande sera moins sensible par les absences dont on vient de parler, qui ont presque habitué le gros du public à s'en passer & à l'oublier; mais les gens de goût, les cœurs sensibles s'en souviendront long-temps, & ne croient pas qu'on puisse la remplacer pour l'ame & pour l'intelligence.

3 *Mai* 1769. Tout Paris est en l'air aujourd'hui pour voir le passage de Vénus sur le disque du soleil, ce phénomene annoncé depuis si long-temps, que la génération présente ne reverra point, & que doivent observer tant de savants répandus dans les diverses parties du monde. Les astronomes de l'académie des sciences se sont transportés à l'observatoire pour en saisir ce qu'ils pourront; car on sait que Paris n'est pas le lieu le plus propre à suivre ce spectacle. M. de Mairan, quoique nonagénaire, n'a pas pu se refuser à cette curiosité, & il s'est réuni à ses confieres avec toute l'ardeur d'un jeune observateur.

3 *Mai* 1769. Le Wauxhall du sieur Torré a si bien pris, que le gouvernement paroît déterminé à accorder le privilege pour celui qu'une compagnie s'est offerte de construire aux Champs-Elysées, & qui doit servir aux fêtes que donnera

la ville l'année prochaine pour le mariage de M. le dauphin. Il eſt certain qu'un prévôt des marchands, y compris M. Turgot, ſi renommé pour les ſpectacles d'apparat & de magnificence, n'a rien imaginé qui approche d'un local auſſi agréable & auſſi ſuſceptible de toutes les ſortes de plaiſirs réunis.

4 *Juin* 1769. *De la cruauté religieuſe*: tel eſt le titre d'un nouveau livre, où l'on établit d'abord que ce n'eſt pas Dieu qui a fait l'homme à ſon image, mais l'homme qui a donné à Dieu ſa reſſemblance, c'eſt-à-dire, qui l'a rendu tyrannique, capricieux, méchant, cruel: de-là les cruautés religieuſes que les hommes exercent ſur eux-mêmes, les ſacrifices ſanglants, les ſacrifices humains, par leſquels ils prétendent honorer cet être factice: de-là les traitements cruels que les hommes ſe font éprouver les uns aux autres, à cauſe de la différence de leurs opinions religieuſes & de la diverſité de leurs cultes. Cet examen amene naturellement celui de ces opinions & de ces cultes. On fait voir l'obſcurité, le galimatias, l'abſurdité des unes, la puérilité, l'inutilité, l'extravagance des autres. C'eſt cependant pour ces matieres également vaines & inintelligibles, que pluſieurs ſaints très-orthodoxes & des peres de l'égliſe ont été de violents perſécuteurs, juſqu'à ce que les ſouverains pontifes ayant réuni en leur perſonne le glaive & la tiare, aient élevé ce tribunal de ſang appellé *inquiſition*, l'horreur & l'exécration de quiconque n'eſt pas encore transformé en bête féroce. On finit par rechercher les cauſes de la cruauté & de l'eſprit perſécuteur qu'on remarque ſur-tout dans les prêtres

de l'églife Romaine; on les fait dériver de l'orgueil & de l'ambition de ce pouvoir qui leur a laiffé ufurper l'imbécillité humaine, qu'ils ont toujours voulu étendre & multiplier, & dont ils fe font fervi pour perpétuer la crédulité & l'aveuglement des peuples fur lefquels il étoit établi.

Ce traité, qu'on annonce avoir paru en Angleterre en 1761, fous le titre *Confiderations upon the war, upon cruelty in general, and Religions cruelty in particular*, &c. eft trop méthodiquement fait; il eft compofé avec trop de fuite & d'ordre, pour n'avoir pas effuyé beaucoup de changements, à coup-fûr, entre les mains de l'éditeur, qu'on préfume être M. *Muftel*, par la plénitude & l'énergie de fon ftyle. Il y a quelques notes de lui qui le caractérifent encore mieux, & font honneur à fon humanité & à fa philofophie.

Il y a joint un fupplément, qui vraifemblablement eft tout entier de lui, où il traite des opinions erronées & des cérémonies fuperftitieufes que l'on trouve dans les peres de l'églife: il en cite des exemples, ainfi que de leurs interprétations abfurdes de l'écriture; il plaifante fur les queftions oifeufes, ridicules & indécentes de la théologie fcholaftique; mais il revient enfuite avec force fur les perfécutions religieufes & fur les moyens de les prévenir, qui confiftent principalement à ôter aux prêtres ces richeffes, ces dignités temporelles, cette jurifdiction contentieufe, dont ils ont trop fouvent & trop longtemps abufé.

Cet ouvrage ne pouvoit pas paroître dans un temps plus favorable, où toutes les puiffances semblent de concert avoir ébauché cet heureux projet, le seul propre à ramener parmi les hommes l'union, la concorde & la paix.

5 *Juin* 1769. Le mausolée qu'on va voir chez M. Couftou, est un socle immense sur lequel posent les urnes censées contenir les cendres de M. le dauphin & de madame la dauphine. Aux quatre coins sont quatre figures. Le Temps étend son voile sur les deux urnes, & en a déja couvert entiérement une. La Religion, à l'opposite, semble réparer cet outrage par une couronne dont elle surmonte ce voile. L'Hymen est la troisieme figure ; il tient son flambeau renversé, & annonce dans toute sa contenance la douleur dont il est pénétré. Au quatrieme côté est l'Immortalité, qui éleve à M. le dauphin un trophée, composé de ses vertus, caractérisées par leurs attributs divers, telles que la Prudence, la Justice, la Piété, &c. Un génie des arts est sur le piedestal ; il annonce l'amour du prince pour eux, & la perte qu'ils viennent de faire par sa douleur. Divers symboles caractérisent ceux qu'affectionnoit le plus M. le dauphin. Tout le pourtour est orné de détails & de figures secondaires, qui l'enrichissent beaucoup, & augmentent cette savante composition.

Les connoisseurs cependant y remarquent plusieurs défauts, car où n'y en a-t-il pas ? Ils observent d'abord que ce mausolée érigé aux deux époux n'en caractérise qu'un ; que les quatre figures, à l'exception de l'Hymen qui peut se rapporter à l'un & l'autre, désignent uniquement M. le dauphin. Le Temps voile son urne, la Religion la couronne. Le trophée élevé par l'Immortalité ne paroît composé que des vertus spéciales à ce prince : les détails particuliers même, tels que celui des arts, n'ont que lui pour objet.

On peut répondre à cela pour M. Couſtou, que madame la dauphine n'étant morte que la derniere, n'eſt à ce monument que comme acceſſoire ; qu'il eſt cenſé avoir été commencé & fini avant la perte de cette princeſſe.

On critique encore la figure de la Religion, c'eſt-à-dire, la couronne qu'elle tient, qu'on trouve meſquine & de petite maniere.

On prétend que l'allégorie de l'Immortalité n'eſt qu'un développement de cette premiere figure, que c'eſt au fonds la même idée. On juſtifie cela en diſant que l'une caractériſe la gloire eternelle, & l'autre celle que les vertus du prince lui mériteront chez la poſtérité.

La figure du Temps eſt très-belle, ainſi que celle de l'Hymen ; & cet ouvrage en tout fait honneur à ſon auteur, qui a un grand nom à ſoutenir.

7 Juin 1769. Les aſtronomes attendent avec impatience le réſultat des opérations de leurs confreres, faites dans différentes parties du monde à l'occaſion du paſſage de Vénus ſur le ſoleil. Celles faites à Paris n'ont pas été ſatisfaiſantes, par divers nuages qui ſe ſont oppoſés à la beauté & à la perfection de l'obſervation. Il y a par ce moyen quelque différence dans le rapport des divers obſervateurs, qui ne roulent cependant que ſur des ſecondes ; mais tout doit être ſi exact, ſi précis dans un pareil travail, que cette erreur eſt toujours alarmante pour les zélés de la ſcience aſtronomique.

8 Juin 1769. On voit auſſi chez le Sr. Couſtou,

le sculpteur chargé du mausolée qui doit être érigé à Sens en l'honneur de monseigneur le dauphin & de madame la dauphine, une Vénus & un Mars, deux figures exécutées en marbre pour le roi de Prusse, & qui sont prêtes à être envoyées à ce monarque. La Vénus, belle de ses seuls charmes, est dans une nudité qui laisse admirer la pureté du dessin du compositeur, la correction de son ciseau & le fini de son faire; un voile qui l'entoure légèrement par le milieu du corps, offre un nouvel ouvrage admirable par la délicatesse de ses plis & les ondulations presque flottantes de l'étoffe.

Le Mars est revêtu de son armure guerriere, & l'artiste dans sa composition paroît s'être rempli du monarque auquel est destinée la statue. Le dieu des combats n'est pas dans l'attitude du commandement, mais semble jeter le coup-d'œil du génie & de l'observation qui précedent les ordres à donner. Son visage annonce un héroïsme tranquille & le sang-froid philosophique d'un guerrier obligé par état d'exterminer ses semblables.

Les critiques reprochent trop de froideur à la premiere statue, ainsi qu'à celle-ci. L'une n'a point cet air séducteur, attribut de la reine de la beauté; l'autre manque du caractere sanguinaire, essentiel au dieu des combats: en un mot, Vénus n'est qu'une nymphe, & Mars qu'un simple guerrier.

8 *Juin* 1769. Les curieux ont été voir à Versailles un modele de reposoir élevé dans la rue de la paroisse, qui doit être exécuté à perpétuité, & servir de monument à la postérité de la piété de notre monarque & de son zele pour

les augustes cérémonies de notre Religion. Cet ouvrage d'architecture travaillé en grand, est dans le goût d'une rotonde magnifique, qui réunit tous les ornements dont est susceptible la décoration d'un tel lieu. Les critiques le trouvent trop gai, trop riant, trop galant & trop semblable au sallon du Wauxhall de Torré; comparaison profane, que l'artiste n'a sûrement pas eu en vue, & qui indique le génie du François à tourner tout en ridicule. On prétend que ce reposoir coûtera 150,000 livres.

10 *Juin* 1769. Toutes les têtes pleines aujourd'hui de plans divers de Wauxhall, s'occupent beaucoup de celui pour les fêtes du dauphin, dont on voudroit porter la dépense jusqu'à 1,500,000 livres. Un certain *Camus de Mezieres*, architecte de monsieur le duc de Choiseul, est chargé de la construction, qui n'est pourtant pas arrêtée en dernier ressort. Les actionnaires de cette entreprise voudroient avoir un privilege revêtu de formes légales, qui les mît dans le cas de ne rien craindre de leurs concurrents. Tout cela ne tourne point à l'avantage du sieur Torré, ou plutôt de ceux qui ont fait les fonds de sa salle, évalués à 180,000 livres. Il sont d'autant plus alarmés qu'il faudroit, pour ne pas perdre, retirer cette année toute leur mise dehors; que chaque représentation ne peut guere s'évaluer à plus de 4,000 livres, ce qui feroit pour six mois environ 280,000 livres, dont il faut déduire cent pistoles de frais par représentation qu'on préleve, & le quart dont on est tributaire de l'opéra, comme seigneur souverain de tous les spectacles où il y a orchestre.

11 *Juin* 1768. Les Muses sont faites pour chanter

L 5

les Graces. Cependant depuis que l'élévation de madame la comtesse Dubarri à la cour a mis en spectacle la beauté, les talents & les vertus de cette dame, restés jusqu'ici dans une obscurité injurieuse, de tous les gens de lettres retenus par l'admiration ou le respect, aucun n'avoit fait encore fumer son encens pour cette nouvelle divinité. Monsieur le chevalier de la Morliere, plus hardi ou plus heureux, vient de lui dédier par une épître dédicatoire un livre intitulé *le Fatalisme*, espece de recueil d'historiettes romanesques, dont le résultat est d'établir qu'on ne peut se soustraire à sa funeste destinée. Par cette adresse l'auteur échappera au fatalisme des méchants livres; & celui-ci, plus que médiocre, est enlevé avec une rapidité singuliere : chacun s'empresse de voir la dédicace. On ne doute pas que le sieur de la Morliere n'ait une permission tacite de la modestie de cette dame, & que son exemple ne soit suivi par des panégyristes plus dignes de l'héroïne.

11 *Juin* 1·69. Mademoiselle a donné, il y a quelques jours, une fête charmante à Issy, dans le château que monsieur le prince de Conti, son oncle, lui avoit prêté à cet effet. On se doute bien que c'est en l'honneur de madame la duchesse de Chartres, sa belle-sœur. Rien de plus agréable que de voir l'union & l'amitié de ces deux jeunes princesses. La fête a été délicieuse. Point de tumulte; elle s'est passée presqu'en famille. M. de Carmontel, lecteur de M. le duc de Chartres, en avoit arrangé les différentes parties. On connoît les talents de cet amateur pour ces sortes de divertissements; c'est lui qui dirige

les spectacles que donne Mlle. Guimard à Pantin, avec autant de goût que de magnificence. Il est fort célebre par son génie pittoresque pour la caricature, & par de petits drames appellés *proverbes*, qui ont été répandus par l'impression, & que plusieurs sociétés exécutent, ne pouvant s'élever jusqu'à des spectacles plus grands, plus étendus & plus complets.

12 *Juin* 1769. L'académie royale de musique se propose de donner, demain mardi, la premiere représentation de *Zaïs*, ballet héroïque en quatre actes, avec un prologue joué en 1748. Les paroles sont de Cahusac, & la musique de Rameau.

13 *Juin*. *L'enfer détruit* est un ouvrage du même auteur que la *cruauté religieuse*, & n'en est qu'une suite & un développement. Il parut à Londres en 1761. Après un examen raisonné du dogme de l'éternité des peines, après avoir démontré que les hommes ne sont les maîtres ni de leurs actions, ni de leur façon de penser, on établit que l'éternité des châtiments est incompréhensible avec la justice & la bonté de Dieu; qu'on trouve dans les écritures saintes plusieurs passages qui favorisent cette opinion, & qu'on peut regarder comme interpollés ceux qui disent le contraire, attendu que suivant elles-mêmes tout ce qu'elles contiennent n'a point été divinement inspiré; qu'il faut rejeter ces autorités avec d'autant plus d'indignation, qu'il nous donneroit de Dieu l'idée d'un maître barbare, idée absolument incompatible avec son essence. Le dissertateur va plus loin, & examine la question en politique; il veut que cette doctrine ne soit

nullement propre à contenir les passions des hommes & qu'elle tende au contraire, au relâchement, au désespoir, à l'athéisme. Il finit par conjecturer que les bons seuls jouiront d'une autre vie, que la punition des méchants sera l'anéantissement, & il s'autorise du sentiment du fameux Locke.

A ce traité on a joint la traduction d'une dissertation curieuse qui parut à Londres en 1758, sous le titre de *of the torments of hell*, &c. c'est-à-dire des tourments de l'enfer, dont les fondements & les piliers sont découverts, fouillés, ébranlés & détruits, avec des preuves infaillibles, que personne ne subira à la suite de la vie présente des châtiments sans fin.

Ces ouvrages, moins courus que les petites brochures où nos plaisants François traitent en riant les matieres les plus importantes & roulent sans cesse dans un cercle de frivolités, d'obscénités & d'impiétés, sont écrits avec le sang froid des penseurs Anglois, & contiennent des arguments formidables, bien dignes d'occuper les théologiens les plus profonds & les plus exercés à la discussion & à la dialectique.

13 *Juin* 1769. L'opéra est à la veille de perdre Mlle. Peslin, danseuse renommée par la vigueur de son jarret & par son exécution précise. Elle servoit de pendant à Mlle. Allard & la doubloit quelquefois ; mais sa figure étoit peu propre à répandre, comme l'autre, la joie & la lubricité. Une maladie de femme, qui annonce qu'elle éprouvoit souvent les sentiments qu'elle n'inspiroit pas, la réduit à un état d'inaction bien opposé à la danse. Elle a eu le bonheur de plaire à M. le prince de Conti, qui

l'a mise heureusement dans un état d'aisance considérable.

14 Juin 1869. *Zaïs* exécuté hier par l'académie royale de musique est un ballet roulant sur un sujet de féerie, cadre usé depuis long-temps, mais dans lequel l'auteur a poussé à son dernier période l'amour sensible & délicat, & cette métaphysique du cœur si à la mode, obscure, entortillée, mais qui, mise en action, prête à mille situations intéressantes.

Les paroles de ce poëme, en général, sont lyriques ; il y a pourtant du prosaïque & quelquefois du galimatias ; plus d'esprit que de sentiment, plus de délicatesse que de naturel. Quant à la musique, elle est de Rameau, c'est-à-dire, du musicien le plus propre à prendre le ton du genre où il composoit. Celle-ci est douce, aérienne, forte, mâle & même terrible suivant les situations.

A l'égard des airs du ballet, comme les danses sont devenues la partie dominante du spectacle, on a enrichi celui-ci d'une infinité de morceaux pris de côté & d'autre & adaptés à la chose.

Notre choréographie brille dans ce ballet, qui prête aux situations les plus pittoresques. On admire entr'autres dans le second acte trois grouppes pantomimes, représentant trois sujets de féerie très-connus, *l'Oracle*, *Zénéide*, & *Zelindor*. Celui de *l'Oracle* sur-tout a enlevé les suffrages ; il est exécuté par le Sr. Gardel & par Mlle. Guimard : ces deux danseurs épuisent dans leurs mouvements, dans leurs attitudes, dans leurs entrelacements, tout ce que la volupté peut desirer de plus expressif.

17 *Juin* 1769. L'affaire du Wauxhall par excellence, du grand Wauxhall, qu'on doit établir aux Champs-Elysées, qui, par son immensité, par la variété & la réunion des plaisirs, par son prix énorme, doit être un monument du luxe, de la grandeur, & de l'opulence de la nation, après avoir été agitée dans différents conseils, & discutée dans plusieurs comités des ministres, comme étant par les raisons ci-dessus une affaire d'état importante, a enfin passé, & les lettres-patentes sont expédiées. Il ne s'agit plus que de trouver les fonds nécessaires, ou du moins une quantité assez suffisante pour espérer d'avoir le surplus & de n'être pas obligé de laisser l'entreprise à moitié ; c'est ce qui occupe beaucoup les auteurs du projet, à la tête duquel sont le Sr. Comus, architecte de M. de Choiseul ; le Sr. Monnet, ancien directeur de l'opéra comique & doué d'un talent particulier pour ces sortes de spectacles & d'inventions ; le sieur Corbie, ancien domestique de la famille Duchâtel, & qui, ayant passé à monsieur le duc de Choiseul lors de son mariage avec mademoiselle Duchâtel, a épousé la gouvernante de cette demoiselle, s'est avancé par ses intrigues dans la confiance de son maître, & se trouve revêtu aujourd'hui de charges & de différents emplois très-utiles.

18 *Juin* 8769. *De la tolérance dans la religion, ou de la liberté de conscience par Crellius : l'intolérance convaincue de crime & de folie*, &c. Ce traité fut d'abord publié en 1637, sous ce titre *Junii Bruti, Poloni, vindicia pro religionis libertate*. Le Cene, ministre Arménien, en fit en 1657 une traduction. C'est celle

qu'on donne aujourd'hui, suivant l'éditeur, mais plus claire plus châtiée, plus énergique, & rectifiée au point de la regarder comme refondue.

Dans la premiere partie de cet ouvrage, adreſſé au roi de France & à ſon conſeil, l'auteur établit que les catholiques doivent accorder la liberté de conſcience & de religion, quand ils l'ont promiſe à ceux qu'ils appellent hérétiques, lors même qu'ils pourroient les opprimer ſans en recevoir aucun préjudice; qu'ils le peuvent d'ailleurs ſans bleſſer leur conſcience, ainſi que pourvoir à leur ſûreté, & enfin qu'ils le doivent indépendamment des obligations contractées par quelque traité, & ſuivant les ſeuls principes du droit naturel & de l'humanité.

Dans la ſeconde on prouve l'inutilité & la barbarie des perſécutions, combien les violences & la fraude ſont oppoſées à l'eſprit de la religion, qu'elles tendent plutôt à la ruiner qu'à la faire fleurir.

L'éditeur ſe flatte dans l'avertiſſement que les lecteurs qui s'intéreſſent au progrès de la raiſon, lui ſauront quelque gré d'avoir tiré cet excellent ouvrage de l'oubli profond dans lequel il étoit enſeveli depuis plus de cent ans, & d'avoir contribué à la publication d'un livre qui met dans un ſi beau jour l'utilité, la juſtice & la néceſſité d'une tolérance univerſelle; les ſophiſmes, l'aveuglement & l'atrocité des perſécuteurs, & la mauvaiſe politique des ſouverains, qui par la protection qu'ils leur accordent, ſemblent autoriſer une partie de leurs ſujets à égorger l'autre.

Il est certain que les raisonnements de Crellius sont simples, clairs, méthodiques & pressants; que le style du traducteur, quoiqu'inégal & semé de disparates, est en général plein & nerveux, & qu'à la lecture de ce traité, le glaive doit tomber des mains de tout fanatique susceptible d'être encore rendu aux lumieres de la raison, & dont le cœur n'est point impénétrable aux sentimens de l'humanité.

20 *Juin* 1769. On sait que le roi, ami de tous les arts & initié aux spéculations les plus sublimes, a observé à saint Hubert le passage de Vénus sur le soleil. Madame la comtesse Dubarri accompagnoit S. M. à ce voyage, & le roi a daigné donner à cette dame quelques élémens d'astronomie, capables de lui rendre le phénomene intéressant. Un courtisan a fait à cette occasion les vers suivans, restés d'abord dans les porte-feuilles de quelques amis, & qui se répandent aujourd'hui. Le poëte s'adresse aux autres courtisans qui accompagnoient S. M. & observoient avec elle :

    Que nous diront ce Télescope,
    Cette Vénus & ce Soleil ?
    Aussi sans ce vain appareil,
    Cherchons un plus sûr horoscope.
    En ces délicieux jardins
    Brillent nos astres véritables;
    C'est dans leurs regards adorables
    Que nous trouverons nos destins !

21 *Juin* 1769. Il y a plusieurs années qu'un certain abbé *de Foix*, l'ame damnée de M. l'é-

vêque d'Orléans, & qui servoit ce prélat de différentes manieres, s'est prévalu de son crédit pour faire entendre à quelques petits-maîtres bénédictins qu'ils pourroient se séculariser facilement, que la plupart des chapitres du royaume étoient d'abord réguliers, & qu'en s'adressant au roi il se faisoit fort de la réussite. Il insinua qu'il falloit de l'argent pour préparer les voies, & il tira vingt mille écus pour la premiere fois.

La requête en question fut faite & rédigée à l'abbaye de Saint-Germain-des-Prez, où étoient les moines les plus ardents à quitter le froc. Elle fut présentée le 16 juin 1765 à M. l'évêque d'Orléans. Cette démarche occasiona un scandale général dans Paris; une demande aussi peu religieuse fut improuvée par le roi, & la communauté de Saint-Germain fut obligée d'envoyer une rétractation ou du moins une explication de la requête, à M. l'archevêque de Paris. Cinq des auteurs du projet furent dispersés dans les provinces, & les Blancs-Manteaux, religieux d'un autre couvent de bénédictins à Paris, depuis long-temps rivaux de leurs confreres de l'abbaye, répandirent un écrit sous le nom de *Réclamation*. Ce qui depuis ce temps a occasioné une guerre polémique entre ces deux maisons, dont les écrits savants, mais ennuyeux & peu intéressants pour le public, sont restés dans la poussiere de leurs cloîtres. Des arrêts du conseil, des édits, des délibérations capitulaires n'ont pu terminer cette querelle & arrêter la haine active de ces pieux adversaires. Un jugement même du supérieur général, rendu le 12 septembre 1768, dans la diete annuelle de l'abbaye de St. Germain, a été vain & illusoire; la communauté ne se trouvant point vengée, a interjeté appel au chapitre général, & c'est à cette occasion qu'elle fait répandre aujourd'hui un *mémoire à consulter* très-volumineux & très-adroit, qu'on peut résumer sous trois parties.

Dans la premiere est le récit des contestations nées dans la congrégation de St. Maur sur la forme du gouvernement, sous le prétexte que la requête de 1765 n'étoit qu'une addition à divers appels comme d'abus interjetés aux parlements de Toulouse, de Bordeaux, de Paris, contre le régime dont on demandoit la réformation.

La seconde contient un narré très-étendu & très-amer de la contestation entre les auteurs de la requête & les réclamants des Blancs-Manteaux.

On trouve enfin dans la troisieme un développement, une justification & des éloges du projet de relâchement contenu dans la requête qui a occasioné le schisme de la congrégation, & qui paroît faire encore l'objet des complaisances de ces religieux, même en disant qu'ils y renoncent & qu'ils l'abjurent.

A la suite est une consultation du 1 avril 1769, signée de onze avocats, qui décide la communauté de St. Germain-des-Prez très-fondée dans l'appel qu'elle a interjeté du jugement du 20 octobre 1768; & au cas qu'elle n'obtînt pas de ce chapitre-général la justice qu'elle est en droit d'attendre, également autorisée à un nouvel appel comme d'abus contre la sentence du chapitre-général. De-là un bon procès de

Dieu, qui durera autant que ces saints religieux le voudront, & entretiendra entr'eux la charité fraternelle qui les dévore.

23 *Juin* 1769. Les religieux des Blancs-Manteaux ne sont pas restés sans replique, mais ils se sont contentés d'un mémoire très-court & qui, sans être aussi savant que l'énorme traité des bénédictins de l'abbaye de St. Germain-des-Prez, n'en est pas moins bon, moins bien raisonné & moins concluant. On y envisage trois points du *factum* des adversaires. Quant au premier, roulant sur les contestations nées depuis le déluge dans le sein de la congrégation de Saint-Maur à l'occasion du gouvernement de l'ordre, les Blancs-Manteaux prétendent que c'est une digression tout-à-fait hors d'œuvre, qui n'a point de rapport à eux, puisqu'ils ne se sont jamais opposés à la réformation des abus du régime, & qu'ils s'en sont formellement expliqués.

Ils regardent le second point, contenant l'historique prétendu de la contestation actuelle, comme un récit plein de faussetés, d'inexactitudes, de déguisements, de travestissements des faits dont ils se contentent de relever les plus importants.

Mais ce qu'ils relevent avec plus de soin encore, c'est l'affectation de justifier & de louer le projet de relâchement éclos par la requête censurée dont on paroît s'être uniquement occupé dans le troisieme & dernier point. Ils démontrent que les observances régulieres, l'abstinence, les veilles de la nuit, un habillement grotesque aux yeux du monde, mais simple & la vraie livrée des enfants de St. Benoît, sont prescrites par la regle de leur inſtituteur & par l'établiſſement de la réforme, qu'elles font partie des engagements qu'ils ont contractés, & qu'elles font conformes à l'eſprit & à la pratique de la ſaine antiquité.

D'après cet expoſé, ſigné de ſix principaux religieux du couvent des Blancs-Manteaux, on demande ſi l'appel interjeté par l'abbaye de Saint-Germain de la ſentence du général, a quelque fondement?

Suit une conſultation du 8 juin 1769, ſignée de treize avocats, où l'on eſt d'avis, comme de raiſon, que ces appellants n'ont aucun moyen pour faire infirmer la ſentence.

On ne ſait ce que le chapitre-général, actuellement ouvert prononcera ſur cette conteſtation particuliere, mais on ne doute pas qu'il ne proſcrive en général le plan d'apoſtaſie des 28 réclamants, qu'il ne trouve mauvais qu'après y avoir paru renoncer, on le ramene encore ſous les yeux du public, par le ſpécieux prétexte de détruire les imputations calomnieuſes qu'on attribuoit à ſes auteurs.

On eſt ſurpris que les bénédictins perpétuent une pareille querelle dans un temps ſi peu favorable aux moines, où l'on ſaiſit volontiers les occaſions de les entamer, & où la commiſſion établie pour la réforme ſéviroit d'autant mieux contre cet ordre, qu'il eſt peut-être le plus riche de la France.

24 *Juin* 1769. Le chapitre de l'abbaye de St. Germain-des-Prez a pris le parti de déſavouer le mémoire dont on a parlé, ou du moins a refuſé de l'approuver, & de donner pouvoir aux commiſſaires de ſuivre l'appel; en

forte qu'on ne doit le regarder que comme l'ouvrage des mêmes particuliers, c'eſt-à-dire, des 28 qui avoient demandé au roi la fécularifation.

25 *Juin* 1769. On parle d'une *hiſtoire du parlement, en deux volumes*, qu'on attribue à monſieur de Voltaire. Ceux qui ont lu l'ouvrage encore exceſſivement rare, croient y reconnoître ſa touche & le vernis ſatirique qu'il répand partout. On aſſure que le parlement y eſt fort maltraité, que l'auteur lui conteſte & lui enleve tous les titres ſur leſquels il ſe fonde pour s'immiſcer dans la légiſlation, & le réduit aux ſimples fonctions de judicature. Nouvelle raiſon pour empêcher la publicité de ce traité. La rigidité avec laquelle on a traité les colporteurs depuis quelque temps, envoyés en foule à Bicêtre, & même punis plus ſévérement & gémiſſant ſous des peines afflictives, a intimidé les plus audacieux ; & ces livres n'arrivent plus guere que par la poſte, ou par le canal de ceux faits pour empêcher la fraude, & qui croient avoir le droit de la favoriſer en faveur de leurs amis.

26 *Juin* 1769. M. le chevalier de la Morliere, auteur de la dédicace à madame la comteſſe Dubarri, & dont les gazettes étrangeres ont annoncé le zele & les hommages, a eu l'honneur de ſouper derniérement avec cette Minerve. L'accueil diſtingué qu'elle lui a fait, eſt moins une reconnoiſſance du tribut d'éloges que lui a prodigués cet auteur médiocre, qu'un témoignage de ſon goût pour les lettres, & de l'intention où elle eſt de les protéger. C'eſt ainſi qu'en parlent ceux qui approchent cette dame,

douce, d'un esprit naturel, & très-capable de goûter un encens plus pur & plus délicat que celui du chevalier de la Morliere.

26 *Juin* 1769. M. Léonard, jeune auteur qui manie avec autant d'adresse le crayon que la plume, vient de faire le portrait de M. l'abbé de Voisenon en maniere noire, d'une touche très-vraie & très-ressemblante. Il y a joint les vers suivants :

J'ai tracé le portrait de cet aimable auteur,
Qui nous donne en riant les leçons les plus sages :
   Que n'ai-je pu peindre son cœur,
   Comme il est peint dans ses ouvrages !

28 *Juin* 1769. On a fait aujourd'hui à Saint-Denis le service de l'annuel de la reine avec les cérémonies accoutumées : il n'y a eu d'extraordinaire, comme on l'avoit annoncé, que la famille royale & les princes du sang, ainsi que les princesses.

5 *Juillet* 1769. On vient d'imprimer un petit recueil contenant la requisition de monsieur de Voltaire à son curé, en date du 30 mars dernier, pour le solliciter de lui donner la communion chez lui, attendu les infirmités de ce seigneur, qui ne lui permettent pas de se rendre à l'église; il fait valoir toutes les autorités de la puissance spirituelle & temporelle, dont il appuie sa demande : 2°. une déclaration du malade, en date du 31 mars, qui, sur le point de satisfaire au devoir paschal par les mains du curé rendu chez lui à sa requisition, fait l'énumération des articles de sa croyance, dont il fait serment ensuite sur son Dieu qu'il tient dans la bouche : 3°. cette même déclaration appellée

profeſſion de foi libellée, dans un acte paſſé devant notaire, & d'après la dépoſition des témoins de la ſcene édifiante du 31 mars, où M. de Voltaire renouvelle d'abondance tout ce qu'il a proteſté ledit jour, en date du premier avril. On met dans une note que M. de Voltaire a cru devoir conſtater ſa foi pour démentir ceux qui ont écrit contre lui au roi. A la ſuite de ces différentes pieces eſt un certificat de pluſieurs témoins & habitants de Ferney, qui dépoſent de la religion, des mœurs & du bien qu'a fait M. de Voltaire dans la paroiſſe depuis qu'il y eſt, paroiſſe qui eſt dans le meilleur état aujourd'hui, & dont la population eſt augmentée du double depuis qu'il y réſide.

Il étoit réſervé à nos jours, & à un génie auſſi original que celui de M. de Voltaire, de donner un pareil ſpectacle, d'en répandre les détails par l'impreſſion, & de les conſigner dans un écrit public pour les faire paſſer juſques à la poſtérité la plus reculée. Cet auteur impie, non content d'avoir couvert la religion de tous les ridicules poſſibles, par des écrits de toutes eſpeces reproduits ſous mille formes différentes, & dont pluſieurs ſe divulguoient encore au moment où il tenoit ſon Dieu dans la bouche, ſemble avoir voulu y mettre le dernier ſceau, par une farce que nos ancetres plus zélés auroient puni des plus cruels ſupplices.

6 Juillet 1769. Depuis la retraite annoncée de Mlle. Arnoux, l'opéra a été dans une grande agitation. Des gens de la cour du plus haut parage, ſe ſont mêlés d'un raccommodement; on a engagé les directeurs à pardonner ſes écarts à cette aimable actrice, & celle-ci à faire quelque soumission aux premiers : toute cette intrigue a demandé beaucoup de temps, de prudence & de soins. On est enfin venu à bout de réunir les personnages, & Mlle. Arnoux est rentrée. On croit qu'elle continuera à se reposer jusqu'à la St. Martin, temps de l'ouverture annoncée de la nouvelle salle, où l'on doit débuter par *Castor & Pollux*, ce chef-d'œuvre lyrique, où l'actrice en question déploie tout ce que l'ame la plus tendre peut produire de sentiment.

7 Juillet 1769. Il paroît une tragédie, intitulée : *Les Guebres, ou la Tolérance* : le titre seul annonce le but de l'ouvrage. Ce drame moral est dénué des grandes passions, vrais ressorts de l'action tragique. M. D.... M...... l'auteur anonyme, annonce dans sa préface que ce sujet étoit d'abord un sujet chrétien ; mais qu'après les chef-d'œuvres que nous avions en ce genre, il a cru devoir mettre en jeu une autre religion, la plus analogue à la premiere, celle des Persans : que d'ailleurs il ne sait si ce n'est pas lui manquer de respect que de la reproduire si souvent sur la scene. Il s'excuse ensuite sur ce que sa tragédie n'a point été livrée aux comédiens : il dit que les croyant occupés de quelques pieces de M. de Belloy, de M. le Mierre & autres grands hommes du théatre, il n'a pas présumé qu'un jeune homme, un écolier dût lutter contre ses maîtres : il finit par des phrases pleines d'onction, d'humanité, de bienfaisance sur l'objet de son drame. Les connoisseurs, à ce ton persifleur & philosophique tour-à-tour, décelent aisément le prothée littéraire, qui se plaît aujourd'hui à prendre tant de formes

mes diverses pour l'instruction du genre humain.

9 *Juillet* 1769. Un sujet de l'opéra, très-précieux au public dans son genre, excite les craintes de le perdre. Mlle. Guimard, dont les talents pour la danse font les délices des amateurs, est à la veille, dit-on, de faire banqueroute : on assure que monsieur le maréchal prince de Soubise lui retire les deux mille écus par mois, dont il la gratifioit ; ce qui fait un objet de 72,000 livres de rentes de moins, fixes par an, indépendamment des cadeaux particuliers. M. de la Borde est ruiné, & ne peut plus contribuer aux amusements de cette nymphe que par son goût & sa musique. Elle a été obligée de suspendre ses délicieux spectacles, & divers créanciers la tourmentent au point qu'elle ne sait de quel côté faire face. On évalue à plus de quatre cent mille francs le montant de l'argent qu'il lui faudroit pour le présent. On espere pourtant que quelque milord ou baron Allemand viendra au secours de la nouvelle Terpsichore : nouvelle honte pour les François, si un étranger leur donnoit cet exemple !

10 *Juillet* 1769. Le voyage de Compiegne a donné lieu à une caricature, appellée *le combat des anagrammes*. Il faut savoir, avant d'en donner le détail, que S. M. s'étant fait représenter l'ancienne liste des dames qui avoient été de ce voyage l'année derniere, on a rayé madame la comtesse de Brionne, madame la duchesse de Grammont & madame la comtesse d'Egmont, trois femmes de la cour, ayant à juste titre, quant à deux au moins, de grandes prétentions à la beauté. On a prétendu qu'elles avoient vu avec regret madame la comtesse

Dubarri venir les éclipser ; & soit rivalité, soit hauteur, soit caprice, elles n'ont pas rendu à cette dame les politesses d'usage envers les femmes présentées ; ce qui leur a procuré la disgrace dont on parle, & qui fait la matiere de l'estampe. On les a représentées sous l'emblême des trois graces, avec leurs attributs, éplorées, effrayées, semblant fuir à l'aspect d'une beauté d'un autre genre, dont la figure en désordre, les attitudes lascives, les effarouchoient & caractérisoient ce nom, anagramme du mot de *grace*, & qui ne se donne qu'à des femmes perdues, sans front & sans pudeur. On se doute bien que cette épigramme pittoresque, licencieuse & infame, se montre avec le plus grand secret, & ne s'est pas beaucoup multipliée.

10 *Juillet* 1769. M. de Bougainville, après avoir présenté au roi, aux princes & aux ministres le sauvage qu'il a ramené de son dernier voyage, se fait un plaisir de le produire chez les particuliers curieux de le voir. Sa figure n'a rien d'extraordinaire, ni en beauté ni en laideur ; il est d'une taille plus grande que petite, d'un teint olivâtre ; ses traits sont bien prononcés & caractérisent un homme de trente ans. Il est fort & bien constitué ; il ne manque point d'intelligence ; il s'exprime encore mal en François, & mélange sa langue avec celle-là. M. de Bougainville prétend connoître environ trois cents mots de la sienne. Ce patagon (car il veut qu'il soit tel) se fait très-bien à ce pays-ci ; il affecte de ne rien trouver de frappant, & il n'a témoigné aucune émotion à la vue de toutes les beautés du château de Versailles. Il aime

beaucoup notre cuisine, boit & mange avec une grande présence d'esprit; il se grise volontiers; mais sa grande passion est celle des femmes, auxquelles il se livre indistinctement. Elle est généralement celle de ses compatriotes. M. de Bougainville prétend que dans le pays où il a pris ce sauvage, un des principaux cheflieux, hommes & femmes se livrent sans pudeur au péché de la chair; qu'à la face du ciel & de la terre ils se copulent sur la premiere natte offerte, d'où il est venu l'idée d'appeller cette isle *l'isle de Cythere*, nom qu'elle mérite également par la beauté du climat, du sol, du site, du lieu & de ses productions. Du reste, quand on le pousse de questions sur la position véritable de sa découverte, ce voyageur s'enveloppe mystérieusement & ne se laisse point pénétrer.

12 *Juillet* 1769. M. de Voltaire, qui s'attribue avec raison l'étonnante révolution arrivée depuis trente ans dans les esprits en général & même dans les conseils des princes, sur la maniere d'y traiter la religion, de la dégager de tout ce qui lui est étranger, de la rendre subordonnée au moins en la personne de ses ministres à la raison d'état, & de détruire, en un mot, cette distinction barbare & fanatique des deux puissances, continue & renouvelle ses efforts pour maintenir & étendre cet heureux changement. Il vient de répandre une feuille intitulée: *Le Cri des Nations*. Elle roule sur la suppression des jésuites, sur les secousses dont on ébranle la gent monacale, auxquelles il applaudit; sur les annates, les dispenses, la bulle *in Cœna Domini*, les délégués des papes, les prétentions absurdes

de ces chefs de l'église. Il voudroit qu'on supprimât toutes ces servitudes honteuses, monuments de la barbarie des premiers siecles, & qu'on fît concevoir aux souverains pontifes que leur regne n'est pas plus de ce monde que celui de Jesus-Christ, dont ils sont les vicaires.

Cet écrit rapide & lumineux est d'autant meilleur, que rempli de raisons & de sentiment, il est purgé de toutes mauvaises plaisanteries que se permet trop souvent le philosophe de Ferney, dans ceux qu'il répand sur cette matiere.

13 *Juillet 1769. Procès de Clauftre, pour servir de supplément aux Caufes célebres.* Tel est le titre d'un nouveau pamphlet de M. de Voltaire, qui, après avoir joué toutes sortes de rôles littéraires, fait aujourd'hui le personnage d'avocat.

L'année derniere on parloit beaucoup d'un procès entre MM. de la Borde & leur fils, & neveu la Borde Desmartres, dans lequel étoit intervenu un certain abbé *Clauftre*, oncle de ce dernier, & ci-devant précepteur des enfants du sieur la Borde, le fermier-général. Ces différentes qualités d'abbé, de prêtre, de précepteur & d'obligé de la famille des la Borde, avoient révolté le public, qui, en remarquant du louche dans la conduite des premiers, trouvoit infame celle du nouveau Tartufe...., M. de Voltaire a jugé cette cause digne de sa plume, & en a fait le résumé dans la brochure en question. Ce procès rapide & lumineux est l'extrait de huit énormes factums, qui ont paru dans cette contestation, & pourroit servir de modele à nos avocats si verbeux & si diffus. On connoît, du reste, le pinceau de M. de Voltaire; il frappe des couleurs les plus énergiques cet abbé, monstre, suivant lui, d'ingratitude & d'hypocrisie. La famille des la Borde doit savoir grand gré à l'orateur d'avoir daigné s'égayer sur cette matiere, & mettre à la portée de tout le monde une justification réservée jusques-là pour les gens de palais.

14 *Juillet* 1769. Extrait d'une lettre de Ferney, du premier juillet 1769..... Vous me demandez des nouvelles du patron? Je vous dirai que j'en ai été très-bien reçu; que c'est un homme charmant de tout point, mais intraitable sur l'article de la santé. Il devient furieux quand on lui dit qu'il se porte bien : vous savez qu'il a la manie d'être malade depuis quarante ans; elle ne fait qu'augmenter avec l'âge; il se prétend investi de tous les fléaux de la vieillesse; il se dit sourd, aveugle, podagre. Vous en allez juger. Le premier jour que j'arrivai, il me fit ses doléances ordinaires, me détailla ses infirmités. Je le laissai se plaindre; & pour vérifier par moi-même ce qui en étoit, dans une promenade que nous fîmes ensemble dans le jardin tête-à-tête, je baissai d'abord insensiblement la voix, au point d'en venir à ce ton bas & humble dont on parle aux ministres, ou aux gens qu'on respecte le plus. Je me rassurai sur ses oreilles. Ensuite, sur les complimens que je lui faisois de la beauté de son jardin, de ses fleurs, &c. il se mit à jurer après son jardinier, qui n'avoit aucun soin, & en jurant il arrachoit de temps en temps de petites herbes parasites, très-fines, très-déliées,

cachées sous les feuilles de ses tulipes, & que j'avois toutes les peines du monde à distinguer de ma hauteur. J'en conclus que M. de Voltaire avoit encore des yeux très-bons; & par la facilité avec laquelle il se courboit & se relevoit, j'estimai qu'il avoit de même les mouvements très-souples, les ressorts très-liants, & qu'il n'étoit ni sourd, ni aveugle, ni podagre. Il est inconcevable qu'un homme aussi ferme & aussi philosophe, ait sur sa santé les frayeurs & les ridicules d'un hypocondre ou d'une femmelette. Dès qu'il se sent la moindre chose, il se purge.... Le plus singulier, c'est que dès la fleur de l'âge il ait été tel.... Au reste, vous vous rappellez le mot de Dumoulins, qui, dans un accès d'impatience sur l'énumération de ses maux & de ses peurs, se mit à l'injurier & à lui protester qu'il ne devoit pas craindre la mort, puisqu'il n'avoit pas de quoi mourir. Rien de plus vrai : c'est une lampe qui s'éteindra faute d'huile, quand le feu dont il est dévoré aura tout consumé....

16 Juillet 1769. On parle beaucoup de la lettre du St. Pere au roi, qu'on regarde comme un chef-d'œuvre de politique Italienne. Après avoir fait part à ce fils aîné de l'église de son exaltation au pontificat, il entre dans le détail des différends entre les deux cours; il s'explique avec une effusion de cœur, une franchise philosophique, un ton leste & cavalier qui ne sent ni le moine ni le prêtre. S. M. en a été aussi enchantée qu'embarrassée.

En parlant d'Avignon, il représente que son titre à cette partie de ces états, est le seul de tous les souverains, une longue possession; qu'il n'en veut pas faire valoir d'autre, qu'il s'en rapporte à la conscience & aux lumieres de S. M. très-chrétienne; qu'il n'a garde d'employer la voie des armes pour recouvrer cette usurpation, contre un monarque avec lequel il est hors d'état de lutter, & que, fût-il assez puissant, il seroit bien éloigné de mettre en œuvre ce moyen violent, trop opposé à son état & à son caractere.

Quant à la dissolution de la compagnie de Jesus, que sollicite avec tant d'ardeur la maison de Bourbon, il annonce qu'il y donneroit volontiers les mains, si toutes les puissances se réunissoient à cet égard; mais que l'empereur, la Sardaigne, la Pologne & autres états en desirent conserver l'établissement; qu'après avoir expulsé les jésuites de chez eux, les princes ennemis de la société ne peuvent requérir autre chose que son approbation, qu'il accorde de tout son cœur, en les reconnoissant maîtres dans leurs royaumes; que la scission sur cet objet entre les potentats ne pouvoit s'accorder que par un concile; qu'il étoit prêt à le convoquer, si l'on le souhaitoit unanimement; qu'en un mot, pere commun de tous les fideles, il n'étoit point fait pour détruire, mais pour veiller, pour soutenir, pour conserver, &c.

Le bref finit par de nouveaux éloges de la piété, de la prudence, de l'équité du monarque François, par une déférence entiere & absolue à ses volontés, & par une résignation complete à tout ce qu'il décidera, ne craignant point de le prendre pour juge dans la cause même où il est partie.

On reconnoît à la tournure de cette épître

un homme initié à tous les mysteres de la politique Italienne, un temporiseur qui cherche à gagner du temps, & traîner en longueur une négociation qu'il espere faire durer pendant tout son regne. On assure que S. M. & son conseil sont fort embarrassés par la tournure qu'a prise le pape; qu'on est touché de sa candeur, de sa bonhommie, & qu'on voit avec peine qu'on ne le menera pourtant pas aussi facilement qu'on l'espéroit.

Les gens qui aiment à rafiner sur tout, voient dans le nouveau pape un renard, qui emploie la ruse au défaut de la force qui lui manque, & qui, après avoir tourné à son gré les cardinaux & les puissances, pour les faire concourir à son élection, se moque d'eux tous, & n'effectuera qu'à son corps défendant les promesses que lui a dictées son ambition.

17 *Juillet* 1769. On a fait hier l'ouverture des *jeux Pléiens*. C'est une espece d'école de navigation pour les rivieres, où sont appellés tous ceux qui ont quelque talent ou quelque goût pour cet état : outre les éleves auxquels le corps municipal accorde cet encouragement, les mariniers étrangers sont admis à ce concours; des amateurs même qui voudroient s'exercer, sans être connus, en sont les maîtres; on leur procure des déguisements qui favoriseront leur incognito. Le spectacle consiste en toutes joûtes dans les différentes parties de l'art. Elles s'exécutent dans une enceinte disposée exprès du côté de la Gare. L'arêne maritime est joliment décorée dans son pourtour; Neptune y paroît avec ses divers attributs & dans l'appareil de la souveraineté; c'est

luî qui diſtribue les prix. Il y a des amphithéatres à différents prix pour le public. Ces exercices doivent avoir lieu toutes le fêtes & dimanches de la belle ſaiſon.

On applaudit fort à cette invention, qui réunit l'utile à l'agréable. Outre une diverſion qu'on procure par-là au peuple pour l'empêcher de trop réfléchir ſur les calamités auxquelles il eſt en proie depuis quelque temps, on lui fournit de nouvelles occaſions de ſervir l'état, d'acquérir des talents néceſſaires, au moins celui de nager, qui faiſoit autrefois partie de l'éducation des anciens, & qu'on a trop négligé de nos jours.

17 Juillet 1769. On continue à parler de *l'hiſtoire des parlements*, par M. de Voltaire, qu'on recherche avec d'autant plus d'empreſſement qu'on prétend qu'il ne l'a faite que pour ſe rendre favorable le miniſtere qui lui a fourni les matériaux. Celui-ci a été bien aiſe de mettre en œuvre une plume auſſi célebre pour faire lire l'ouvrage & lui donner de la vogue; & l'hiſtorien, qui depuis l'aventure des Calas & du chevalier de la Barre, a pris plus fortement en grippe ces compagnies, n'a pas été fâché d'une occaſion de répandre ſon fiel & de ſatiriſer. D'ailleurs, au moyen de ſa complaiſance, il eſpere trouver plus de facilité à faire paſſer une infinité de broutilles dont il vuide continuellement ſon porte-feuille.

18 Juillet 1769. Le grand Wauxhall, le fameux Wauxhall, le Wauxhall par excellence, va enfin avoir lieu. Les gens accrédités à la tête de cette entrepriſe, ne ſe ſont pas rebutés des difficultés, des contrariétés & même des refus;

ils ont tellement intrigué, que la ville, qui leur avoit été contraire, s'eſt déterminée à ſe joindre à eux, & à choiſir l'emplacement en queſtion pour y célébrer les fêtes qui doivent avoir lieu au mariage de M. le dauphin, au mois de mai. Elle donne en conſéquence 50,000 livres. Les travaux ſe commencent avec une activité ſans égale; on diſpoſe d'avance dans différents chantiers toutes les charpentes & les parties en bois de ce vaſte édifice; & les amateurs ſont enfin revenus des craintes qu'ils avoient que le miniſtere ne ſentît pas toute l'importance de ce monument, qui doit faire un honneur infini au ſiecle de Louis XV.

19 *Juillet* 1769. *Le Pornographe*, ou *Idées d'un honnête homme ſur un projet de réglement pour les proſtituées, propre à prévenir les malheurs qu'occaſione le publiciſme des femmes, avec des notes hiſtoriques & juſtificatives*, avec cette épigraphe: *Prenez le moindre mal pour un bien*. MACHIAVEL, *livre du prince, chapitre* XXI.

Ce livre, qui n'eſt ni d'un débauché, ni d'un jeune homme, ni d'un fou, ni d'un ſot, ni d'un cynique, prouve à quel point d'égarement l'eſprit philoſophique prétendu nous a conduit, lorſqu'on voit un auteur grave, érudit, ſage, honnête & profond, traiter une matiere ſur laquelle il auroit eu honte dans un autre temps de porter même ſes regards; pour prévenir les ſuites du libertinage, en donner un traité complet, & vouloir réduire en principes d'adminiſtration l'école du vice & de l'infamie.

Le deſſein de l'écrivain ſeroit de concentrer dans une même maiſon toutes les filles éparſes dans la France, & d'en former une espece d'ordre religieux consacré à Vénus, dont le chef-lieu seroit Paris, sous le nom de *Parthenion*, & d'où il se feroit des émanations dans les provinces. Il évalue à trente mille sujets le nombre de ceux qui composeroient la communauté, sans compter les émérites ou les surannées, les vierges ou les enfants, &c. Les prix seroient depuis six sous jusqu'à un louis, &c. Il prétend que cette institution, chef-d'œuvre du législateur, seroit fort utile à la population, au commerce, à la culture des terres & à la réforme des mœurs.

Ce projet est enchâssé dans un petit roman en forme de lettres, vif & agréable, où il y a beaucoup de naturel, de sentiment & de délicatesse: il est singulier de voir une pareille bordure servir de cadre au tableau de la lubricité, de l'impudicité, &c. La seconde partie, qui contient les notes, est remplie d'une érudition immense sur les lieux de débauches des anciens. On y a joint quantité de petites historiettes dont l'écrivain appuie ses idées. Le tout est écrit purement. Il y a des peintures très-voluptueuses, des situations chaudes & un style généralement très-animé.

Ce traité in-8°. assez volumineux, digéré avec le plus grand soin, calculé avec une précision unique, ne peut manquer, encore un coup, d'être l'objet de l'étonnement de tous ceux qui le liront. Il a dû coûter beaucoup de travail à son auteur, qui avec une tête très-bien organisée, un cœur très-sensible & très-honnête, peut se vanter d'avoir produit le complément de l'extravagance & du diogénisme.

N. B. *Pornographe* est un mot Grec, qui veut dire *écrivain qui traite de la prostitution.*

20 *Juillet* 1769. Les *Jeux Pléiens* ont eu lieu dimanche avec toute l'affluence qu'attire la nouveauté dans ce pays-ci ; car quoique ce genre de spectacle ait été répété souvent, & encore l'année derniere, le titre & la forme sous lequel on l'a reproduit, sont assez pour exciter la curiosité.

Des gens qui calculent sur tout, ont trouvé qu'il y avoit parti à tirer de cet établissement, & ont formé en conséquence une compagnie qui est à la tête de l'entreprise de l'école en question. Ils ont dépensé environ vingt mille écus à décorer cette enceinte, à orner les bateaux, &c. Tout cela est fort agréable. Un accident arrivé à un marinier qui s'est tué, a fait tort à la joie générale ; mais on espere que ces accidents inévitables ne se renouvelleront pas souvent.

On applaudit beaucoup à cette invention, à laquelle président MM. les prévôt & échevins de la ville de Paris. On reconnoît à cela leur zele pour leurs fonctions municipales, & pour l'utilité & l'amusement de la bonne ville de Paris.

20 *Juillet.* Monsieur l'abbé Morellet, qui en sa qualité de secretaire du commerce, dont il est pourvu depuis six mois, prétend sans doute s'entendre beaucoup à ces matieres, va faire paroître, dit-on, un mémoire où il prouve l'inutilité de la compagnie des Indes, son fardeau pour l'état, & le danger qu'il y auroit à la laisser subsister. Comme ce mémoire ne peut paroître sans l'aveu du gouvernement, & que

vu les fonctions & l'état de cet abbé, il n'oseroit rien écrire de son chef sur cette matiere, on ne doute pas que cet écrit ne soit le vœu général du conseil, & l'avant-coureur de la destruction de la compagnie.

On sait cependant que dans le dernier conseil tenu à Versailles le 9 juillet sur la compagnie des Indes, monsieur Bertin en prit le parti, & que d'après son rapport S. M. voyant que la principale raison de dissolution étoit l'impuissance prétendue où elle étoit de payer ses dettes, le roi s'écria : « mais je dois de l'ar » gent à la compagnie, il n'y a qu'à la payer. » Sur quoi tout le monde se tut, & le conseil se leva.

On prétend que depuis la nouvelle liquidation faite de la dette du roi, elle se monte aujourd'hui à plus de 15 millions.

25 *Juillet* 1769. Toutes les affaires de ce pays-ci traînent en longueur, sur-tout quand il s'agit d'innover. Il y a quelque temps qu'on avoit annoncé celle du sieur Bourgeois de Château-Blanc pour l'illumination de Paris durant toute l'année, comme prête à se consommer; la chose est enfin décidée par un arrêt du conseil, rendu le 30 juin dernier ; il est chargé de l'entreprise de toutes les lanternes pendant vingt ans, conjointement avec deux autres associés. C'est une justice qu'on devoit d'autant mieux rendre à ce bon citoyen, qu'il est le véritable inventeur des lanternes à reverbere ; que toutes celles dont on a fait des essais ne sont que des configurations différentes de son modele, auquel on est obligé de revenir. Il est reconnu que ses lanternes éclairent parfaitement, avec

le plus d'économie possible, & par une méchanique simple qui fait infiniment d'honneur aux connoissances & aux talents de cet artiste. Son projet doit s'exécuter dès le premier août. Tout Paris applaudit à la constance & au zele avec lequel monsieur le lieutenant-général de police a discuté la matiere, & à l'intégrité qu'il a apportée dans le jugement. Cette amélioration du luminaire de la capitale, fera époque dans l'administration de la police, & distinguera à l'avenir celle de monsieur de Sartines.

29 *Juillet* 1769. Le sieur Poinsinet, appellé depuis son voyage d'Espagne, par dérision, *Dom Antonio Poinsinetto*, nouvelle dénomination qu'il s'étoit donnée lui-même, croyant se décrasser par-là, & acquérir un vernis de noblesse Catalane, après avoir déja parcouru plusieurs villes de ce royaume avec sa troupe de comédiens, & cherché à établir en différents endroits des opéra comiques, sorte de spectacle fort à la mode aujourd'hui chez toutes les nations; cet auteur en étoit devenu le coryphée, il s'enfloit de ses succès & se regardoit déja comme un conquérant littéraire, lorsque par un accident malheureux il s'est enseveli, lui & toute sa gloire, dans le Guadalquivir, à Cordoue, capitale de l'Andalousie, & s'est noyé dans ce fleuve. Cette ville est, comme on sait, célebre par la naissance des deux Séneques & le va devenir encore plus par le trépas de l'auteur dont nous parlons. Le défaut de fortune & l'inconduite avoient forcé ce bouffon de la littérature à s'expatrier. C'est un des personnages les plus singuliers qu'on pût voir, qui, à beaucoup d'esprit & de saillies, joignoit une ignorance si

crasse, une présomption si aveugle, qu'on lui faisoit croire tout ce qu'on vouloit en caressant sa vanité. La postérité ne pourra jamais comprendre tout ce qui lui est arrivé en pareil genre : les tours qu'on lui a joué & auxquels il s'est livré dans l'ivresse de son amour-propre, sont d'une espece si singuliere & si nouvelle, qu'il a fallu créer un mot pour les caractériser : notre langue lui doit de s'être enrichi du terme de *mystification*, terme généralement adopté quoiqu'en dise M. de Voltaire, qui voudroit le proscrire, on ne sait pourquoi.

Le roi a annoncé lui-même cette mort à M. de la Borde, son premier valet de chambre, & qui étoit fort lié avec ce poëte, sur les paroles duquel il avoit fait plusieurs fois de la musique.

30 *Juillet* 1769. Le mémoire de l'abbé Morellet fait un effet prodigieux, & bien des gens les plus attachés à la compagnie, qui jusqu'à présent en avoient desiré la continuation, intimidés par les assertions de cet auteur, en veulent aussi ardemment l'extinction. Ce n'est pas que dans le livre même on ne pût trouver la propre réfutation du détracteur ; mais ce travail & cet examen ne peuvent être l'ouvrage du gros des actionnaires, gens à préjugés, qui se coëffent de la premiere opinion qu'on leur inculque, & chez qui il est toujours essentiel de gagner de primauté. Aussi le ministere a-t-il senti de quelle importance il étoit de frapper ce coup avant qu'il parût aucune apologie en faveur de la compagnie : on permet aujourd'hui à l'administration de repliquer, mais elle a ordre, à ce qu'on assure, de se renfermer

dans la justification de ses calculs, & de borner là ses réflexions. Cependant des particuliers intéressés à la chose, & aussi zélés qu'instruits, s'occupent à discuter les points les plus essentiels ; ils prétendent prouver les erreurs que l'abbé Morellet a traverties en vérités, découvrir les sophismes qu'il a donnés comme des raisonnemens, démasquer l'infidélité de ses exposés, & renverser son système de fond en comble.

Les amis de cet abbé annoncent que sentant lui-même les endroits foibles de son mémoire, il fait imprimer un supplément où il se redressera & préviendra les réponses ou les objections qu'on pourroit lui faire.

On assure que monsieur le comte de Lauraguais, qui jusqu'à présent avoit paru opposé à la continuation de la compagnie, mais qui dans le fait ne vouloit la dissoudre que pour anéantir l'administration & faire reprendre une nouvelle vie à cette société, a écrit avec autant de zele que de vérité aux ministres & à l'abbé Morellet lui-même, & que nous allons voir incessamment quelque travail de ce seigneur sur cet objet, non moins agréable que satisfaisant.

31 *Juillet* 1769. Les grands & utiles projets prennent commencement à la longue dans ce pays-ci, mais ils ont peine à réussir ; ils essuyent d'abord beaucoup de contradictions, & les inventeurs n'ont presque jamais la satisfaction de les voir exécuter. M. de Parcieux, de l'académie des sciences, avoit consacré une partie de sa vie à combiner les ressources pour approvisionner cette capitale d'eau, dont elle manque souvent dans les endroits éloignés de la riviere,

& qui est fort rare dans la plus grande partie de Paris. Il avoit trouvé les moyens d'y faire passer toute la riviere d'Yvette, & de procurer par-là un volume de 1,200 pouces cubes d'eau, quantité très-suffisante au but proposé. Il avoit lu à l'académie des sciences différents mémoires, qui avoient excité l'admiration des curieux & la reconnoissance des bons citoyens ; & pour derniere perfection à son ouvrage, il avoit démontré que son projet pouvoit s'exécuter à très-bon compte. Il est mort sans qu'on ait eu aucun égard à ses utiles intentions, & avec peu d'espoir que son projet fût un jour adopté. Cependant aujourd'hui monsieur le contrôleur-général s'occupe beaucoup, à ce qu'on assure, des tournures qu'on pourroit prendre pour subvenir à ce projet important ; il sent combien un monument de cette espece feroit honneur à son ministere, & compenseroit les malheurs de son administration du côté des finances. M. de Montigny, son beau-frere, ne contribue pas peu à lui inspirer ces vues patriotiques & cette philosophie bienfaisante, si essentielle aux hommes en place, dont cet excellent citoyen est si pénétré lui-même.

31 *Juillet* 1769. Tout le public littéraire est dans l'attente de la piece que l'académie Françoise désignera pour être couronnée à la fête prochaine de saint Louis. On sait que le sujet proposé pour cette année étoit *l'éloge de Moliere*; ce qui ne fait que redoubler la curiosité. On sent qu'une pareille matiere ne peut avoir été traitée dignement par un écolier, & que pour ce panégyrique il faudroit avoir presqu'autant de génie que le héros.

Quoique les juges, pour éviter les tracasseries d'une publicité prématurée, soient fort secrets sur leurs délibérations, il est toujours quelques membres plus indiscrets ou plus aisés à pénétrer, qui laissent transpirer quelque chose. On prétend qu'une piece entr'autres a attiré l'attention de la compagnie, mais que sur un soupçon qu'elle pourroit être du sieur Palissot, on l'a mise à l'écart, pour ne la point couronner, quel qu'en fût le mérite, si elle étoit réellement de cet auteur. Les académiciens croient pouvoir en cette occasion s'élever au dessus des regles ordinaires, & exclure du concours un aspirant indigne par ses mœurs & par sa conduite, d'entrer dans la carriere. Il faut se rappeller, ou plutôt on ne peut oublier avec quelle imprudence le sieur Palissot s'est adjugé le rôle d'Aretin moderne, & a versé le fiel de la satire sur les personnages les plus illustres de la philosophie & de la littérature. Par le scandale de la comédie *des philosophes* & de son poëme de *la Dunciade*, il s'est condamné lui-même au triste & infame rôle de médire dans les ténebres du reste de ses confreres. Personne n'a daigné lui faire l'honneur de lui répondre; & son dernier ouvrage, quoique bien fait dans son genre, & très-digne d'observations & de critiques, n'a pas même reçu les honneurs de la censure.

1 *Août* 1769. On a levé l'embargo qui étoit sur le mémoire de monsieur le comte de Lauraguais, & on en continue l'impression. En attendant que le public puisse en jouir, on en a répandu des précis, auxquels l'auteur a joint quelques réflexions sommaires contre l'ouvrage

de l'abbé Morellet, qu'il accable de ses sarcasmes. On a de ce seigneur une lettre à monsieur le duc de Choiseul sur ces matieres, qui mérite d'être lue.

6 *Août* 1769. *L'histoire du parlement de Paris, en 2 volumes in-8.* est absolument de M. de Voltaire : c'est sa maniere & son style, à ne pouvoir s'y méprendre. La premiere partie est la meilleure, elle traite au moins la question, & l'auteur cherche à y démêler l'origine, les progrès & l'essence de cette compagnie. Quoique ces différents points ne soient pas discutés à beaucoup près avec toute la critique & l'érudition qu'ils exigent, le lecteur y entrevoit des lueurs qui peuvent lui donner des indications.

Dans la seconde, M. de Voltaire sort presque toujours de son sujet; il fait des excursions sur différents morceaux de l'histoire qui paroissent prêter davantage à l'intérêt ou à la curiosité, mais qui ne sont que très-indirects à son but. L'ouvrage, comme tous ceux de l'écrivain, est fort agréable, par le choix plus que par la vérité des anecdotes, par le ton satirique qui y regne, & par la rapidité superficielle dont tout est manié. Il est à la portée du grand nombre des lecteurs, & sera plus connu que s'il étoit profond, savant, exact & austere.

7 *Août*. 1769. Quelque asservie que l'Italie paroisse sous le joug de la superstition & du fanatisme, croyons qu'il est encore dans cette contrée de ces ames superbes, dignes de leur ancienne origine. On en peut juger par une traduction qu'on vient de donner en François, d'un livre composé d'abord en Italie, ayant pour titre : *Projet d'une réforme à faire en*

Italie, ou Moyens de corriger les abus les plus dangereux & de réformer les loix les plus pernicieuses établies en Italie. La brûlure dont ce livre a été illuſtré derniérement dans ces contrées, & tout récemment à Dillingue en Allemagne, ſous la forme d'une traduction allemande, ſont de grands préjugés en ſa faveur.

L'auteur traite du ſouverain pontife & des loix canoniques, de la tolérance en matiere de religion, du clergé, des monaſteres, du culte exceſſif qu'on rend aux ſaints, des vies des ſaints & des livres aſcétiques ou de dévotion, de l'uſage des ſaints peres, de la théologie, de l'hiſtoire eccléſiaſtique & du droit canon, de la religion, des biens eccléſiaſtiques, de quelques moyens généraux pour entreprendre avec ſuccès une réforme en Italie, d'une ſupplique du peuple Romain au pape pour lui demander le rétabliſſement de l'agriculture, des arts & du commerce, des loix civiles. On voit par-là que la plupart des objets de réforme enviſagés par cet écrivain, ſont communs à toutes les nations & à tous les gouvernements, & c'eſt ſans doute ce qui a engagé à le publier en différentes langues. Il faut convenir que l'ouvrage pourroit être plus reſſerré, plus rapide & plus lumineux ; mais s'il eſt dénué de la profondeur & des grandes vues qui conſtituent le génie en pareille matiere, c'eſt d'un autre côté un catéchiſme de politique uſuelle, & d'autant meilleur, qu'elle eſt à la portée de tous les lecteurs & des ſouverains les plus bornés qui voudroient le lire.

La préface du traducteur françois, en dix

pages, donne plus à penser que le volume entier du spéculateur Italien. Il y a de ces vérités hardies, fondées sur les principes du droit naturel, que le déspotisme & la flatterie ont cherché à étouffer, mais dont heureusement quelques philosophes courageux réclament de temps à autre & consacrent à la postérité les notions imprescriptibles. Le même traducteur a semé l'ouvrage de quelques notes, qui ajoutent de l'énergie au texte & lui donnent infiniment plus de vigueur.

8 *Août* 1769. Les amateurs de l'astronomie sont désolés de voir la différence qui regne dans les observations des astronomes de l'Europe, à l'égard du passage de Vénus sur le soleil, le 3 juin dernier. Ceux de France ne sont point d'accord avec ceux d'Angleterre, & ceux de chaque royaume ne sont pas même unanimes entr'eux. Ils attendent avec empressement le résultat des travaux de leurs confreres, envoyés dans toutes les parties du monde connu. Cette scission entre les astronomes empêchera qu'on ne puisse tirer de ce phénomene tout l'avantage qu'on s'en promettoit, & l'inconvénient est d'autant plus grand que, comme on l'a déja observé, la génération présente ne sera point à même de réparer ces erreurs, puisque cette révolution astronomique ne s'opérera pas de plus d'un siecle.

9 *Août* 1769. On parle beaucoup du *mémoire de monsieur Necker, en réponse à celui de l'abbé Morellet,* lu hier à l'assemblée de la compagnie des Indes. Il a enlevé tous les suffrages; il a paru réunir l'éloquence la plus pathétique & la plus mâle de l'orateur, aux vues les plus

profondes & les plus vaftes de l'homme d'état. L'auteur s'eft fur-tout appliqué à repouffer les affertions injurieufes à la compagnie, & il a fait voir, 1°. qu'elle n'avoit jamais été à charge à l'état : 2°. qu'elle lui avoit toujours été utile. Il a remanié les divers calculs & arguments de fon adverfaire, & a démontré fon ignorance, fon ineptie ou fa mauvaife foi.

Non content d'avoir défendu l'honneur de la compagnie, monfieur Necker a lu un fecond difcours, où il a examiné les deux cas, de la continuation du commerce de la compagnie, ou de fa fuppreffion, qu'il appelle une vraie ceffation.

Dans la premiere hypothefe, il a propofé trois plans d'emprunt : le premier par une tontine, le fecond par une loterie, le troifieme par un appel. Il a détaillé ces trois projets d'une façon très-fatisfaifante au premier apperçu, mais toujours très-propre à démontrer les reffources & la fécondité de fon génie. Il a fait fentir enfuite que ces divers remedes ne pouvoient être bons qu'autant que le gouvernement auroit une volonté fincere, efficace & foutenue, de feconder cette regénération de la compagnie, & qu'on fît dans fon régime & dans fa police des changements, fans lefquels on ne pouvoit fe promettre le but qu'on fe propofoit.

Dans la feconde hypothefe il a envifagé les différentes manieres de fe diffoudre, foit en fe liquidant purement & fimplement, foit en reftant lié au gouvernement, foit en fe refondant dans une nouvelle compagnie. Il a combattu fortement le projet de la caiffe d'efcompte ; il a préfenté cette métamorphofe comme injurieufe à la majefté de la compagnie, comme transformant en une fociété petite, mefquine & ufuriere, cette puiffance dominatrice des mers de l'Inde, & qui avoit joui long-temps & jouiffoit encore des attributs de la fouveraineté.

L'orateur a fait renaître la joie & l'efpérance dans le cœur du plus grand nombre des actionnaires; le miniftre même a paru ébranlé de fon éloquence victorieufe, & il a été décidé qu'on nommeroit des commiffaires pour examiner les différents plans d'emprunt, & difcuter s'ils opéreroient les effets falutaires dont on avoit befoin.

On a arrêté, en outre, que le mémoire de M. Necker, en réponfe à celui de l'abbé Morellet, feroit imprimé aux frais de la compagnie, pour la difculper aux yeux du public des imputations injurieufes de cet écrivain fans miffion & fans caractere.

10 *Août* 1769. Les comédiens François ont remis hier *le Pere de famille* de M. Diderot. Ce drame très-pathétique a produit l'effet ordinaire, de ferrer le cœur & d'occafioner des larmes abondantes. On comptoit autant de mouchoirs que de fpectateurs; des femmes fe font trouvées mal, & jamais orateur chrétien n'a produit en chaire d'effet auffi théatral.

11 *Août* 1769. Le mémoire fur la compagnie des Indes, par M. le comte de Lauraguais, a été répandu dans le public la veille du jour de l'affemblée. Il eft précédé d'un *difcours fur le commerce* en général, d'une obfcurité qui ne permet guere d'en parler. Il veut être lu & médité pendant long-temps. Pour ce qui concerne la partie de ce mémoire fur la compagnie,

quoique d'accord avec l'abbé Morellet sur la nécessité de sa destruction, l'auteur trouve que cet abbé n'a pas prouvé son système, & qu'il peche également par les faits & par les raisonnemens. Il y joint ensuite le discours lu par monsieur Panchaud, qui est sans contredit très-bien fait & très-concluant ; & après avoir rapporté les états de situation de la compagnie des Indes, réunis pour la commodité des actionnaires, il résume les motifs de son opinion, & conclut par cet avis sommaire : *dissolution de la compagnie. Liquidation de ses dettes. Etablissement d'une caisse d'escompte.*

13 *Août* 1769. On rit beaucoup à la cour d'une plaisanterie que s'est permise monsieur le duc de Choiseul envers M. l'évêque d'Orléans, à un spectacle particulier, que donnoit chez elle madame la comtesse d'Amblimont. Outre ce ministre & autres seigneurs de la plus grande distinction, il y avoit plusieurs prélats. Avant la comédie monsieur le duc de Choiseul avoit prévenu quelques actrices. Deux s'étoient pourvues d'habits d'abbé ; elles se présenterent dans cet accoutrement à monsieur de Jarente. Ce prélat n'aime pas en général à rencontrer de ces especes sur son chemin, parce qu'il se doute bien que ce sont autant d'importunités à essuyer. Ceux-ci pourtant, par leur figure intéressante, attirerent son attention; ils lui adresserent leur petit compliment, se donnerent pour de jeunes candidats qui vouloient se consacrer au service des autels, se renommerent de la protection & même de la parenté de monsieur le duc de Choiseul, qui n'étoit pas loin, & vint appuyer leurs hommages & leurs demandes. Le cœur de l'Evêque

vêque d'Orléans s'attendrit, par sympathie sans doute ; il promit des merveilles, & par une faveur insigne ne put se refuser à donner l'accolade à ces deux aimables ecclésiastiques.... Quelle surprise pour le prélat, lorsque pendant le spectacle il entrevit sur le théatre des figures qui ressembloient beaucoup à celles qu'il avoit embrassées ! Son embarras s'accrut par une petite parade, où il fut obligé de se reconnoître. On y peignoit adroitement son aventure. Enfin des couplets charmants le mirent absolument au fait. Il se prêta de la meilleure grace à la raillerie. Les abbés redevenus de jeunes filles très-jolies & très-aimables, se reproduisirent avec toutes sortes de graces & de minauderies. On lui rendit les baisers qu'il avoit donnés. Cela fit l'entretien du souper. On s'étoit promis entre soi de ne point révéler les secrets de l'église, & d'en faire un mystere aux profanes ; mais il est toujours des indiscrets qui n'ont pas scrupule de manquer à leur serment, & l'histoire perce depuis quelques jours dans le public. Tout le monde reconnoît-là la gaieté fine du ministre, qui a besoin de se dérober quelquefois à ses importantes & pénibles occupations, & de se dérider le front, pour les reprendre ensuite avec plus d'ardeur & de patriotisme.

15 *Août* 1769. M. God'heu, fils d'un ancien directeur de la compagnie des Indes, vient de répandre un imprimé d'une feuille in-4°. où il releve fortement une erreur avancée par monsieur l'abbé Morellet sur un point concernant l'administration précédente, & trop légérement adoptée par M. le comte de Lauraguais d'après l'exposé de cet abbé. Il suit de l'explication, du

fait par M. God'heu, que le premier écrivain est coupable, ou d'une grande ineptie, ou d'une fausseté manifeste. Le réclamant venge de la maniere la plus satisfaisante la mémoire de son pere, & tourne à sa gloire & à celle du ministere de M. Ory, alors contrôleur-général des finances, l'imputation prétendue d'un intérêt sordide & d'une prévarication sourde. Si chaque partie lésée par le mémoire en question s'inscrivoit en faux contre le même auteur, il ne pourroit faire tête à tous ses adversaires, & se trouveroit complétement confondu.

18 *Août* 1769. Il transpire que c'est M. de Chamfort qui a remporté cette année le prix d'éloquence de l'académie Françoise. On sait que le sujet étoit *l'Eloge de Moliere*. Il y a trois *accessit*, dont on ne nomme pas encore les auteurs. C'est au jour de la St. Louis que se manifestera la gloire du vainqueur dans tout son éclat. Ce M. de Chamfort a déja obtenu un prix de poésie, & a donné à la comédie Françoise un petit drame ayant pour titre *la jeune Indienne*, drame qui a eu une sorte de succès, parce que le larmoyant en a toujours. Au reste, on a prétendu que l'auteur n'étoit que le prête-nom de M. le duc de la Valliere, à la cour duquel il est attaché. Mais il y auroit plus à parier que les ouvrages attribués à ce seigneur seroient de M. de Chamfort, si l'on ne les savoit très-capables l'un & l'autre de composer chacun pour leur compte.

19 *Août* 1769. Il y a quelque temps que M. le prince de Conti, qui honore le Sr. Gerbier, fameux avocat, d'une confiance particuliere, est allé le trouver à sa terre d'Aulnoy, où mal-

gré ses grandes occupations il passe la plus grande partie de la belle saison. L'orateur confondu d'une telle visite, mit dans sa réception toute l'éloquence dont il est capable. Mais le prince exigea qu'on oubliât le cérémonial dû à son rang, & qu'on le traitât comme un ami de la maison. Son premier soin fut de parcourir les délicieux jardins du château. Ces jardins sont créés en quelque sorte par le nouveau maître, & c'est un jardinier Anglois qui a traité cette partie dans toute la singularité du costhume de sa nation. Après les premieres promenades, le Sr. Gerbier laissant faire les honneurs à sa femme, demanda permission au prince de le quitter un moment, sous quelque prétexte : il revint peu après & conduisit insensiblement son altesse, comme pour se reposer, sous un belvedere agréable, où l'on lut ces vers fraîchement écrits :

> Sous son humble toit Philemon
> Reçut le maître du tonnerre ;
> A son bonheur le mien répond,
> Je vois *Conti* dans ma chaumiere !

Le prince enchanté de cette galanterie ingénieuse, redoubla de bontés & de caresses pour son hôte, & voulut passer trois jours chez lui : faveur signalée, dont aucun particulier peut-être n'a jamais pu se vanter.

22 *Août* 1769. Dans le cinquieme volume de *l'Evangile du jour*, imprimé soi-disant à Londres en 1769, on trouve une correspondance entre M. l'évêque d'Annecy & M. de Voltaire, qui donne la clef de la conduite de ce dernier depuis

deux ans, & jette un grand jour fur les deux farces qu'il a jouées à pâque fucceffivement. Il paroît que M. de Voltaire craignant d'être inquiété par le prélat en queftion, par le parlement de Bourgogne & par la cour enfin, à raifon du fcandale énorme qu'il caufoit par fes écrits également impies & licentieux, & dont les défaveux qu'il en faifoit, n'excitoient que davantage la curiofité des lecteurs, a pris le parti en 1768 de faire un acte de religion authentique: c'eft là-deffus que lui écrit M. d'Annecy le 11 avril 1768, & commence ainfi: « on dit que vous avez fait vos pâques, bien » des perfonnes n'en font rien moins qu'édi- » fiées. » Le prélat annonce enfuite qu'il penfe plus charitablement, qu'il croit M. de Voltaire trop au deffus des refpects humains, des préjugés & des foibleffes de l'humanité, pour trahir & diffimuler fes fentiments par un acte d'hypocrifie qui fuffiroit feul pour ternir toute fa gloire. Il félicite la religion d'avoir acquis un pareil profélyte; il ajoute: « fi le jour de votre com- » munion on vous avoit vu, non pas vous in- » gérer à prêcher le peuple dans l'églife fur le » vol & les larcins, (ce qui a fort fcandalifé » tous les affiftants) mais lui annoncer, comme » un autre Théodofe, par vos foupirs, vos gé- » miffements & vos larmes, la pureté de votre » foi, alors perfonne n'auroit plus été dans le » cas de regarder comme équivoque vos démonf- » trations apparentes de religion, &c. » L'épître finit par une exhortation à ce vieux pécheur de faire juger de l'arbre par les fruits, de profiter du temps qu'il lui refte, &c.

M. de Voltaire, dans fa réponfe du 15 du

même mois, fait semblant de prendre à la lettre les compliments de l'évêque, & lui rend morale pour morale : au lieu des peres de l'église, il lui cite Cicéron & finit de la forte :

« Vous êtes trop inftruit pour ignorer qu'en France un seigneur de paroisse doit, en rendant le pain-béni, inftruire ses vaffaux d'un vol commis dans ce temps-là même avec effraction & y pourvoir incontinent ; de même qu'il doit avertir si le feu prend à quelque maison du village, & faire venir de l'eau : ce sont des affaires de police qui sont de son reffort. »

Le 15 avril M. l'évêque d'Annecy repliqua à M. de Voltaire, & après les premiers compliments d'usage, entre ainsi en matiere :

« Je n'ai pu qu'être surpris qu'en affectant de ne pas entendre ce qui étoit fort intelligible dans ma lettre, vous ayez supposé que je vous savois bon gré d'une communion de politique, dont les proteftants même n'ont pas été moins scandalisés que les catholiques. »

Il lui déclare après, que le scandale donné au public, soit par ses écrits, soit par la ceffation de presque tout acte de religion pendant plufieurs années, exigeoit des réparations éclatantes, & que jufques-là aucun miniftre inftruit de son devoir n'a pu & ne pourra l'abfoudre. Relativement au fermon prêché sur le vol, il lui dit que la conduite d'un seigneur de paroisse qui se fait accompagner par des gardes armés jufques dans l'église, & qui s'y ingere à donner des avis au public pendant la célébration de la sainte meffe, bien loin d'être autorisé par les usages & les sages ordonnances des rois très-chrétiens, a toujours été regardée comme du ministere des pasteurs, & non de l'exercice de la police extérieure, qu'il veut attribuer aux seigneurs.

Le prélat conjure de nouveau M. de Voltaire de songer à l'éternité, à laquelle il touche de si près : il ajoute, que tout ce qu'il écrit est pour remplir son ministere d'évêque & de pasteur ; que du reste il ne craint pas les satires.

Suit une riposte de M. de Voltaire du 29 avril, où il attribue à des calomnies l'aigreur qu'il croit remarquer dans la lettre du prélat ; il désigne différentes personnes auxquelles on pourroit les imputer ; il énumere par occasion tout le bien qu'il a fait dans sa paroisse, & produit en témoignage un certificat signé de messieurs les syndics des états du pays, des curés de ses terres, d'un juge civil, d'un supérieur d'une maison religieuse, &c. ; il déclare qu'il en envoie des copies à M. le premier président du parlement de Bourgogne & à M. le procureur-général ; il continue par persifler à son ordinaire, & termine par une tirade très-religieuse & très-pathétique.

Le 2 mai, troisieme lettre de monseigneur l'évêque d'Annecy à M. de Voltaire, où ce prélat cherche à écarter les soupçons que le pénitent prétendu voudroit faire tomber sur différentes personnes.

« Vous connoissez (écrit-il) les ouvrages
» qu'on vous attribue ; vous savez ce que l'on
» pense de vous dans toutes les parties de l'Eu-
» rope ; vous n'ignorez pas que presque tous
» les incrédules de notre siecle se glorifient de
» vous avoir pour leur chef, & d'avoir puisé
» dans vos écrits les principes de leur irréli-

» gion : c'est donc au monde entier & à vous-
» même que vous devez vous en prendre de ce
» qu'on vous impute. »

Le prélat compare ensuite la conduite d'un vrai chrétien à celle de M. de Voltaire, & conclut que sa conversion ne porte aucun des caracteres d'une conversion véritable.

Sans doute M. de Voltaire atterré par cette derniere épître, a pris le parti de garder le silence; mais le zele de l'évêque n'a pas cru devoir s'en tenir à une simple correction pastorale : ce prélat en a écrit au roi, & voici la lettre en entier de M. de St. Florentin, qui instruit de l'anecdote.

Du 13 juin 1768.

J'ai, Monsieur, remis sous les yeux du roi la lettre que vous m'avez adressée pour S. M. & la copie de celles que vous avez écrites à M. de Voltaire, & des réponses qu'il vous a faites. S. M. n'a pu qu'applaudir aux sages conseils que vous avez donné à M. de Voltaire & aux solides exhortations que vous lui avez faites. S. M. lui fera mander de ne plus faire dans l'église d'éclat aussi déplacé que celui dont vous lui avez avec raison fait reproche. Ce n'est point à un seigneur particulier de paroisse à donner des instructions publiques aux habitants; il peut les exhorter en particulier, & cela seroit même très-louable, à se conduire d'une maniere conforme aux principes de la religion & de la justice. Je suis persuadé que M. de Voltaire aura fait des réflexions sur vos sages avis. On ne peut être plus parfaitement que je le suis, &c.

C'est apparemment pour se moquer encore mieux du prélat, que M. de Voltaire a procédé cette année d'une façon plus extraordinaire encore au grand œuvre de sa communion pascale.

En conséquence le 30 mars 1769, après avoir fait avertir M. le curé de Ferney, selon les loix du royaume, d'une fievre violente qui le retient chez lui malade, requisition de M. de Voltaire audit curé de faire en cette occasion tout ce que les ordonnances du roi & les arrêts du parlement commandent, conjointement avec les canons de la sainte église, mere de la religion catholique, professée dans le royaume, religion dans laquelle lui malade est né, a vécu & veut mourir, &c.

De-là une déclaration le 31 mars, où il dit qu'il n'a jamais cessé de respecter & de pratiquer la religion catholique professée dans le royaume; qu'il pardonne à ses calomniateurs; que si jamais il lui étoit échappé quelque indiscrétion préjudiciable à la religion de l'état, il en demanderoit pardon à Dieu & à l'état, &c.

Le 1er. avril 1769, pardevant notaire, immédiatement après avoir reçu dans son lit la sainte communion de M. le curé de Ferney, M. de Voltaire prononça ces propres paroles:

« Ayant mon Dieu dans ma bouche, je dé-
» clare que je pardonne sincérement à ceux qui
» ont écrit au roi des calomnies contre moi, &
» qui n'ont pas réussi dans leurs mauvais des-
» seins. »

Le 15 avril suivant il fit pardevant notaire encore la profession de foi la plus ample, la plus caractérisée & la plus orthodoxe.

On ne sait point comment M. l'évêque d'Annecy a pris cette nouvelle comédie, mais apparemment n'ayant pas été content de l'effet de ses plaintes à la cour contre un pécheur aussi invétéré & dont les actes de religion n'étoient que des scandales nouveaux, il aura pris le parti de gémir sur le sort de cette brebis égarée, & d'adresser ses vœux au ciel pour son retour sincere au bercail.

En général, les lettres du prélat sont bien écrites: il y regne une morgue qui est annexée aux catéchisants & à ceux qui parlent au nom de l'église: il est difficile que cet honneur ne donne pas une certaine enflure qui réjaillit presque sur leur humilité. Rien de plus plaisant que la correspondance en question, & que l'assaut de persiflage que se livrent tour-à-tour l'ouaille & le pasteur. Le public attend le temps de pâque de l'année prochaine, pour voir quelle nouvelle tournure prendra la religion de M. de Voltaire.

On est fâché que l'éditeur n'ait pas conservé dans ce volume une gravure qu'on voyoit à la tête d'une édition particuliere des lettres & profession de foi en question. Cette caricature représente M. de Voltaire en buste, la figure enflammée comme un Séraphin, les yeux tournés vers un christ en l'air, qui regarde amoureusement ce pécheur converti, & semble le pénétrer de tous les rayons émanés de la gloire qui l'environne.

23 *Août 1769.* Les *Jeux Pléiens* ont un succès très-suivi, & les entrepreneurs n'ont qu'à se féliciter de leur dépense. Les frais journaliers ne montent pas à plus de cent pistoles, & la recette passe celle des spectacles dans leurs jours les plus brillants, même celle *des Fêtes de Tempé* de Torré. On prétend que la derniere a monté

à plus de 12,000 livres, ce qu'on a pourtant peine à croire.

24 *Août* 1769. On a consacré la petite plaisanterie faite à M. l'évêque d'Orléans par un divertissement allégorique, intitulé *le ballet des Abbés*. On sent qu'il ne peut avoir lieu que sur des théatres particuliers : il a déja été exécuté en plusieurs endroits.

25 *Août* 1769. L'académie Françoise a tenu, suivant l'usage, la séance publique pour la distribution du prix. L'affluence augmente de jour en jour à ces assemblées, & dès deux heures la salle étoit garnie. Les dames paroissent s'y plaire ; elles y étoient venues en grande quantité. Quand messieurs sont entrés pour se mettre en place, on a été surpris de voir siéger parmi eux un abbé qu'on ne connoissoit pas ; M. Duclos, secretaire de la compagnie, a éclairci l'embarras général en annonçant que M. l'abbé étoit un *Pocquelin*, petit-neveu de *Moliere*. Tout le monde a applaudi à cette distinction par des battements de mains multipliés. Ensuite M. l'abbé de Boismont, directeur, après avoir fait une espece d'amende honorable à Moliere au nom de l'académie, qui le comptant au rang de ses maîtres le voyoit toujours avec une douleur amere omis entre ses membres, a déclaré que pour réparer cet outrage autant qu'il étoit en elle, elle avoit proposé son éloge au concours des jeunes candidats ; que M. de Chamfort avoit mérité le prix, que trois autres pieces avoient fait regretter aux juges de n'avoir qu'un prix à donner, & qu'une quatrieme avoit approché de très-près celles-ci. M. Duclos a cru devoir ajouter son mot, en disant qu'on igno-

roit les auteurs des *accessit*, mais qu'on les invitoit à faire imprimer leurs pieces pour que les connoisseurs pussent juger, approuver l'arrêt de l'académie ou le casser : il a ajouté modestement, *nous nous croyons plus forts qu'un particulier, mais le public est plus fort que nous.*

Après tout ce préambule M. d'Alembert a lu la piece couronnée : elle a fait une grande sensation dans l'assemblée, & a excité de vifs applaudissements. Il y a infiniment d'esprit, de goût, de philosophie dans cet ouvrage ; mais il se sent encore de la jeunesse du candidat ; il manque de ce bel ordre, de cette unité, le premier mérite de tout discours : il n'est pas fondu comme il conviendroit, d'ailleurs trop peu de faits. M. de Chamfort s'est beaucoup appesanti sur l'auteur, & n'a pas assez développé l'homme ; il a montré le génie de Moliere sous toutes ses faces, & a glissé sur son ame, non moins digne d'être approfondie. La partie même du jugement des pieces est plus traitée en métaphysicien qu'en homme de l'art ; trop de dissection, de finesse, de subtilité. Les réflexions du panégyriste sont si atténuées, qu'elles échappent quelquefois à l'auditeur ; quelquefois du faux, du louche, du galimatias, des comparaisons recherchées pour la plupart. Le sujet, manié tantôt avec trop d'importance & tantôt d'une façon trop burlesque ; un style plus souvent précieux que naturel : tels sont les défauts qui compensent les beautés de cet éloge : c'est un portrait de Moliere plein de détails, d'une touche légere & délicate, & non frappé de ces grands coups de pinceau, tels qu'employoit lui-même ce peintre ineftimable. Quoi qu'il en foit, l'auteur a paru digne de la médaille qu'il a reçue ; il a été obligé de franchir la foule pour venir la prendre ; & le fauteuil près du fecretaire fe trouvant vacant, il l'a invité de s'affeoir : grace prématurée, pronoftic heureux de l'honneur qu'il aura fans doute un jour.

La coutume eft de lire fucceffivement le programme pour le prix de poéfie de l'année fuivante : depuis quelque temps l'académie avoit laiffé carriere au génie des auteurs, & ne les affujettiffoit à aucun fujet ; elle vient de reprendre, on ne fait pourquoi, fes anciens errements, & a donné pour fujet du prix de poéfie de 1770, *les inconvénients du Luxe*, titre bien foible pour caractérifer un vice, fléau des états & le principe de leur deftruction. M. Duclos a, par le même programme, annoncé l'éloge à faire pour 1771, afin de donner aux concurrents le temps de raffembler les mémoires ; c'eft celui de *M. de Fénelon, archevêque de Cambrai*.

M. Watelet, pour remplir le vuide de la féance, a continué de faire part au public de quelques morceaux de fa traduction de *la Jérufalem délivrée*. Celui qu'il a lu eft tiré du 7me. chant du Taffe. Ce poëte peint la fuite d'*Herminie*, & fon entrevue avec un vieillard retiré des cours & vivant dans la folitude. On a déja dit & l'on ne peut que répéter combien le pinceau fec & froid de l'académicien eft impropre à rendre les touches tendres & moëlleufes de l'Italien. Cette traduction, quoiqu'en vers, n'aura jamais l'élégance & la force de celle de M. de Mirabeau en profe.

28 *Août* 1769. Le Mémoire de M. Necker est intitulé : *Réponse au mémoire de M. l'abbé Morellet sur la compagnie des Indes, imprimé en exécution de la délibération de messieurs les actionnaires, prise dans l'assemblée générale du 8 août 1769.*

Après un court avertissement, où l'auteur annonce qu'il n'a eu que quinze jours pour préparer cette réponse, & s'excuse sur ce qu'il n'a pas donné à son ouvrage l'étendue & la correction que l'importance du sujet paroissoit exiger ; il entre en matiere & apostrophe son adversaire ; il commence par lui faire quelques remarques de procédé, où il lui fait sentir l'indécence, l'ineptie & l'iniquité de son rôle ; après quoi il développe sa réfutation, qui consiste à établir :

1°. Que la compagnie des Indes a rendu les plus grands services à l'état, bien loin de lui avoir été à charge.

2°. Que les actionnaires ont fait des sacrifices immenses pour lui, bien loin d'avoir augmenté à ses dépens leurs fortunes particulieres.

Dans la premiere partie l'auteur, après avoir défendu le privilege de la compagnie des Indes de tout l'odieux dont on a voulu la couvrir, après avoir établi l'opinion constante jusqu'aujourd'hui sur l'utilité passée de cette compagnie, examine le principal raisonnement que son adversaire emploie pour persuader qu'elle a été à charge à l'état ; il démontre contradictoirement, 1°. que la compagnie des Indes a procuré à l'état plus de six cents millions de vente, au lieu de trois cents : 2°. que le roi n'a rien payé à la compagnie au-delà de ce qu'il lui devoir : 3°. que ni le montant des ventes, ni les sommes que le roi auroit pu payer à la compagnie au-delà de ses créances, ne sont des objets de comparaison qui puissent faire juger si la compagnie a été à charge à l'état.

Il établit ensuite que la compagnie a été utile à l'état, puisqu'elle a toujours gagné par les opérations de son commerce ; que depuis 1725 jusqu'à la derniere paix, le bénéfice sur les marchandises d'exportation a roulé de 35 à quarante-cinq pour cent ; celui sur les marchandises d'importation, de quatre-vingt-dix à cent quarante pour cent : que ses pertes maritimes n'ont pas monté à trois pour cent ; & que ces fonds & ces profits n'ont point accru au profit des actionnaires, mais ont été employés à franchir les obstacles dans cette multitude de branches de commerce dont la compagnie a ouvert les voies, à former les premiers établissements au Canada, à la Louisiane, à la Chine, à Suratte, à Mahé, au Bengale, à Moka, sur les côtes de Coromandel & de Malabar, sur celles de Sénégal & de Guinée, aux isles de France & de Bourbon ; à encourager la culture de ces deux dernieres ; à construire des ports, à les entretenir, à élever des fortifications, à faire des chemins, à bâtir des arsenaux, des églises, des hôpitaux & plusieurs autres édifices publics ; à payer les juges civils, à soudoyer les troupes & à faire en un mot toutes les dépenses de la souveraineté, dépenses qui toutes auroient dû être à la charge du gouvernement s'il n'y eut pas eu de compagnie.

Dans la seconde partie, sur les droits des actionnaires, M. Necker les venge des imputations injustes du dissertateur : il examine si l'abbé Morellet a discuté impartialement ces droits, si les lettres des actionnaires sont méprisables, s'il ont joui de ce qui ne leur appartenoit pas, & s'ils méritent qu'on déroge contr'eux aux loix les plus authentiques ; & il établit toujours de la façon la plus victorieuse les propositions contradictoires.

L'apologiste de la compagnie parcourt de-là les raisonnements de son adversaire, sur *l'évaluation du bien des actionnaires*, sur *les profits du commerce*, sur *la possibilité d'emprunter*, sur *la liberté du commerce*: & ce coup d'œil rapide & lumineux démasque à tous les lecteurs l'ignorance, la partialité, la fausseté, l'injustice, la subtilité de cet écrivain ; il souleve contre lui une indignation générale, qui fera repousser dans les ténebres un mémoire qu'on pourroit appeller plus énergiquement un *libelle diffamatoire contre la compagnie des Indes*.

Celui de M. Necker, outre la logique claire & pressante qui en fait la base, est embelli par une imagination pittoresque, par une éloquence forte, par un style hardi & vigoureux ; & fait encore plus de plaisir à la lecture qu'au débit. Il est digne de figurer à côté des plaidoyers les plus fameux du barreau, & intéressera par l'onction qui y est répandue toute ame sensible & honnête.

29 *Août* 1769. On vient de rendre public par la voie de l'impression *le procès-verbal de l'enlevement du conseil souverain de Saint-Domingue*, exécuté le 7 mars 1769. Ce procès-verbal rédigé par ces messieurs à bord du sénaut le *fidele Jean-Baptiste*, le 22 avril suivant ; c'est-

à-dire, aussi-tôt qu'ils l'ont pu, est un monument qui consacrera à la postérité un des effets les plus dangereux du despotisme militaire. On est fâché, en lisant cette piece, que les remontrances de cette même compagnie, imprimées à la suite, en date du 24 dudit mois, ne répondent pas à sa situation & n'en peignent pas les horreurs avec cette éloquence mâle dont plusieurs parlements ont en pareil cas soulevé l'indignation générale contre les auteurs de ces vexations révoltantes.

Suit une *Lettre du parlement de Bordeaux au roi*, pour supplier S. M. de faire juger ces magistrats par un parlement, & non par une commission, tribunal toujours suspect & désavoué par nos loix. Cet écrit est foible aussi, & n'est pas digne du sujet qui intéresse l'honneur de toute la magistrature.

31 *Août* 1769. Le discours que M. l'abbé Couturier, chanoine de Saint-Quentin, a prononcé le jour de Saint Louis dans la chapelle du Louvre devant MM. de l'académie Françoise, excite de grandes rumeurs dans la cabale des dévots, & renouvelle la fermentation qu'occasiona, il y a deux ans, celui de M. l'abbé Bassinet. On reproche encore à l'orateur de cette année d'avoir fait un discours trop profane, d'avoir envisagé en Louis IX le monarque seul, sans parler du saint ; d'avoir frondé les croisades, de s'être élevé avec force contre le tribunal de l'inquisition, d'avoir donné des leçons de politique dans une chaire où il ne devoit donner que des leçons de vertu. On va jusqu'à supposer que cet abbé est un suppôt du parti encyclopédique, parti qui ne cesse d'élever sa philosophie

fausse & dangereuse sur les ruines de la vraie religion. On tourne même contre l'orateur les éloges qu'il a reçus des spectateurs, & ces battements de mains réitérés, qui ne sont d'usage que dans les assemblées profanes, au théatre, ou au barreau: le zele des fanatiques a été porté au point de dénoncer ce panégyrique à M. l'archevêque, pour en suspendre l'impression & lui attirer les censures de ce prélat. Heureusement le discours est déja imprimé par ordre de l'académie Françoise; & dans une délibération subséquente ces messieurs ont arrêté de députer trois de leurs membres au premier gentilhomme de la chambre en exercice, pour le supplier de présenter l'orateur à S. M., de lui ménager le moment de lui offrir son discours: faveur nouvelle & signalée de la part de l'académie.

La cérémonie doit avoir lieu dimanche à Versailles, & c'est M. le duc de Fronsac qui s'en est chargé.

1 *Septembre* 1769. Il paroît une huitieme *lettre d'un actionnaire*, servant de suite à celles dont on a parlé, qui ne fait pas moins de bruit que les précédentes par les détails dans lesquels l'auteur entre sur l'intérieur des assemblées. Heureusement pour ceux qui y sont dépeints, elle n'est encore que manuscrite, ainsi que les précédentes.

4 *Septembre* 1769. M. l'abbé Morellet a fait une seconde édition de son mémoire, dans laquelle il annonce une replique à M. Necker.

On assure que cet abbé a 4,000 livres de pension du gouvernement, pour avoir fait le mémoire en question.

6 Septembre 1769. Une compagnie vient de former un établissement digne de la ville de Sibaris ; elle a obtenu un privilege exclusif pour avoir des parasols & en fournir à ceux qui craindroient d'être incommodés du soleil pendant la traversée du Pont-neuf. Il y aura des bureaux à chaque extrêmité de ce pont, où les voluptueux petits-maîtres qui ne voudront pas gâter leur teint, se pourvoiront de cette utile machine ; ils la rendront au bureau de l'autre côté, ainsi alternativement, moyennant deux liards par personne. Ce projet a commencé à s'exécuter lundi dernier. On annonce que si cette invention réussit, on est autorisé à former de pareils bureaux dans les autres endroits de Paris, où les crânes pourroient s'affecter, tels que le Pont-royal, la place de Louis XV, &c. Il y a apparence que ces profonds spéculateurs obtiendront aussi le privilege exclusif des parapluies

On rappelle à cette occasion un projet beaucoup plus utile, dont on fournit le plan à M. de Laverdy, lorsqu'il étoit encore contrôleur-général ; c'étoit celui d'établir des brouettes à demeure à différents coins des rues, où il y auroit des lunettes, qui se trouveroient prêtes à recevoir ceux que des besoins urgents presseroient tout-à-coup. On prétendoit que celui-ci n'étoit qu'une dérision, qu'un plaisant anonyme voulut persifler par-là le ministere vil & minutieux de M. de Laverdy. Les entrepreneurs promettoient de rendre une somme au trésor royal ; ce qui tournoit l'affaire en un impôt digne d'être assimilé à celui que Vespasien avoit mis sur les urines des Romains.

Tant d'induſtrie prouve à quel point l'argent eſt devenu un beſoin indiſpenſable, & comment on ſe tourmente en tout ſens pour en acquérir.

7 Septembre 1769. On commence à croire que le Wauxhall des Champs-Elyſées, qui portera le nom célebre de *Colyſée*, parce qu'il ſera dreſſé ſur le plan du Colyſée de Veſpaſien, aura lieu certainement, par la grande quantité d'ouvriers qu'on vient de diſtribuer depuis peu pour les fondements de ce vaſte édifice. Pluſieurs des actionnaires ont cependant retiré leur parole, mais on ſe flatte qu'il s'en préſentera d'autres, & que la ville d'ailleurs ſuppléera aux fonds d'un établiſſement dont elle doit avoir les prémices.

8 Septembre 1769. L'on aſſure que le parlement, vivement touché des impreſſions fâcheuſes que peut répandre contre ce tribunal l'hiſtoire que vient de publier M. de Voltaire, a chargé des avocats d'y répondre, non par le déſaveu des faits, qu'on aſſure être vrais, mais en rétabliſſant ceux que l'auteur a omis exprès, & en mettant à découvert toute la malignité d'un pareil ouvrage. Il paroît en effet qu'on a voulu dégrader ce tribunal de toutes les manieres, ſauf un point, ſur lequel on le loue conſtamment & l'on ne ceſſe de lui rendre juſtice à chaque page, c'eſt ſa conſtance inébranlable à s'oppoſer aux entrepriſes de la cour de Rome, & à repouſſer ſes uſurpations.

10 Septembre 1769. Un nouvel adverſaire s'éleve contre M. l'abbé Morellet, & ce ne ſera vraiſemblablement pas le dernier. Celui-ci répand un imprimé de 18 pages in-quarto, ayant pour titre : *Eclaircissements sur le mémoire de l'abbé Morellet, concernant la partie historique de la compagnie des Indes & l'origine du bien des actionnaires.* On assure que l'auteur releve plusieurs réticences du détracteur, qu'il attaque & démontre son ignorance, ensemble & sa mauvaise foi. Il entre dans des détails intéressants sur l'origine & la nature des droits des actionnaires; il appuie & développe ce qu'avoit déja dit à cet égard M. Necker; il y ajoute & prouve combien leur propriété est respectable & sacrée.

15 Septembre 1769. On a joué hier, le 14 de ce mois, à Chilly chez madame la duchesse de Mazarin, la comédie intitulée : *la partie de chasse de Henri IV*, drame du sieur Collé, lecteur de M. le duc d'Orléans. Mesdames y ont assisté. On y devoit représenter en outre *Athalie*, & ce sont les comédiens François qui ont reçu ordre de se transporter à cet effet chez madame de Mazarin. Il n'y a point eu de spectacle ce jour-là à la comédie Françoise, & l'on a affiché *relâche au théatre, pour le service de la cour.*

Par une bizarrerie extraordinaire, cette *partie de chasse de Henri IV*, très-médiocre à la lecture, mais qui fait le plus grand effet à la représentation, a été jouée sur tous les théatres, excepté sur celui de la comédie Françoise. Il a été tenu dans le temps différents conseils à cet effet, & l'on a décidé que Henri IV ne figuroit pas sur la scene d'une maniere assez auguste.

16 Septembre 1769. On voit dans le public une brochure in-folio, portant *le projet d'un*

Lombard, ou mont de piété, dont on demande l'établissement à Paris, avec les réglements qui doivent y être observés. Les lettres-patentes de Louis XIII pour un semblable établissement y sont rapportées comme le modele de celui qu'on propose aujourd'hui.

17 *Septembre* 1769. *De la paix perpétuelle, par le docteur Goodheurt*, brochure in-8. de plus de cinquante pages. Ce projet traité politiquement par l'abbé de Saint-Pierre & par monsieur Rousseau de Geneve, ne sert ici que de cadre au développement du système de tolérance que ne cesse de prêcher depuis si long-temps le fameux philosophe de Ferney. Il voudroit qu'on détruisît tous les dogmes, sources intarissables de troubles & de divisions; il trace en conséquence un tableau des horreurs du fanatisme, & ce sujet remanié cent fois par le même auteur, reprend sous son pinceau encore plus de chaleur & d'énergie: le fiel qu'il broie avec ses couleurs, donne à sa touche tout le terrible des peintures de Michel Ange. Monsieur de Voltaire est toujours sublime quand il parle d'après son cœur.

19 *Septembre* 1769. Les spectacles de Mlle. Guimard, qu'on avoit dit être discontinués par la retraite d'un amant distingué qui ne subvenoit plus aux frais considérables de ces fêtes, ont repris depuis quelque temps & se continuent avec autant de succès que d'affluence. On n'y joue communément que de petits drames faits exprès pour le lieu: quelques auteurs se sont voués à l'amusement de cette Nymphe, & toute la musique, qui s'y exécute, est de monsieur de la Borde. Ce sont les camarades des deux sexes

de mademoiselle Guimard qui la secondent dans les représentations où elle se prodigue elle-même avec beaucoup de complaisance. On sait qu'elle a une très-vilaine voix ; mais elle a dans son jeu une minauderie qui plaît à ses partisans, & qui pourroit passer pour du naturel par la grande habitude où elle est de s'y exercer. Il paroît que de tous les petits ouvrages composés pour ce théatre, *la Tête à perruque* est celui qui remporte la palme au gré des connoisseurs. Du reste, on n'entre que par billets, & c'est ordinairement le rendez-vous des plus jolies filles de Paris & des aimables libertins. Il y a des loges grillées pour les honnêtes femmes, pour les gens d'église, & les personnages graves qui craignent de se commettre parmi cette multitude de folles & d'étourdis.

20 *Septembre* 1769. On parle beaucoup d'un bon mot de Madame à Préville, le jour où cette princesse fut chez madame la duchesse de Mazarin, avec les autres dames de France, voir une représentation de la *partie de chasse de Henri IV*. Il faut savoir qu'un devoir & un privilege des comédiens est de porter le flambeau devant les princes lorsqu'ils vont au spectacle, de la salle jusqu'à leur carrosse ou à l'endroit où ils vont ; il faut savoir encore que Préville avoit fait le rôle de Michau dans la *partie de chasse de Henri IV*, & Michau est le paysan chez lequel ce prince arrive incognito & est fêté avec tant de cordialité.

Préville donc, après avoir représenté le rôle de Michau, éclairoit madame pour passer de la salle de spectacle au sallon ; elle lui dit : « il » étoit très-convenable qu'après avoir reçu aussi

» bien le grand-pere, vous éclairassiez la petite-
« fille !

21 *Septembre* 1769. Mesdames ayant témoigné à madame la duchesse de Mazarin le desir de voir Chilly, château célebre de monsieur d'Effiat, elle a fait tous les préparatifs qui pouvoient leur rendre cette partie agréable ; & ses soins ont été heureusement favorisés par le temps qui étoit très-beau. Le mercredi 13, jour auquel Mesdames avoient fixé leur voyage, elles arriverent l'après-midi sur les quatre heures & demie ; elles furent reçues dans un sallon admirable par son étendue, sa proportion & les ornements dont il a été décoré. Elles monterent dans les caleches qu'on avoit préparées pour les promener dans les jardins. Cette promenade dura jusqu'à sept heures ; on les mena alors à la salle de spectacle, qui est une galerie très-vaste, où l'on a construit un fort beau théatre. On y représenta la *partie de chasse de Henri IV*. L'exécution fut parfaite ; & comme mesdames avoient donné la permission d'applaudir, les spectateurs qui étoient en très-grand nombre, marquerent leurs transports de la maniere la plus éclatante. Mesdames, non-seulement parurent très-contentes, mais elles furent attendries jusqu'aux larmes dans tous les endroits qui donnent une idée si belle & si vraie de la bonté de Henri IV, & qui a tant de rapport à celle du prince qui les touche encore de plus près. Elles n'ont pu s'empêcher de marquer de la surprise de ce qu'on n'avoit pas permis de représenter ce drame à Paris où il auroit fait encore plus d'effet que dans la province, où il est joué avec le plus grand succès. Elles se promettent d'obtenir la permis-

sion qui a été refusée jusqu'à présent. Si elles réussissent, comme il y a tout lieu d'espérer, ce sera une fortune pour les comédiens, & une satisfaction pour le public, qui supporte avec peine la privation de ce spectacle. *La partie de chasse* fut suivie de *Lucille*, opéra comique, qui plut aussi beaucoup. La Comédie fut terminée par un ballet très-ingénieusement composé & très-bien exécuté. Ce divertissement ayant fini plutôt qu'on n'avoit cru, l'espace qui restoit jusqu'au souper fut rempli par un feu d'artifice qui mérite qu'on en fasse la description.

Au lieu de fusées ordinaires, c'étoit ce qu'on appelle des *bombettes*, espece de bombes qui produit une grande quantité d'étoiles & dont l'effet est beaucoup plus agréable que celui des fusées. Il parut des feux dans toutes sortes de formes, toutes très-bien inventées & exécutées avec autant de vivacité que de précision. Il y eut ensuite des hommes montés sur des chevaux véritables, & qui combattirent les uns contre les autres avec l'artifice dont ils étoient environnés & qu'ils lançoient de toutes parts. Le feu fut terminé par des portiques très-illuminés, & à chacun desquels il y avoit une gerbe de feu; un bouquet de trois mille fusées qui partirent à la fois, mit le comble à la beauté de ce spectacle. On servit le souper, dont la magnificence répondit à tout le reste de la fête. Mesdames étoient à une table au sallon, où, suivant l'étiquette ordinaire, il n'y avoit point d'hommes; mais comme toutes les dames qui composoient leur cour ne pouvoient pas y trouver place, il y en eut plusieurs qui se mirent à celle des hommes, qui ne fut pas moins bien servie. Mesdames,

mes, malgré l'usage ordinaire, selon lequel elles n'admettent à leur table que des femmes mariées, & par conséquent présentées, firent souper avec elles Mlle. d'Aumont, fille de Mde. la duchesse de Mazarin : elle est âgée d'environ douze ans. Après souper, chacune des Mesdames fit sa partie de whisk ; elles y admirent de préférence tout ce qui est de la maison de Duras. Le reste de la compagnie joua au vingt-un. Le jeu dura jusqu'à environ deux heures après minuit, que Mesdames remonterent dans leurs carrosses très-satifaites de tout ce qui s'étoit passé.

23 *Septembre* 1769. Des plaisants qui ne manquent jamais dans ce pays-ci, & qui saisissent toujours l'à-propos, ont fait le couplet de chanson suivant à l'occasion des circonstances : les gens intelligents en concevront facilement tout le sel, sur l'air *Vive le vin, vive l'amour,* tiré du *Déserteur:*

> Vive le roi ! Vive l'amour !
> Que ce refrein soit nuit & jour
> Ma devise la plus chérie !
> En vain les serpents de l'envie
> Sifflent autour de mes rideaux ;
> L'amour lui-même assure mon repos,
> Et dans ses bras je la défie.

27 *Septembre.* Les Italiens donnent depuis peu une parade intitulée *le Portrait parlant* ; les paroles sont d'Anseaume, & la musique de Gretry. La piece a réussi. Elle est plaisante, par fois graveleuse. L'éventail y est d'un grand secours aux femmes. La musique en est excellente. En général ce genre plaît plus à ce théâtre, & y est mieux adapté que l'héroïque sur lequel on a voulu le

monter depuis quelque temps. C'est une femme piquante & faite pour la gaillardise, qui emprunte la langueur & les grands airs d'une beauté sublime pour intéresser davantage, & devient sublime.

30 *septembre* 1769. M. l'abbé Morellet, dont on attendoit depuis long-temps la réplique, vient de la faire paroître. Elle a pour titre: *Examen de la réponse de M. N*** au mémoire de M. l'abbé Morellet sur la compagnie des Indes, par l'auteur du mémoire.* C'est un in-4°. de 150 pages : on y trouve le même esprit de paradoxe qu'on a remarqué dans le mémoire : un homme décidé à nier tout ce qui est contre lui, les faits les plus avérés, & à metttre en avant tout ce qui peut favoriser sa cause, même les raisonnements les plus démentis par l'expérience. Au reste, il a beau jeu.

2 *Octobre* 1769. Un écrivain vient de répandre un *prospectus sur le projet d'une pompe à Paris.* L'auteur, après avoir réfuté rapidement tous ceux écrits sur cette matiere depuis le fameux abbé Picard jusqu'à M. de Parcieux, & même depuis ce dernier, expose le sien, qu'il présente comme plus aisé, plus commode & moins dispendieux. Ce seroit d'élever une pyramide dans la Seine, à la pointe de l'isle St. Louis, où est l'hôtel de Bretonvilliers. Il prétend que de-là il se distribueroit dans Paris une quantité d'eau en assez grande abondance, pour en fournir à toutes les extrémités de la capitale, pour avoir des fontaines continuellement jaillissantes, qui abreuveroient & laveroient sans interruption le pavé de Paris, & pour établir des machines qui en cas d'incen-

die donneroient promptement des volumes d'eau capables d'éteindre le feu le plus violent.

3 *Octobre* 1769. Les comédiens François ont donné hier la premiere représentation d'*Hamlet*, tragédie en cinq actes, tirée du théatre Anglois. Ce sujet jusqu'ici avoit fait le désespoir de nos plus grands maîtres, qui avoient vainement tenté de l'adapter à notre théatre, & de le circonscrire dans nos regles dramatiques. Quelques-uns, comme M. de Voltaire, s'étoient contentés d'en prendre les beautés du détail, & de les transporter dans leurs pieces. M. Duffy s'est approprié cette carcasse & en a formé un drame régulier, mais qui, dénué de ces endroits neufs & terribles dont on s'étoit emparé avant lui, n'a plus été qu'une tragédie ordinaire, dans laquelle l'auteur, ayant perdu tout le mérite de l'invention, se trouve réduit à quelques beaux vers, à des morceaux particuliers, & n'offre qu'un ensemble médiocre. Le sieur Molé, qui a fait le rôle d'*Hamlet*, a excité une vive sensation par la chaleur de son jeu.

4 *Octobre* 1769. L'académie royale de musique a remis hier l'acte de *Psyché*, dont les paroles sont de M. l'abbé de Voisenon & la musique de M. de Mondonville. Ce petit drame, où Mlle. Arnoux déploie tant de graces, a reçu encore un nouveau mérite du jeu de cette actrice inimitable. Elle n'avoit point représenté depuis long-temps; on avoit craint de la perdre, & l'on ne se flattoit de la revoir que sur le nouveau théatre. Elle a voulu se remettre un peu au courant avant de tenter de plus grands rôles. Elle a été reçue avec des transports indicibles. On a trouvé sa voix plus soutenue, & non moins séduisante; ses atti-

tudes toujours belles & pleines d'intérêt ont ému l'ame des spectateurs & l'ont vivement passionnée. Elle a été très-bien secondée par Mlle. Rosalie, qui avoit fait le rôle *l'Amour*. Cette derniere se perfectionne de plus en plus dans son jeu naïf, gai & piquant en même temps.

7 Octobre 1769. On a fait le 2 de ce mois plusieurs essais d'artifice, tant sur l'eau que dans l'air, pour les fêtes du mariage de M. le dauphin, & plusieurs artificiers travaillent en concurrence. Leurs tentatives jusqu'à présent n'ont encore rien produit de satisfaisant. On y a cependant remarqué des bombes de construction nouvelle, qui produisent un grand effet, mais qui ne répondent pas encore à ce qu'on desire pour une aussi grande fête.

9 Octobre 1769. L'admiration qu'a excitée au sallon le portrait en pied du roi de Prusse, a fait fermenter les beaux esprits ; plusieurs ont fait des vers à ce sujet. Voici le quatrain qu'on trouve le plus juste & le moins indigne de ce grand roi.

Vers de M. Bacon sur le portrait de Sa Majesté le roi de Prusse, exposé au sallon du Louvre en 1769.

Si ce roi conquérant, fameux par mille exploits,
   Apprit à ses sujets le grand art de la guerre,
En prince, en philosophe, il leur dicta ses loix :
   Régner, c'est éclairer la terre.

11 Octobre 1769. Madame Denis, niece de M. de Voltaire, dont la séparation d'avec ce cher oncle avoit occasioné tant de mauvais propos & de conjectures sinistres qui n'ont jamais été bien

éclaircies, vient de partir ces jours-ci pour se réunir avec lui, & de retour va sans doute égayer la retraite du philosophe de Ferney, qui commençoit à avoir beaucoup d'humeur & à broyer bien du noir. Les curieux trouveront de nouveau une femme aimable qui fera les honneurs du château, & attirera les étrangers effarouchés par les caprices d'un vieillard isolé. On sait que M. de Voltaire, malgré son ardeur pour la célébrité, ne daignoit pas toujours se montrer aux amateurs, qui en faisant ce voyage risquoient de revenir sans l'avoir vu.

12 *Octobre* 1769. M. le Mierre vient de nous donner son poëme *de la Peinture*, annoncé depuis long-temps, qu'il avoit déja lu dans une assemblée publique de l'académie de ce genre, & qui avoit reçu pour lors beaucoup d'applaudissements, ainsi que dans différentes coteries particulieres, où l'auteur l'avoit récité. Tous ces éloges prématurés se sont évanouis à l'impression. Il est de beaucoup inférieur aux poëmes Latins de Dufresnoy & de l'abbé de Marsy; il est plus didactique, plus dur, plus obscur que celui de monsieur Watelet, &, à quelques morceaux près, en petit nombre, inintelligible d'un bout à l'autre. C'est un fatras de vers empruntés & d'expressions disparates, dont il a revêtu des préceptes arides, sans enchaînement & sans progression. Il paroît dans la préface, aussi barbarement écrite que le poëme, que l'auteur a senti toutes les difficultés de son entreprise, mais qu'il s'est cru capable de les surmonter ; & c'est en quoi il s'est trompé. Nous avons sur le même sujet une esquisse peu connue de M. le baron de *Saint-Julien*, qui est infiniment meilleure, pleine d'harmonie, d'images nobles & naturelles : elle fait regretter

que cet auteur n'ait pas traité plus en grand & plus en détail cette matiere.

On sait aussi que feu M. le marquis de Choiseul, capitaine des vaisseaux du roi, & doué du talent aimable de la poésie, a laissé manuscrit un *poëme de la Peinture* très-estimé des amateurs qui l'ont lu, & infiniment préférable à tout ce qui a été composé en pareil genre.

13 Octobre 1769. Idée singuliere d'un bon citoyen concernant les fêtes publiques qu'on se propose de donner à Paris & à la cour, l'année prochaine pour le mariage de monseigneur le dauphin. Tel est le titre d'une feuille manuscrite qui court dans le monde, & qui est vraiment originale.

L'auteur distribue d'abord son projet de fêtes publiques en quatre parties : 1°. repas; 2°. spectacles; 3°. feux d'artifice, illuminations; 4°. bals. Il sous-divise chacune de ces parties en différents articles, qu'il détaille dans la plus grande étendue, avec une évaluation de dépenses dont il forme une récapitulation générale, par laquelle ce devis complet monte à un capital de vingt millions. Il ajoute :

« Je propose de ne rien faire de tout cela, mais de remettre ces vingt millions sur les impôts de l'année, & sur-tout sur la taille. C'est ainsi qu'au lieu d'amuser les oisifs de la cour & de la capitale par des divertissements vains & momentanés, on répandra la joie dans le cœur des tristes cultivateurs, on fera participer la nation entiere à cet heureux événement, & l'on s'écriera jusques aux extrêmités les plus reculées du royaume : *Vive Louis le Bien-Aimé !* Un genre de fête aussi nouveau couvriroit le roi d'une gloire plus vraie & plus durable, que toute la pompe & tout le faste des fêtes Asiatiques ; & l'histoire consacreroit ce trait à la postérité avec plus de complaisance, que les détails frivoles d'une magnificence onéreuse au peuple, & bien éloignée de la grandeur d'un monarque, pere de ses sujets. »

13 *Octobre* 1769. On assure que le Breton & Trial, administrateurs actuels de l'opéra qui n'y entendent rien, vont remettre à la ville leur privilege, & qu'elle fera le choix d'un homme de goût & capable dans cette partie pour diriger ce spectacle, qui est censé prendre une nouvelle forme au Palais-Royal. On a de beaucoup augmenté le nombre des petites loges, ainsi que le prix de l'abonnement : il seroit étonnant que malgré tant de secours les entrepreneurs ne pussent pas bien faire leurs affaires.

La comédie Françoise passe aux Tuileries, mais cette transmigration n'aura lieu qu'à pâque.

14 *Octobre* 1769. Un caustique, comme il s'en trouve beaucoup à Paris, mécontent des opérations de M. le contrôleur-général, que beaucoup de gens accusent d'ineptie, a rapproché ce caractere d'avec la conformation physique de la tête de M. Maynon, & en a formé l'épigramme suivante :

Midas avoit des mains qui changeoient tout en or ;
Que notre contrôleur n'en a-t-il de pareilles !
Pour l'état épuisé ce seroit un trésor.
Mais, hélas ! de Midas il n'a que les oreilles !

15 *Octobre* 1769. On parle beaucoup d'un bon mot de monsieur le duc de Choiseul à madame la comtesse Dubarri : on sait que la chronique scandaleuse a prétendu que, quoique cette dame soit née en légitime mariage, son pere véritable & physique étoit un abbé Gomar,

ci-devant Picpus, & qui paſſoit pour avoir été très-bien avec la mere : bruit fort accrédité par le grand ſoin que madame Dubarri prend de cet abbé. La converſation rouloit ſur les moines, de la deſtruction deſquels on s'occupe eſſentiellement en France. Madame Dubarri étoit contr'eux, & monſieur le duc de Choiſeul en prenoit la défenſe. Ce miniſtre, plein d'eſprit & de fineſſe, mettoit en avant tous les genres d'utilité de cet état & ſe laiſſoit battre ſucceſſivement en ruine ſur tous les points; enfin pouſſé à bout : « vous conviendrez au moins, ma- » dame (a-t-il ajouté) qu'ils ſavent faire de » beaux enfants. » Cette épigramme charmante, enveloppée de toutes les graces du madrigal, fut ſentie par celle qu'elle regardoit, & ne lui déplut pas à la faveur du galant correctif qui la faiſoit paſſer.

15 Octobre 1769. Mlle. Arnoux, par une faveur ſinguliere, a joué vendredi dans *Pſyché*, quoiqu'elle arrivât de Fontainebleau & dût y retourner tout de ſuite. Le public ſe preſſe de jouir avec la plus grande activité de cette aimable actrice, qui brille plus que jamais dans ce beau rôle par le ſentiment qu'elle y déploie, & les tableaux nobles, vrais & variés qu'elle y préſente continuellement, depuis le commencement juſqu'à la fin. L'acte de *Bacchus & Erigone*, paroles de la Bruyere & muſique de Mondonville, ſubſtitué à celui d'*Hypomene & Athalante*, n'a pas de ſuccès.

16 Octobre 1769. Pour égayer cette multitude d'ouvrages ennuyeux ſur la compagnie des Indes, & que perſonne ne lit, un plaiſant a fait une *parodie de la derniere ſcene de Mithridate.* On voit au milieu du théatre la com-

pagnie des Indes nue en chemife; elle eft fufpendue par une corde fous les aiffelles; elle tient en main fon privilege. Le corps des actionnaires eft repréfenté par deux d'entr'eux qui s'effuient les yeux de leur mouchoir.

Cette plaifanterie du moment n'eft point affez méchante pour être bonne. On y attaque cependant quelques perfonnages qui ne fe trouveront pas contents de fe voir défignés. M. Boutin y eft couché tout de fon long. On le regarde depuis long-temps comme l'ennemi juré de la compagnie, & l'on ne doute pas qu'il ne foit l'inftigateur du mémoire de l'abbé Morellet.

18 Octobre 1769. Il eft décidé que la ville reprend l'adminiftration de l'opéra. Les Srs. Trial & le Breton refteront comme infpecteurs, ainfi que le Sr. Dauvergne, connu par fon talent, & le Sr. Joliveau, qui avoit la qualité de fecretaire de l'académie royale de mufique, qui a donné auffi quelque preuve de mérite, & qui d'ailleurs entend à merveille les détails intérieurs de ce tripot. Ces meffieurs auront chacun 5,000 livres nettes d'appointements; toutes les dépenfes fe feront par la ville, elle aura le gain, ou fupportera la perte. Cependant, pour encourager les agents de la machine à la faire aller le mieux qu'ils pourront, & à s'évertuer de toute maniere pour attirer le public, on a décidé que tout ce que la recette rendroit au-delà des 500,000 livres, auxquelles elle eft évaluée année commune, feroit mis en maffe, & le quart partagé en gratifications entre ces meffieurs.

20 Octobre 1769. Une affaire particuliere, devenue prefqu'une affaire générale entre les gens de lettres & les libraires, mérite d'être rapportée.

On fait de quelle tyrannie ufent en France

les derniers avec les premiers, que le malheureux état de leurs affaires oblige ordinairement de se laisser subjuguer par ces messieurs. Cette tyrannie avoit engagé quelques auteurs plus pécunieux & plus intelligents à faire imprimer leurs ouvrages à leurs frais, & à les faire débiter par des subalternes de confiance.

M. Luneau de Boisjermain, connu par des ouvrages estimables de sa façon & plus encore par son édition & son *commentaire des tragédies de Racine*, avoit suivi depuis plusieurs années cette méthode. Comme ses productions s'étendoient & que ce genre de commerce prospéroit entre ses mains, les libraires en ont conçu de la jalousie, & le mercredi 31 août 1768, ont fait une saisie chez lui, sous prétexte qu'il faisoit un commerce en contravention des réglements de la librairie. M. Luneau en a rendu plaintes par-devant M. de Sartines, lieutenant-général de police & chef de la librairie; ce qui a occasioné des mémoires de part & d'autre. Dans son premier mémoire, M. Luneau prouve, 1°. qu'il n'a point vendu & débité de livres : 2°. qu'il ne les a point fait afficher pour les vendre : 3°. qu'il n'en a tenu boutique ni magasin : 4°. qu'il n'en a point acheté pour en revendre : au moyen de quoi il ne se prétend point infracteur du fameux réglement de 1723, qui interdit seulement aux étrangers la partie mercantile de la librairie.

Dans le second, le Sr. Luneau prend article par article le mémoire des libraires, sous le titre de *précis signifié par les syndic & adjoints des libraires de Paris*, & le pulvérise entiérement. Ces mémoires sont de Me. Linguet, avocat connu au barreau & dans la littérature. Ce Démosthene de nos jours a su jeter le plus grand intérêt sur cette matiere aride, par la chaleur & l'éloquence de sa plume. Il s'éleve avec force contre la tyrannie des libraires de France envers les gens de lettres, dont ils ne devroient être que les manouvriers & les colporteurs. Il les ramene au respect & à la subordination qu'ils doivent aux auteurs; il objecte aux premiers des vérités fortes, mais nécessaires à sa cause, & non des imputations injurieuses ou calomnieuses, comme ils le prétendent. M. de Sartines reçoit tous les jours des requêtes & représentations sur cet objet d'autres gens de lettres, qui font cause commune avec M. Luneau.

22 *Octobre* 1769. Extrait d'une lettre de Fontainebleau, du 21 *octobre*. Hier il a été joué sur le théatre de la ville une piece nouvelle en un acte & en prose, ayant pour titre *le Cri de la nature*. Elle est du Sr. Armand, fils du fameux comédien de ce nom & concierge de la comédie Françoise. Cet auteur, quoiqu'enfant de la balle, n'ayant pu depuis plus d'un an obtenir une lecture de son drame à l'assemblée des comédiens, a été conseillé de le donner ici. Il s'est muni avant du suffrage des pages, qu'il a suppliés d'assister à une répétition, & qui ont merveilleusement soutenu sa piece, en sorte qu'elle a été aux nues. Il paroît sur le théatre un petit enfant en maillot. On craignoit que cette innovation ne révoltât les gens délicats; elle a produit le plus grand effet; on a pleuré à chaudes larmes: toute la cour veut voir la nouveauté. Il est à espérer pour le Sr. Armand qu'on fera représenter sa comédie d'emblée au théatre de Paris.

23 *Octobre* 1769. On a fait ces jours derniers

l'épreuve d'une machine singuliere qui, adaptée à un chariot, devoit lui faire parcourir l'espace de deux lieues en une heure, sans chevaux : mais l'événement n'a pas répondu à ce qu'on promettoit : elle n'a avancé que d'un quart de lieue en soixante minutes. Cette expérience s'est faite en présence de M. de Gribeauval, lieutenant-général, à l'arsenal.

25 Octobre 1769. Le *Tableau parlant*, qu'on joue aux Italiens avec tant de succès, a allumé la bile d'un autre satirique anonyme : il vient de s'exhaler dans une épître qu'il adresse à son digne ami, M. Nicolet. A cette occasion il fronde le mauvais goût du jour, il passe en revue une infinité de nos auteurs modernes, qu'il réduit à leur juste valeur. On a joint au texte des notes encore plus cruelles, & toute la littérature est en mouvement pour découvrir ce critique, contre lequel la tourbe des petits auteurs fait cause commune. On a attribué cette épître à M. l'abbé de Voisenon, en ce que Favart, un des poëtes de la scene si à la mode, y est absolument épargné.

26 Octobre 1769. Quoiqu'on se soit mis en train de lever les plans pour l'exécution du projet de monsieur de Parcieux, d'amener à Paris la riviere d'Yvette, d'autres spéculateurs ne se découragent pas dans l'espoir que celui-là ne sera jamais exécuté par la dépense énorme qu'il exige. On a déja parlé du projet de la pompe publique établie à la pointe de l'isle. Un autre auteur propose au même endroit une machine à feu, comme à Londres, où elle est établie, & qui produit pour cette ville tous les effets salutaires qu'on exigeroit de celle-ci. On prétend que la construction

conſtruction & l'entretien ne coûtent pas plus d'un million.

28 *Octobre* 1769. M. Souchet, avocat du roi au châtelet de Paris, a prononcé le 23 de ce mois un diſcours à la rentrée de ſon tribunal, dans lequel, après avoir établi les principes raiſonnés de la légiſlation, il a montré l'origine de nos loix & les a appréciées. Il en a tiré la conſéquence de la néceſſité de les réformer en grande partie & en a indiqué les moyens. Ce diſcours intéreſſant par l'importance du ſujet, l'eſt devenu encore plus par la maniere dont l'orateur l'a traité. Les vues nouvelles & utiles qu'il renferme, annoncent de la part de ce jeune magiſtrat beaucoup de connoiſſance, & caractériſent à la fois le philoſophe éclairé, l'homme de lettres inſtruit, & le politique conſommé.

29 *Octobre*. Il y a eu hier un grand concours à la comédie Françoiſe, à cauſe de la rentrée du ſieur le Kain, qui étoit allé aux eaux pour le rétabliſſement de ſa ſanté. Il a joué dans *l'Orphelin de la Chine*. On ne ſauroit rendre les tranſports indicibles du public en revoyant cet acteur qu'on regarde *comme* le premier de la ſcene, malgré ſon défaut d'organe, ſa figure ignoble, & ſon jeu trop ſouvent forcé. Mais on ne peut lui refuſer une intelligence ſupérieure, une plénitude de jeu qui lui fait remplir le théatre ſans aucun vuide, & avec une chaleur dont l'atmoſphore embraſſe néceſſairement le ſpectateur.

30 *Octobre*. On écrit d'Allemagne que les jéſuites de Coblentz & de Benzberg ayant trouvé dans *l'Evangile de Nicodême* (que l'on ſait n'être pas reçu comme orthodoxe, mais un des cinquante évangiles répudiés comme apocryphes) que le bon larron s'appelloit *Dixmare*, ils ont jugé à propos

Tome IV. P

www.ingramcontent.com/pod-product-compliance
Lightning Source LLC
Chambersburg PA
CBHW060419170426
43199CB00013B/2209